왜 그 사람은

자기밖에 모를까

Freeing Yourself

from the

Narcissist

in Your Life

송정은 • 옮김

서울에서 태어났다. 국민대학교 교육학과를 졸업했다. 영미권의 좋은 책들을 독자들에게 소개하는 일에 보람을 느끼고 있는 전문번역가이다. 지금까지 〈셰익스피어는 셰익스피어가 아니다〉, 〈광기의 해석-프로이트 최후의 2년〉, 〈제인 오스틴-세상 모든 사랑의 시작과 끝〉, 〈레닌그라드의 성모마리아〉 〈은행 그 욕망의 역사〉 〈좋은 슬픔〉 〈뇌 마음대로〉 등 다양한 종류의 책들을 번역했다.

FREEING YOURSELF FROM THE NARCISSIST IN YOUR LIFE by Linda Martinez-Lewi
Copyright ⓒ 2008, by Linda Martinez-Lewi
All right reserved including the right of reproduction in whole or in part in any form.

Korean translation copyright ⓒ 2011 by Sulinjae
This edition published by arrangement with jeremy P. Tarcher, a member of Penguin Group(USA) Inc. through Shinwon Agency Co.

이 책의 한국어 판 저작권은 Sinwon Agency를 통한 Penguin Group의 Jeremy P.Tarcher와의 독점 계약으로 수린재에 있습니다. 저작권법에 의해 한국 내에서 보호를 받는 저작물이므로 무단전재와 복제를 금합니다.

왜 그 사람은 자기밖에 모를까

린다 마르티네즈 루이 지음 · 송정은 옮김

수린재

● 서 평

당신의 인생을 망치려는 자기도취자의 진짜 모습

저자는 50여 가지가 넘는 실제 사례를 통해서 자기도취자의 정체성과 심리를 세밀하게 보여준다. 그리고, 그런 부류의 인간들을 넘어설 수 있는 방법을 때로 은유적으로 때로 직접적으로 제시하고 있다. 자기도취자에 관한 수많은 책 중에서도 가장 분석적이고, 동시에 경험적 측면에서도 충실한, 보기 드문 저술이다.

- Library Journal

이 책은 멜로드라마 같기도 하고, 통렬한 비판서 같기도 하다. 파블로 피카소, 아인 랜드, 프랭크 로이드 등의 유명인이 얼마나 심한 자기도취자인가를 보여주고, 우리들 주위에도 그런 사람들이 얼마든지 존재할 수 있다는 것을 설명한다. 그리고, 그들을 극복할 방법도 카운셀링하듯이 들려준다.

- Publishers Weekly

중증의 자기도취자는 자신의 경험이나 계획을 말하는데 지치지 않는 사람이고, 남에 대한 배려가 전혀 없는 사람이다. 그들은 항상 스포트라이트의 중심에 서 있기를 갈망하는 사람이다. 바로 그런 이유로 인상적이거나 카리스마가 넘쳐서 우리를 매혹시키는 사람 중에 자기도취자가 많다는 사실을, 그래서 그들에게 아무 생각 없이 빠져들면 안 된다는 사실을, 저자는 당신에게 경고한다.

- Sprituality and Practice.com

직장 상사이건, 동료이건, 친구이건, 연인이건, 심지어 부모이건, 당신을 괴롭히는 자기도취자의 심리를 꿰뚫고 그들에게 대처하는 길을 보여주는 탁월한 책이다.

- *Chicago Tribune*

중증의 자기도취자란 자신에 대한 우월감이 얼마나 극단에 이른 사람인가를, 타인에 대한 공감의 능력이 얼마나 결핍된 사람인가를, 그런 심리가 얼마나 깊이 뿌리박혀 변하지 않는 사람인가를 이 책은 여실히 보여준다.

- *Bookviews*

당신의 인생을 망치려는 자기도취자의 진짜 모습이 어떤 것인지 저자는 실제 인물의 예를 들어 극명하게 보여준다. 이 책은 너무 늦기 전에 당신이 그들의 진면목을 간파하게 해준다.

-*Daytondailynews*

파블로 피카소, 프랭크 로이드 등의 저명한 인사를 예로 들어 자기도취자들이 어떤 사람들인지, 그들이 왜 죽어도 바뀔 수 없는 인간들인지 구체적으로 보여준다. 저자는 그들을 고치려고 노력하지 말고 우리의 인생에서 그들을 쫓아내야 한다고 강조한다.

- *Tucsoncitizen.com*

● 감사의 말씀

  Tarcher/Penguin의 편집 주간 미치 호로비츠(Mitch Horowitz)에게 깊은 감사를 전합니다. 그는 처음부터 이 책의 의미와 영혼을 깊이 이해해주었고, 활기 넘치는 열정으로 자신의 편집 재능을 이 프로젝트에 쏟아 부었습니다. 수많은 재능과 장기를 지닌 미치(Mitch)는 저를 위해 이루 말할 수 없는 경의를 표하며 지혜롭게 길을 안내했습니다.

  부주필인 가브리엘 모스(Gabrielle Moss)에게도 매우 특별한 감사를 표합니다. 그녀의 우아한 지성과 매우 유용한 도움, 한결같은 헌신이 소중한 책을 탄생시켰습니다.

  저의 에이전트이자 멘토, 그리고 친구인 폴 라폴라(Paul Lapolla)에게도 깊은 감사를 전합니다. 그는 이 책이 완성되는 과정의 안내자가 되어주었습니다. 폴은 정교한 재치와 친절, 멋진 유머감각과 함께 통찰력 있는 제안과 비할 데 없는 전문 지식을 제공했습니다.

  매우 훌륭하고 사려 깊게 작업을 해준 교열 담당자 그레이스 맥비(Grace McVeigh)에게도 깊은 감사를 전합니다.

● ● ● 차례

왜 그 사람은 자기밖에 모를까
Freeing Yourself from the Narcissist in Your Life

● 서문 • 10

1부 • 위대한 연기자 • 13

1장 ┃ 무대의 중앙에서 : 누구보다 빛나기 • 15

2장 ┃ 이미지 메이커 : 흠집 없는 페르소나 만들기 • 54

2부 • 완벽한 가면의 이면 • 67

3장 ┃ 착취자 : 잔인하게 속이기 • 69

4장 ┃ 황금아이 : 매우 특별한 존재로 자라기 • 98

5장 ┃ 공허함의 우물 : 분노와 질투, 피해망상, 절망의 은신처 • 120

6장 ┃ 딱딱해진 심장 : 공감 없이 상대를 대하기 • 139

3부 • 흠모하는 관객 • 165

7장 ▎매혹된 사람들 : 근원에게 예배하기 • 167

8장 ▎친밀한 적 : 그림자 속에 사는 사람들 • 183

4부 • 대단한 연기자에게 대응하기 • 197

9장 ▎관계의 규칙 : 자기도취자로부터 자신을 지키기 • 199

10장 ▎자기도취를 넘어서 • 238

● 역자후기 • 264

● 서 문

금으로 테두리를 친
그의 원 안에 사는, 선택받은 이들

오늘날 우리는 중증 자기도취자들이 우리 곁에 바싹 붙어 있다는 사실과 그들의 음험한 숨소리를 느낀다. 그들은 자신의 전능한 꿈과 거창한 망상을 실현시키기 위해 세상을 다시 세우는, 허세부리는 인간 종(種)이다. 인생의 무대에서 그들은 CEO, 국가 지도자, 정치가, 영화, TV 스타, 운동선수, 변호사, 미디어 거물, 첨단 석학의 모습을 하고 있다. 집 가까이 시선을 옮기면, 그들은 우리의 배우자, 연인, 엄마, 아빠, 형제, 자매, 자식, 시부모, 장인, 장모, 상관, 친구들이기도 하다.

이 책에서 나는 중증 자기도취자에 초점을 맞출 것이다. 자신이 창조한 우주의 중심에 선 자기도취자, 그 이미지 메이킹의 거장은 완벽함과 힘에 대한 환상 속에서 평생을 살아간다. 그는 사람들을 도취시키는 매력을 풍긴다. 유명한 중증 자기도취자들은 특히 흥미롭다. 우리는 드라마틱하고 생생한, 유별난 성격장애를 「요 레이(Yo Rey)」, 즉 자신이 왕이라고 공언한 파블로 피카소(Pablo Picasso)와, 무자비한 조종자 아먼드 해머(Armand Hammer, 1898-1990, 미국인 사업가. 제조업과 어음할인, 백화점, 미술품 매매, 목축, 방송국, 석유업에서 성공을 거머쥐었다-옮긴이), 자신에게 사로잡혔던 거장 아인 랜드(Ayn Rand, 1905-1982, 러시아 상트페테르부르크 태생의 유대계 미국인 작가, 철학자-옮긴이), 어머니의 완벽한 창조물 프랭크 로이드 라이트(Frank Lloyd Wright, 1867-1959, 미국인 건축가. 매우 독특한 양식의 건축 설계로 전 세계에 영향을 미쳤다-옮긴이)의 삶에서 발견할 수 있다.

중증 자기도취자는 새로운 영역을 정복하고, 외부세계 및 자신의 삶에 관여하는 이들의 삶을 무한 통제하면서 수많은 지형 사이를 행진한다. 들뜬 추종자들은 자기도취자의 호의적인 말이나 시선을 갈구하며 그의 기분과 행동을 예측한다. 금으로 테두리를 친 그의 원 안에 사는, 선택받은 추종자들은 그의 위대함을 거듭 칭송한다. 그의 관객들이 황홀경에 빠져 있는 동안 슈퍼 자기도취자는 각각의 신하들이 지닌 가치를 평가한다. 그는 그들의 성향과 약점을 이용한다. 당신이 그를 알고 지낸 수 년의 세월과 그를 위해 수행했던 힘겨운 일들, 당신이 보여준 사랑, 당신이 감수한 희생, 함께 나눴다고 굳게 믿는 친밀감에도 불구하고, 자기도취자는 언젠가 반드시 당신을 크게 망신 줄 것이고, 궁극적 권력과 통제, 전능으로 향하는 과열 드라이브에 당신이 걸림돌이 된다고 생각되면 가차 없이 당신을 파괴할 것이다.

자기도취자는 절대 바뀌지 않을 것 같은 뿌리 깊고 고착된 성격 구조를 갖고 있다. 분명, 중증 자기도취자들은 치료 요법의 지원자로 자신을 제공하지 않을 것이다. 그들은 권력의 사다리를 오르고, 경쟁자들을 위협하고, 자신의 사적이고 전문적인 이미지를 향상시키고, 거대한 부를 일구는 일에만 사로잡혀 있다. 중증 자기도취자를 이겨내려면, 당신은 더욱 진실되어야 하고, 정신의 힘을 최대한 발휘해야 하며, 정신적 각성을 추구해야 한다. 궁지에 몰린 에고(Ego, 자아, 즉 사고, 감정, 의지 등의 여러 작용의 주관자로서 이 여러 작용에 수반하고, 또한 이를 통일하는 주체. 이 책에서는 자만심이라는 부정적인 의미로 사용될 것이다–옮긴이)들의 싸움을, 그리고 무슨 수를 써서라도 "더 많은 것을 가질 거야," "이길 거야"라고 말하는 탐욕에 찬 목소리를 내쫓고 자기도취에서 벗어난다면 우리는 망상 없는 현실 속에서 평화를 찾게 될 것이다. 삶이 부재하는 통찰은 천박한 그림, 짜증스러운 위선에 불과하다. 새로운 현실 속에서 우리는 진실을 추구하고, 거짓 자아의 가면을 벗기고, 우리의 중심에 여전히 존재하는 창조적인 사랑의 힘과 포옹하게 될 것이다.

01 위대한 연기자

1장 무대의 중앙에서 : 누구보다 빛나기
2장 이미지 메이커 : 흠집 없는 페르소나 만들기

1장

무대의 중앙에서 : 누구보다 빛나기

> 그는 태양이 자신의 울음소리를 듣기 위해 뜬다고 믿는 수탉 같았다.
> — 조지 엘리엇의 소설 아담 비드(Adam Bede)¹

> 우리는 수많은 공통점을 갖고 있었다. 나는 그를 사랑했고, 그는 그를 사랑했다.
> — 셸리 윈터스(1920~2006, 미국의 영화배우—옮긴이)²

우리는 언제, 어떤 상황에서 자기도취자를 만나게 될지 결코 알지 못한다. 시고니 혹은 계획에 의해, 우리는 결국 그와 대면하게 될 것이다. 우리는 이런 만남들에 대해 한심할 정도로 준비가 되어 있지 않을 때가 많다. 서부 해안에 사는 유력 인사 부부가 주관한 비즈니스 친목 파티가 떠오른다. 남부 캘리포니아의 고급 해안 거주지 내에 제멋대로 뻗어있는 사유지에서 열린 파티였다. 대저택은 걸출한 기념행사나 정치 회동, 우아한 이브닝파티를 위한 무대로 빈번하게 사용되던 곳이었다. 나는 전직 비즈니스 컨설턴트 자격으로 그들 부부의 초대를 받았다. 파티에 참석한 다른 손님들은 개인전용 비행기 조종사, 성형외과 의사, 영화감독, 상급 법원 판사를 비롯한 각양각색의 아첨꾼과 궁정의 어릿광대들로, 부부 인생의 핵심을 이루는 공인 멤버들이었다.

점잖은 주인인 그렉과 샬린은 웅장한 입구의 통로에서 나를 맞이했다. 저택은 모든 면에서 호화로웠다. 마치 정교한 웨딩케이크의 건축양식을 보는 것 같았다. 내부는 모든 것이 우아하고 새것 같이 깨끗했다. 귀중한 골동품과 훌륭한 은 식기 세트, 흠집 하나 없는 인테리어 디자인, 바카라 꽃병에 떠있는 향기로운 백색 난초, 최고급 본차이나, 귀중한 현대 회화와 조각들. 이른 저녁, 안주인이자 거대기업의 공동소유자인 샬린이 내가 앉은 긴 의자에 자리를 잡고 자기소개를 하기 시작했다. 그녀는 이야기를 멈추지 않았다. 자신의 사업적 성공과 구입한 물건들, 수많은 여행과 오지 트레킹, 일류 사교친구들, 자신의 디자이너, 똑똑하고 재능 있는 자식들이 쉴 새 없이 등장했다.

포도밭에서 딴 포도 잎으로 가득 채운 뜨겁고 차가운 오르되브르가 나오는 동안, 손님들은 그렉의 기나긴 와인 창고 순례에 나섰다. 값을 매길 수 없는 소장품들을 보호하기 위해 완벽하게 온도를 맞춘 방들이 일렬로 있는 널찍한 공간이었다. 만찬의 시작이 발표되었고 손님들은 짙은 목재색 벽으로 둘러싸인, 천장이 높은 식당으로 안내되었다. 안으로 들어선 순간, 내 시선은 방의 네 벽을 여행하기 시작했다. 수많은 눈들이 나를 향하고 있었다. 순진한 얼굴의 커다란 야생동물들이 고개를 숙이고 있었다. 영양, 사슴, 엘크, 버팔로 등 모두 그들이 포획한 전리품이었다. 이 집 주인은 시선을 사로잡는 효과를 내기 위해 최고의 박제사를 불러들였을 것이 분명했다. 나는 벽에 시선을 두지 않으려고 애를 써야 했다. 속이 메스꺼웠다. 죽은 동물들이 십자가에 매달린 것처럼 벽에 고정되어 있는데 사람들은 어떻게 음식을 삼킬 수 있는지 의아했다.

저녁 식사 동안 샬린은 모두가 들을 수 있는 곳에 서서 자신의 사유지에서 특별 연례 가족 여행이 진행중이라고 말했다. 그녀는 저택을 구입한 뒤에 그들이 복원한 것들에 대해서 자세히 설명했다. 집을 다시 칠하는 데에만 3년이 넘게 걸렸는데도, 샬린은 아직도 만족하지 못한다고 했다. 그녀는 갑자기 집의 장식을 바꾸고 싶을 때를 대비해서 거장 화가를 대기시켜놓았다. 눈에 띄는 자태를 드러내고 있는 이탈리아산 고대 대리석은 집안 곳곳에서 무덤 같은 분위기를 자아내고 있었다.

저녁 식사 후 샬린은 숨 쉴 틈 없이 자신에 대한 이야기를 늘어놓았다. 그녀는 자기의 기준에 부합되지 않는 사람들을 싸늘하게 무시했다. 샬린과 그녀의 황금 테두리 속 사람들은 완벽했다. 그녀가 보기에 이 경계 밖의 열등하고 한심한 사람들은 따분한 지옥으로 떨어져 있었다. 이 신성한 영역 내부에서도 특권층이었던 그녀는 덕망 있는 왕족처럼 주변 사람들의 보호를 받았다. 지루한 저녁 식사가 끝나고 작별인사를 할 때, 나는 마침내 해방된 장기수가 된 기분이었다. 참으로 아름다운 초록 잔디를 가로질러 나오면서, 나는 빛나는 별들이 가득한 밤하늘을 기쁘게 만끽할 수 있었다. 그러다 문득, 그 긴 시간 동안 그녀가 내게 단 한 번도 관심을 보이지 않았다는 사실을 깨달았다.

이 책은 사람들을 자석처럼 끌어당기는 매력의 거장, 중증 자기도취자에 초점을 맞췄다. 이런 사람을 단 한 사람이라도 만나는 것은 그 만남이 긍정적이든, 부정적이든, 혹은 둘 다이든 진정 잊을 수 없는 경험이 될 것이다. 자기도취자는 특별한 브랜드의 마법을 갖고서 사람들의 마음을 이끌고 구슬린다.

이 책의 목적은 독자들이 자기도취자의 성격, 특히 독자들의 인생에 개입하는 중증 자기도취자들의 성격을 정확히 알고, 이런 사람들이 뜻밖에도 극심한 성격장애로 고통 받고 있다는 사실을 알아차리게 하는 데 있다. 정신병리학에 무지한 상태에서 순진하게도 자기도취자와 뒤엉켜버린 사람들은 자기도취자의 성격장애가 지닌 무의식적 동기 때문에 해로운 부작용을 겪게 된다. 그러나 이 책에서 제공하는 특별한 전략 무기를 갖고 자신을 무장하면 중증 자기도취자를 만나도 심리적 우위와 자신감을 갖고 그들을 대할 수 있다.

1부, '위대한 연기자'에서 우리는 스포트라이트를 한 몸에 받으며 무대 중앙에 서 있는 자기도취자를 볼 것이다. 이는 만개한 중증 자기도취자의 전형인 예술계의 아이콘, 파블로 피카소의 삶에서 생생하고 드라마틱하게 재현되었다. 자기도취자와, 다른 성격장애의 진단상의 차이를 명확히 하기 위해 나는 피카소와 경계선상의 성격장애자 및 반사회적 성격장애자 사이의 차이점을 비교했다. 또한 정신병리학계가 자기도취에 대한 관점을 신경증에서 성격장애로 바꾸게 된 극적인 변화를 설명하면서 역사적, 사회적 관점의 변화를 기술했다.

오늘날, 사회는 중증 자기도취자들에게 비범한 경제적 성공과 사회적 지위, 찬사를 제공하면서 그들의 높은 지위를 보장하고 있다. 자기도취자들은 인생의 모든 영역에서 쉽게 찾을 수 있다. 그들은 우리의 CEO, 배우, 정치가, 세계적인 지도자, 의사, 변호사, 판사, 기업가들이다. 중증 자기도취자들은 자신의 우월감을 충족시키고, 자신의 권리를 우선시하는 거창한 망상을 당연한 것으로 만든다. 내가 간단히 「그」라고 지칭하는 중증 자기도취자에는 여자 자기도취자도 포함되어 있다.

날이 갈수록 세상은 중증 자기도취자들의 환심을 사기 위해 애쓰고 있다. 세상은 그들에게 최고의 상을 주고, 부러움의 시선을 보내며, 왕족과 같은 대우를 한다. 자기도취자가 타인과 나누는 대화는 피상적이고 부패한 것이다. 그는 자신에게 이익이 될 때까지만 사람들을 자신의 원 안에 머무르게 한다. 그들이 그를 불편하게 만들거나, 그가 품어온 비현실적인 모험에 돈을 쓰게 만든다거나, 그의 경쟁자가 된다면, 그는 사전경고도 없이 그들을 자신의 세상에서 쫓아낼 것이다. 그리고 이 세상에 존재한 적 없었던 사람처럼 그들을 대할 것이다. 이렇게 비겁하고 무자비하게 행동하면서도, 자기도취자는 자신이 명예로운 인간이라 믿는다. 자신의 감미로운 매력과 전염성을 가진 활력, 추종자와 아첨꾼들의 환호로 이뤄진 황금테두리, 가장 작은 소망과 변덕까지도 들어주는 짐꾼들에 의해 눈이 멀어버렸기 때문이다.

중증 자기도취자는 이미지와 자신을 구분하지 못한다. 상처와 실수, 잔인성, 트라우마, 자기기만으로 가득한 내면세계를 제대로 다루지 못하는 그는 자신의 이미지를 흠잡을 수 없는 것으로 조작한다. 중증 자기도취자는 자신에게 충성을 다해 시중들 사람, 심지어 그를 위해 자신을 희생할 수 있는 사람을 선택한다. 그들은 종종 신체적으로 매력적이고, 재능이 있으며, 똑똑한, 양질의 조합체이다. 헌신적인 추종자들에 둘러싸여 있을 때, 자기도취자는 속을 활짝 열고 활기에 넘친다. 그의 지평선은 끝이 보이지 않는다. 꼼꼼하게 갈고 닦은 그의 이미지는 이미 살아있는 현실이 되었다.

2부, '완벽한 가면의 이면'에서는 임상 비네트(특정한 사람·상황 등을 분명히 보여주는 짤막한 글이나 행동-옮긴이)와 일화를 통해 자기도취자들의 내면에 숨겨진 성격적 특성들을 설명할 것이다. 독자들이 자신의 삶에 존재하는 중증 자기도취자들을 알아보는 도구에 익숙해지고, 지금 대면하고 있는 것이 상냥한 괴짜의 기행이 아닌, 극심한 성격장애라는 사실을 알게 만드는 것이 나의 목적이다. 여기서 우리는 그의 마음의 어두운 지하세계를 만나게 될 것이다. 중증 자기도취자는 탁월한 착취자이다. 나는 그가 같은 사람을 수차례에 걸쳐 교묘하게 조종하고, 유혹하고, 분노하게 만드는 것을 힘겹게 지켜본 적이 있다. 그는 자신이 지닌 교활함과 설득이라는 재능을 입증하고 있었다. 의식을 갖고 있지 않다는 사실이 그에게는 이점이었다. 중증 자기도취자의 주변에는 자신의 인생에 어떤 희생이 따르더라도 절대 그를 떠나지 않을 사람들이 존재한다.

중증 자기도취자는 사기 유전자를 가졌다. 자기도취자와 거래를 하고 법적 처리를 마쳤음에도 불구하고, 갑자기 마음이 바뀌면 그는 약속을 이행하지 않을 것이다. 코스를 바꾸겠다고 한번 결정을 내리면, 불쑥 커튼을 내리고 빌린 돈은 갚지 않은 채 사무실 문을 닫는다. 사기는 중증 자기도취자의 손에서 예술의 형태로 탈바꿈한다. 무의식적인 거짓말과 애매모호한 발언은 그의 영원한 레퍼토리이다. 수치스러운 기업가이면서 「자선가」의 초상인 아먼드 해머는 영광에 대한 자신의 망상을 실현하기 위해 무자비한 속임수와 배반을 자행했다.

중증 자기도취자는 특별한 아이를 지나 선택된 아이로 대우받으며 어린 시절을 보낸다. 대체로 부모 중 한 사람의 주도 하에 이 역할을 맡을 예쁘고, 잘 생기고, 재능 있고, 탄탄한 몸을 가진 특별한 아이가 결정된다. 아이는 부모의 욕구의 달성을 상징한다. 부모(혹은 부모 중 한 사람은)는 이런 아이를 통해 자신이 어린 시절 겪었던 심리적 박탈감을 상쇄시킨다.

미국의 위대한 건축가 프랭크 로이드 라이트의 삶은 이런 병적 양식의 완벽한 예이다. 라이트는 어머니와 끊어지지 않는 황금실로 연결된 채 인생의 대부분을 살았다. 어머니 아나는 아들 로이드가 태어날 때부터 그가 신이고, 세계에서 가장 위대한 건축가가 될 것이고, 무결점의 완벽한 사람이 될 것이라는 것을 말과 행동으로 보여주었다. 그녀의 지나치게 감상적이고 지배적인 행동양식에 대해 항상 애증이 엇갈렸던 라이트는 어머니와 감정적으로 연결된 상태로 평생을 보냈다.

중증 자기도취자의 부모는 보통 스스로가 자기도취적 성향을 지녔다. 그들의 자식은 부모가 진짜로 보살펴주는 척하는 「차가운 포옹」에 고통스러워한다. 자신에게만 몰두하는 자기도취자 부모는 자식을 순종하는 꼭두각시로 만들어놓고 쇼를 연출한다. 이런 부모는 순수하게 분리된 한 사람의 개인이 되는 아이의 권리를 막는다. 자기도취적 성격장애는 진짜 자신보다 거창하기만한 거짓자아를 키운다.

허세와 과장 아래에는 구석구석 공허가 배어있다. 중증 자기도취자는 내면의 고통스러운 빈 공간을 채우기 위해 끊임없이 외부 세계의 보상에 고개를 돌린다. 자기도취자는 무한한 분노와 비밀스러운 질투심, 드러나지 않는 피해망상을 투사한다. 자기도취자의 자아는 불안정하고, 감지되는 정신적 상처와 모욕에 취약하다. 말년의 중증 자기도취자는 무기력하게 가라앉는 절망감에 자주 짓밟힌다.

자기도취자는 공감을 할 수 없는, 굳어버린 심장을 가졌다. 공감의 부족은 자기도취자의 성격장애를 진단하는 중요한 성격적 특성이다. 중증 자기도취자는 정교하게 연마된 허위-공감을 작동시키고, 대부분의 사람들은 이에 설득 당한다.

나는 타인과의 공감이 전혀 없이 자신에게만 집착한 삶을 산 본보기로, 유명 철학자이자 소설가인 아인 랜드의 인생에 주목할 것이다. 아인 랜드는 정교한 계산으로 자신이 원하는 것과 자신이 원하는 사람들을 결정했다. 그녀는 자신의 객관주의 철학을 펼치는 무대에서나 성적 열망을 충족하는데 있어 막힘이 없었다. 처음부터 끝까지 그녀는 무정한 심장의 삶을 살았다. 그 차가운 어둠 속에서는 따뜻한 공감이 뿌리내릴 수 없었다.

진정한 공감은 중심, 즉 심장에서 시작된다. 여기서 나는 고대 인도인들이 수행한 하타 요가를 소개하고자 한다. 그것은 우리의 몸과 마음에 갇힌 에너지를 자유롭게 풀어놓을 수 있다. 적절한 호흡법과 일련의 동작들은 몸과 마음을 건강하게 만들고 심장을 확장시켜 평화와 활력을 느끼게 한다. 자신이 지닌 고통의 진실에 의식적으로 대면하는 것 역시 공감을 발달시킬 수 있는 또 다른 방법이다.

우리는 정신의 길을 추구하는 과정에서 공감의 자질을 키울 수 있다. 인내하고 멈추지 않는 사람들은 더욱 투명해진 자신과 타인을 향한 깊은 사랑을 발견하게 될 것이다.

3부, '흠모하는 관객'에서는 중증 자기도취자가 만들어낸 추종자와 헌신자의 황금테두리를 설명할 것이다. 그 테두리의 내부는 자기도취자가 자신의 정체성과 가치감이 시작되는 원천이라고 믿는 엄선된 멤버들만이 들어갈 수 있는 신성한 공간이다.

멘토를 숭상하는 전통적인 사례는, 건축 천재 프랭크 로이드 라이트와 그의 추종자들이 정교하게 만든 테두리 사이의 관계로 묘사된다. 격정적인 삶을 산 라이트는 여러 명의 아내와 정부를 두었다. 그의 마지막 아내인 올기바나(Olgivanna)는 라이트의 위대함을 영속시키기 위해 자신을 희생했다. 그녀는 라이트를 신으로 숭배했다.

일부 중증 자기도취자들은 엄청난 부를 축적하고 때로는 상속한다. 그들 대다수는 돈과 돈의 특권을 자신이 선택한 사람들을 자신의 내부세계로 끌어들이기 위한 완벽한 미끼로 사용한다. 부는 이 엘리트그룹의 전도유망한 멤버들을 매혹하고 붙잡아두는 미끼이자 위안거리이다. 이런 은밀한 방정식에 감춰진 추한 진실은 특권적 지위를 누리기 위해 많은 멤버들이 참아내는 모욕과 치욕, 그리고 자아 희생 속에서 모습을 드러낸다.

중증 자기도취자와 함께 살거나 그를 위해 일하는 사람들의 대다수는 다른 사람을 통해 자신의 인생을 살아가고 있다는 사실을 알고 있다. 그들은 독재자를 위해 그들 자신의 창조력, 추진력, 정체성을 억압한다. 그들은 주인이 계속해서 만족할 수 있게 기분 좋은 행동만 하는 모조품이다. 그러나 자기도취자로부터 마지막 일격을 당하고 환상의 커튼이 내려질 때, 기진맥진하고 완전히 제정신이 아닌 일부 추종자들은 열혈 신자에서 은밀한 적으로 역할을 바꾼다.

4부, '대단한 연기자에게 대응하기'에서는 중증 자기도취자와의 상호작용을 극대화시킬 특별한 관계 법칙을 제시할 것이다. 성공의 원천은 자신이 가진 심리적 문제의 핵심을 예리하게 인식하는 것이다. 자신 안에서 안정을 느끼고 심리적으로 현실에 기반을 두는 것은 극히 중요하다. 가까운 문제와 현재의 순간에 의식을 집중하라. 자신의 도덕적, 윤리적인 가치를 존중하라. 상사와 중역회의를 다룰 수 있는 법칙이 존재한다. 주도권을 잡고, 방어적이지 않으면서도 자신을 지킴으로써 중증 자기도취자들을 한 수 앞질러라. 그리고 처형될 때를 대비해 B안, C안, D

안을 항상 준비하라.

마지막, '자기도취를 넘어서'에서 나는 인생을 더 투명하고 단순한 관점으로 바라볼 수 있는 조용한 공간으로의 여행에 독자들을 초대할 것이다. 우리는 자기도취적 세상의 자아-주도적 광란을 건너가게 해줄 다리를 함께 만들 것이다. 여기서 독자는 내면을 더욱 고요하고 평화롭게 만드는 방법을 배우게 될 것이다. 그 한 방법으로 명상수행이 있다. 나는 명상수행을 시작하기 위한 구체적 제안을 제공할 것이다.

이 문을 여는 사람들은 자신의 에고를 내려놓고, 거짓 가면을 벗고 진짜로 살 수 있는 용기를 갖게 될 것이다. 자기도취를 넘어선 곳에는 아무런 경계가 없다. 이 사실을 알면 우리는 변화하고, 역동적이며, 더없이 행복한 전체 속에 살고 있는 유일무이한 부분인 자신을 경험하게 될 것이다.

나는 중증 자기도취자들이 친구나 지인들에게 하는 말을 통해 그들의 성격적 특성을 설명하다가 이런 말을 곧잘 듣는다. "세상에, 그건 내 옛날 남자친구잖아요. 내가 살면서 가장 잘한 일이 그 이기적인 사기꾼을 차버린 거였다니까요." "바로 내 전처가 그랬어요. 거짓말에 요구하는 건 얼마나 많은지." "지금 말씀하신 사람이 제 시어머니하고 똑같아요. 자기한테 푹 빠진 완벽주의자죠. 그 여자는 어느 것에도 만족하지 못해요." "그 두 얼굴의 인간쓰레기. 사람들은 다들 그가 물 위를 걷는다고 생각하죠. 그는 결혼 기간 내내 바람을 피우거나 원 나잇 스탠드 기회를 한 번도 그냥 지나친 적이 없어요. 내가 병에 걸리고 더 이상 참지 못하게 되면서 이혼을 요구했죠. 잘못 선임한 변호사한테 돈을 뜯기기는 했지만, 그 인간을 내 인생에서 쫓아낸 것만으로 감사할 뿐이에요."

살아남고 번창하기 위해 우리는 건강한 자기도취에 빠져야 한다. 그것은 자신의 가치에 대한 긍정적인 기분이다. 건강한 자기도취자는 자신에 대해 확고한 현실 감각을 갖는다. 자신을 존중하고 소중히 여김으로써 우리는 스스로가 유일무이하고 가치 있는 존재라는 사실을 인정하게 된다. 우리는 건강한 자기애를 가질 때 다른 사람을 사랑할 수 있다. 자신에게 연민을 느낄 때 자신의 실수를 용서하는 법을 배울 수 있다. 우리가 불완전한 존재로 흔들리고 실패할 때, 건강한 자기도취는 덤덤하게 자신의 변덕을 인정하게 하고, 우리의 행동에서 필요한 변화를 만들어낸다. 그것은 희망을 갖고 낙관하는 것이다. 균형 있는 자기애를 가진 사람들은 인생의 꾸밈없는 진실과 우스꽝스러운 부조리를 동시에 바라볼 수 있는 자발적인 힘의 소유자이기도 하다.

수많은 성취자들이 자기도취자의 성격을 지니지 않았다는 점에 주목해야 한다. 똑똑하고, 스스로에게 동기를 부여하고, 재능이 있는 그들은 자신이 최고치를 실현하기 위해 노력한 사람들이다. 그들은 또한 제대로 사랑을 할 줄 아는 사람들이다. 그들은 배우자, 파트너, 자식, 친척, 친구들과 친밀한 관계를 유지한다. 그들은 세속적인 성취와 타인의 극찬에도 자만하지 않는 성숙함을 지녔다. 그들은 자신이 불완전한 존재라는 사실을 알고 받아들인다. 이런 사람들은 자신의 재능을 통해 수많은 성취를 이루는 동시에 따뜻함과 양심, 친절을 보여준다.

건강하지 못한, 또는 병적 자기도취는 이와 정반대의 길을 따라 움직인다. 자기도취자는 모든 관계에서 기만적이고 교활하게 사람을 조종하려 든다. 병적 자기도취의 필수요소는 타인과 진정한 공감을 하지 못하는 강박적 자기도취이다. 자기도취(나르시시즘)라는 용어는 나르시스

신화에서 비롯되었다. 이 고대 이야기에서 메아리의 정령은 아름다운 청년 나르시스를 사랑하게 된다. 나르시스가 자신의 사랑에 화답하지 않은 것에 화가 난 메아리는 사랑의 여신 아프로디테에게 나르시스를 짝사랑의 희생물로 만들어 달라고 부탁한다. 어느 날 숲속을 걷던 나르시스는 목을 축이러 샘가에 무릎을 꿇고 앉는다. 맑은 물속을 바라보던 그는 너무나 잘생긴 청년을 보고 가망 없이 사랑에 빠진다. 이 유령에 사로잡힌 그는 먹지도 마시지도 못하게 된다. 그는 자신이 찾던 정령이 물에 비친 자신의 모습이라는 것을 깨닫지 못한 채 굶어죽는다.

파블로 피카스 : 「요 레이(Yo Rey)」, 내가 왕이다

　피카소. 그의 이름을 발음하는 것만으로도 우리는 그 사람과 그의 작품이 지닌 태곳적 심상을 선명하게 떠올릴 수 있다. 그 두 개는 서로 떨어질 수 없는 존재이다. 작업실에서 최근 모델(대체로 정사를 이제 막 시작했거나, 갖고 있거나, 이미 끝낸 여성들)을 앞에 두고 미친 듯이 작업을 하든, 정부를 가까운 곳에 둔 상태에서 가족과 함께 휴가를 보내든, 피 흘리는 광경에 사로잡혀 흰 종이에 올려놓은 투우 장면에서든, 피카소는 항상 사람들의 관심을 독차지했다. 그는 자신에게 소속된 선수들-부인들, 정부들, 여자 친구들, 자식들, 동업자들, 적들-의 인생 대본을 회화, 그림, 에칭, 도자기를 만드는 것처럼 손쉽게, 의도적으로 통제했다. 피카소가 등장하면 태양이 고개를 들고, 군중이 모여들었다. 그것은 카니발, 피에스타-끝없이 북적거리는 파티-였다. 자신이 지닌 재능의 빛과 함께, 피카소는 감정적 유기와 만성적인 거짓말, 가학적 성애, 심리적 냉담함, 강철 같은 복수의 형태로 타인을 폭력적이고 무자비한 암흑의 상태로 밀어 넣었다.

피카소의 가장 위대한 걸작품은 「피카소 되기」에 있었다. 18세 나이에 이미 이 유명한 자기도취자는 자신의 과장된 에고를 노골적으로 드러냈다. 자신의 예술적 위대함을 실현시키기 위해 부모와 친구들을 떠나 파리로 향하기 전, 피카소는 「요 레이-내가 왕이다」라는 글을 새긴 자화상을 전시했다.[3] 이는 피카소가 스스로를 우월하게 여기고 반신(半神)적 존재라 믿었던 그의 인생의 수많은 장면들 중 하나였다.

파블로는 기념용 화환을 만들기 위해 향기롭고 이국적인 꽃을 수집하듯, 정부와 연인을 수집하는 것으로 악명이 높았다. 91년의 생애 동안 피카소는 수만 점의 예술작품과 두 명의 아내, 네 명의 자식, 수많은 연인과 정부를 생산했다. 재능 있는 미술학교 학생 프랑수와즈 질로(Francoise Gilot, 1921-)는 그가 가장 좋아했던 정부이자 뮤즈, 예술적 동반자이 역할을 했던 것으로 보인다.

프랑수와즈는 그녀가 아들로 태어나지 않아 무척이나 실망했던, 까다로운 아버지 밑에서 유년기를 보냈다. 그는 딸이 무서워하는 육체적 곡예-언덕을 오르고 내리기, 빠른 속도로 어마어마한 거리를 헤엄치기-를 시켰다. 프랑수와즈의 분노와 억울함은 극단적 불안으로 대체되었다. 그녀는 위험한 유혹을 사랑하게 되었는데, 자신의 생을 피카소와 함께 하는 결정 역시 그런 경우였다. 그것은 도전이자 위험한 스릴이었다. 프랑수와즈는 스물한 살 때 61세의 거장 피카소를 만났다. 어리고 순진했던 그녀는 피카소의 재능과 순전히 역동적인 힘에 매혹되었다. 그녀는 피카소가 첫 번째 부인으로 전직 발레리나인 올가 코클로바(Olga

Kokhlova)와 여전히 결혼한 상태(별거 중이기는 했지만)였음에도 불구하고 피카소를 만나기 시작했다. 올가는 소원해진 남편과 그의 새로운 연인에 대한 끊임없는 염탐, 그리고 강박적 절규로 피카소에게 따돌림을 당하고 있었다. 한동안 따로 살면서 관계를 유지했지만, 프랑수와즈는 이제 더 이상 피카소에게 저항할 수 없게 되었다. 그녀는 피카소와 함께 살게 되었고, 두 사람은 클라우드(Claude)와 팔로마(Paloma)를 낳았다. 은밀하고 폭로적인 전기 「피카소와 함께 한 인생(Life with Picasso)」에서 프랑수와즈는 여성에 대한 피카소가 변명을 인용했다. "내게는 두 종류의 여성만이 존재하지. 여신 아니면 신발 바닥 닦개."[4] 질로는 이 말에 대응했다. "그는 내가 스스로를 여신처럼 여긴다고 느낄 때마다 나를 바닥 닦개로 바꾸기 위해 최선을 다했다."[5]

여성들과의 사적인 관계에서, 피카소는 자신만이 그들 욕망의 중심 기류라고 주장했다. 그는 여자들이 자신의 관심을 독차지하려고 결국에는 싸움까지 벌이는 잔인하고 치명적인 심리 시나리오를 은밀히 조작하는 것을 즐겼다. 한번은 피카소의 열렬한 어린 연인 마리 테레사 월터(Marie-Therese Walter)와 현재 여자 친구로 관계를 맺고 있는 도라 마르(Dora Maar) 사이의 육탄전을 부추기고 방관한 적도 있었다. 여느 전형적인 자기도취자와 마찬가지로 피카소는 더 이상 자신에게 유용하지 않은 여자들을 처리할 줄 알았다. 파블로는 과거 아내들을 처리하는 해결책을 도출했다. "부인을 바꿀 때마다 나는 이전 부인을 소각해야 했다…… 그들은 결코 내 주변을 어슬렁거리면서 내 인생을 복잡하게 만들 수 없었다."[6]

피카소에게 특별히 가까운 사람들은 그와 함께 싸움을 벌일 훈련과 태세가 되어 있어야 했다. 그는 타인이 스스로를 작고 부적합한 사람으로 여기는 덫에 걸리는 것을 좋아했다. 질로는 피카소에게 존중 받으려면 가치 있는 상대자의 역할을 해야 한다고 지적했다. "피카소와 함께 하는 삶은 아무런 규칙 없이 벌어지는 경기이기 때문이었다."[7] 프랑수와즈는 피카소가 골탕을 먹이고 수치심을 준 사람들을 수없이 보았기 때문에 그의 계략에서 살아남을 수 있었다. "나는 파블로를 무척 좋아했지만, 그에게 계속해서 존중받을 수 있는 유일한 방법은 그에게 한 발 앞서 최악의 조치를 취하는 것이라는 사실을 매우 일찍 깨달았다."[8]

강박적인 정사와 타인의 감정에 상처를 입히는 가학적 경기들을 벌이면서, 피카소는 각각의 연인에게 오직 그녀만을 사랑한다고 말한 뒤 차버리는 패턴을 반복했다. 그러면서도 그는 그 여인들을 자신의 에로틱하고 로맨틱한 열정으로 그려냈다. 이것은 여자들에 대해 자신이 갖고 있는 음모와 잔인함을 은폐하는 것으로, 그들에 대한 자신의 절대적 통제를 보여주기 위해 피카소가 고안한 것이었다. 그것은 피 흘리는 황소아 옆에서 득의양양하게 걷는 투우사의 오만한 피루엣(특히 발레에서 한쪽 발로 서서 빠르게 도는 것-옮긴이)과 너무나도 닮아 있다.

피카소의 예술과 인생, 그리고 그들의 자식에게 헌신을 다 했던 프랑수와즈는 이 거장 예술가가 진정으로 공감하고 사랑할 줄 모르는 사람이라는 것을 깨달았다. "나는 서서히 파블로에게서는 인간의 따뜻함을 결코 구할 수 없다는 것을 알게 되었다."[9] 프랑수와즈가 피카소에게 별거가 목전에 다가왔음을 암시하자 피카소는 그녀를 조롱했다. 그녀는 결코 한 개인으로서 인정받지 못할 것이고, 오로지 위대한 천재 옆에 들러붙은 사람으로만 여겨질 거라면서 말이다. 그는 자신의 장광설에 기름을 끼었었다. "사람들이 너를 좋아한다고 생각한다면, 그건 내 삶에 밀착된 사람에 대한 호기심일 뿐이야…… 너의 현실은 끝났어…… 내 현실에서 한 발짝이라도 벗어나면 너는 사막으로 직진하는 거야."[10]

피카소는 여기서 멈추지 않았다. 그는 프랑수와즈에게 복수하는 정교한 서명을 만들어냈다. 그는 두 사람이 다시 만날 운명이라고 확신했다. 그는 프랑수와즈가 클라우드와 팔로마의 양아버지가 되겠다며 결혼을 약속한 남편 뤽 시몬과 이혼하게 될 것이라고 했다. 프랑수와즈는 이에 아랑곳하지 않았지만, 동시에 피카소와의 재결합을 믿고 있었다. 결국 그녀는 뤽 시몬과 이혼을 했다. 그리고 기다렸다. 어느 날 아침, 그녀는 신문을 읽다가 피카소가 재클린 로케(Jacqueline Rogue)와 급작스럽게 결혼했다는 기사를 발견했다. 이런 비열한 행동을 접한 충격과 배신감에 심각한 상처를 입었지만, 프랑수와즈는 살아남았다. 끝까지 의기양양하게 이겨낸 사람은 바로 프랑수와즈 질로였다. 그녀만이 유일하게 거장과의 관계를 끊은 사람이었다. 그녀만이 유일하게 예술가로서, 독립적인 여성으로서 전진했다.

피카소의 손녀 마리나 피카소(Marina Picasso)는 할아버지가 자신을 인격적으로 학대하고 무시해서 일어난 엄청난 결과를 솔직하게 고백했다. 다른 모든 이들의 인생-그들의 활동, 감정, 생각, 말-은 순간순간 왔다 갔다 하는 피카소의 기분과 변덕, 허영심, 열정, 충동, 심술에 의해 중단되어야 했다. 이 남자 때문에 마리나의 가족들은 모두 낙담하고, 짓밟히고, 결국에는 파괴되었다. 마리나는 목격했다. "우리 가족 누구도 이 천재의 목 조르기로부터 탈출하지 못했다."[11] 만성 알코올 중독자였던 그녀의 아버지 파울로(Paulo, 피카소의 아들)는 가족과 함께 식탁에서

밥을 먹게 해달라고 피카소에게 애원해야 하는 불행한 삶을 살았다. 그는 평생을 아버지가 내리는 망신과 무시의 포로로 살았다. 피카소는 아들에게 그가 무가치한 실패자라는 것을 기회 있을 때마다 대놓고 말했다. 피카소에게서 정신적으로 분리될 수 없고, 개인적으로 활동할 수 없었던 파울로는 젖 한 방울 나오지 않는 엄마의 차가운 젖꼭지를 물고 있는 갓난아기처럼 아버지에게 고착되어 있었다. 결국 파울로는 사랑받지 못하는 고통으로부터 벗어나기 위해 오랫동안 의지했던 알코올에 빠져 죽고 말았다. 그가 찾아 헤맸던 알코올의 힘을 빌린 망각이 결국 그를 잡아먹은 것이다.

중심에서 눈부시게 빛나는 태양 피카소는 정교한 방식으로 다른 사람들을 불태웠다. 그의 첫 번째 부인이자 발레리나였던 올가는 피카소의 여자였을 때 행복했던 순간을 꼽아보다가 절망적인 심정이 되었다. 그녀는 그 시절을 감정적으로나 신체적으로 무력한 시기라 생각했다. 피카소의 며느리이면서, 자신이 마리나와 파블리토(Pablito)의 어머니이기를 거부했던 에밀리엔(Emilienne)은 자신을 유혹하고 싶어 하는 시아버지의 욕망에 대한 노골적 환상에 사로잡혀 있었다. 그녀의 모든 호흡은 피카소에게 들러붙었다. 문란하고 미숙한 엄마였던 에밀리엔은 자식들을 보호하거나 사랑하는 흉내조차 내지 못했다. 아버지, 어머니, 할아버지에게 사랑받지 못한 파블리토(마리나의 남동생)는 할 수 있는 한 누나에게 매달렸다. 결국 그는 표백제를 마시고 피를 토하면서 짧은 생애를 마쳤다. 살아남은 자, 마리나는 할아버지의 사랑과 인정을 미련하게 구하며 인생의 대부분을 보냈다. 그녀는 자신의 어린 시절을 남동생 파블리토의 손을 꼭 부여잡고 할아버지의 커다랗고 정교한 성문 앞에 서 있는 부랑아의 이미지로 떠올렸다. 그들의 얼굴은 이미 모든 것을 다 알고 있다는 듯 허망한 표정을 짓고 있다. 피카소가 그들에게 가장 다정했던 시기에도 마리나는 자신이 환영받지 못한다는 것을 알고 있었다. 마리나는 애정결핍인 아이들을 돌봄으로써, 자신이 소위 피카소 바이러스라고 불렀던 것을 이겨낼 수 있었다.[12]

자기도취에 빠진 사람들은 자신의 직업에서 성공을 거두고 혁신적인 경우가 많다. 파블로 피카소의 경우가 그러했다. 신이 주신 재능과 어마어마한 추진력을 결합시킨 피카소는 현대 미술의 얼굴을 바꿔버렸다. 그러나 사적인 삶 속에서 그는 주변의 여인들을 착취하고 학대했으며, 자식들을 버렸다.

궁극적으로 그가 원했던 것은 그가 성취해낸 힘과 세상의 찬사였다. 그것은 창조의 욕구만큼이나 그에게 중요한 것이었다. 인생이 저물 무렵, 피카소는 이 자기도취적 복수심에 불타는 남자에 대한 모든 것을 말해주는 자화상을 만들어냈다. 이 그림에서 화가는 자신의 마지막 가면을 벗어던졌다. "그것은 얼어붙은 분노와 태고의 공포를 지닌 얼굴이었다…… 그가 그려낸 것은 공포였다. 그를 분노하게 한 것은 그 자신의 분노였다. 그는 계속해서 분노의 원인을 제공했다."[13] 흠모와 명성, 재능 아래에는 절망하는 광인의 왜곡되고 비참한 얼굴이 숨겨져 있었던 것이다.

구별하기

이 책에서 나는 자주 도를 지나치는 야망과 뚜렷한 에고를 지닌 중증 자기도취자, 전능하고 거창하며 카리스마를 가진 개인에게 집중한다. 그는 인생을 삶이 아닌 게임으로 여긴다. 그에게는 자신이 쌓아올린 포커 칩의 높이와 너비와 승리만이 중요하다. 타인에게 보이는 솔직하지 못한 동정 또는 관심은 중증 자기도취자들이 자신의 게임에서 상대를 확신시키기 위해 사용하는 영리한 연기 기술이다. 대부분의 사람들은 자기도취자들의 의기양양한 약속에 속거나 현혹된다. 세속적으로 성공하여 부를 쌓은 경우가 많은 자기도취자는 단순하고 따분한 삶을 사는 사람들의 욕망의 대상이 된다. 수많은 사람들이 자기도취자의 재정적, 사회적 지위에 깊은 인상을 받고 자발적 숭배자가 된다. 당신이 그와 잠을 자든, 그를 위해 일을 하든, 또는 스스로를 그의 핵심멤버라고 믿든, 그가 당신과 관계를 맺은 목적은 항상 그의 승리, 당신에게서 「그만이」 받을 수 있는 보상과 관련이 있다.

미국 정신의학협회가 발행한 「정신장애 진단 및 통계 매뉴얼(DSM-IV-TR)」은 광범위하고 다양한 정신장애를 진단하기 위해 임상의들이 사용하는 전문 안내서이다. 이는 어느 정도 포괄적으로 사용할 수 있는 진단도구이다. DSM-IV-TR은 본질적으로 서술적이다. 이는 어릴 적부터 시작된 삶의 스펙트럼과 관련된 정신역학의 무의식적인 병적 문제들에 초점을 맞춰 진단을 내리기보다 나열된 특정 증상들과 병적 행동을 중요한 근거로 삼아서 진단을 내린다. 즉, 이것은 인간 내면의 정신을 다루지 않는다.

DSM-IV-TR은 자기도취적 성격 장애자를 진단하기 위한 성격적 특성과 행동을 개략적으로 설명해놓았다.[14]

초기 성인기에 시작되어 현재 다양한 상황에서 볼 수 있는, 몸에 베인

허세(환상으로든 행동으로든), 존중에 대한 욕구, 공감 부족은 다음 다섯 가지(또는 그 이상)의 모습으로 나타난다.

1. 거창하기만 한 자존감을 갖고 있다(자신의 성취와 재능을 과장하고, 그에 상응하는 성취를 거두지 않고도 상대가 자신을 우수한 사람으로 인정해주기를 기대한다.)
2. 무한정한 성공과 권력, 재기, 아름다움, 이상적 사랑에 대한 환상에 사로잡혀 있다.
3. 자신은 「특별하다」고 믿는다. 이는 다른 특별한 또는 높은 지위의 사람들만이 알 수 있고, 그들만이 자신과 어울릴 수 있다고 생각한다.
4. 과도한 존경을 요구한다.
5. 특권의식을 갖고 있다. 사람들이 자신만 특별히 호의적으로 대하고, 자신의 기대를 자동으로 충족시켜주기를 바란다.
6. 대인관계에 있어 착취적이다. 자신의 목표를 성취하기 위해 타인을 이용한다.
7. 공감을 하지 못한다. 타인의 감정과 요구를 알아차릴 마음이 없다.
8. 자주 다른 사람들을 질투하거나, 다른 사람이 자신을 질투한다고 믿는다.
9. 거만하고 오만한 행동이나 자세를 보인다.

자기도취자들은 복잡한 인간이다. 남자든 여자든, 어린이든 어른이든, 부자든 빈자든, 똑똑한 사람이든 그렇지 못한 사람이든, 교육받은 사람이든 교육 받지 못한 사람이든, 세련된 사람이든 세상 물정을 모르는 사람이든, 모두 자기도취자가 될 수 있다. 자기도취자는 뚜렷한 성격적 특성으로 인해 정의되지만, 그 안에도 미묘하고 단계적인 차이가 있다. 팔레트 위의 물감이나 음계 위 음표의 감지하기 힘든 차이처럼, 각각의 자기도취자들 역시 저마다의 독특한 개성을 지녔다.

자기도취자에도 중증과 미약한 수준이 있고, 그 사이에 여러 층이 존재한다. 미약한 수준의 자기도취자는 중증 자기도취자와 같은 성격의 별자리를 지녔지만, 그의 직업적, 사회적 수행능력은 놀라울 정도로 중증 자기도취자에 미치지 못한다. 그는 더 높은 고지의 성취를 이루기 위해 돌진하는 것을 힘겨워한다. 그는 자신이 슈퍼 자기도취자의 강철 같은 자신감을 갖지 못했다는 사실에 고통스러워한다. 그는 큰 물고기를 땅에 내려놓는 결정적인 위험을 감수하지 못한다. 중증 자기도취자에게서 뚜렷하게 나타나는 매력과 카리스마를 지니지 못하는 그는 타인을 유혹하고 조종하는 재능이 부족하다. 미약한 수준의 자기도취자는 불완전한 방어와 타개책인 만성 우울증에 시달린다.

영화조감독 토드는 한시도 편한 적이 없었다. 그는 자신보다 공격적인 배우들이 그가 애써 차지한 권력을 빼앗을까 봐 남모르게 걱정했다. 토드와 함께 일하는 사람들은 그의 존재를 두려워했다. 그는 동료와 직원들에게 말도 안 되는 요구를 하는 것으로 유명했다. 그는 타협할 생각도 없으면서 상관과 자주 말싸움을 벌였다. 그에게만 문제시되는 것의 정답과 해결책을 주장하면서 말이다. 이런 뻣뻣한 성격이 그의 직업적 성장을 계속 중단시켰다. 그는 전도유망한 직업을 잃었다. 실패할 때마다, 토드는 심신이 약해지는 암담한 기분에 빠졌다. 그는 실패 뒤에 숨겨진 감정을 없애기 위해 지나치게 술에 의지했다. 토드는 다른 프로젝트를 시작해도 될 만큼 회복된 모습으로 다시 무대에 등장했다. 개인적인 삶에서의 토드는 비밀스럽고 기만적이었다. 토드는 애정결핍의 피학적 성애자를 파트너로 선택했다. 진정으로 친밀한 관계를 맺을 수 없는 그는, 자신이 성적으로 강력하고 심리적으로 우세하다는 느낌을 갖기 위해 여자들을 이용했다. 여자가 계속되는 모욕적인 공격에 지치게 되면, 그는 새로운 얼굴과 몸을 가진 여자를 열렬히 찾아 나섰다. 그는 결코 만족할 수 없는 삶의 길을 비틀거리며 걸었다. 자신은 너무나 우수한데 마땅히 누려야 할 삶을 살지 못하고 있다고 믿고 있었다. 토드는 미약한 수준의 자기도취적 성격이라 말할 수 있다.

자신에게 집착하고, 하고 싶은 대로 다 하는 사람들은 흔히 자기도취자 처럼 보일 수 있다. 끊임없이 자신을 지칭하는 대화 습관과, 타인의 관심과 박수를 받고 싶어 하는 욕구를 가진 사람을 자기도취자라 생각할 수도 있다. 그러나 그들은 타인에게 뭔가를 줄 수 있고 이해할 수 있으며, 고통에 빠진 사람에게 손을 내밀 수 있다. 그들의 행동에서 자주 볼 수 있는 자기 몰두와 타인의 관심에 대한 욕구는, 자신이 무가치하다거나 능력이 부족하다는 느낌을 막기 위해 사용하는 무의식적 방어다. 그들은 신경증에 걸렸거나, 과장된 행동을 하거나, 여러 장애들을 동시에 갖고 있을 가능성이 있지만, 자기도취자는 아니다.

경계역 인격(borderline personality, 기분·정서·행동 등 여러 면에서 불안정한 인격-옮긴이)은 버려질지도 모른다는 공포에 고통스러워하는 것이다. 그런 성격의 소유자는 한껏 고양된 정서를 갖고 대인관계를 진지하게 발전시키는 것처럼 보인다. 그는 어느 순간 친구와 매우 밀접하게 결합하지만, 어느 순간 공격적이고 적대적이 된다. 경계역은 혼자 있는 것을 두려워하고, 금방이라도 심리적으로 유기될 수 있다는 느낌에 사로잡혀 있다. 내적으로 그들은 견딜 수 없는 공허를 경험한다. 급격한 기분 변화로 인해 충동적이고 민감한 그들은 성적학대나 약물남용에 쉽게 빠지는 것으로 알려져 있다. 그들의 자포자기하는 심정은 자주 극적인 자살 시도로 나타난다. 흔치 않은 시련을 겪고 있는 경계역들은 타인의 정신적 고통을 깊게 공감할 수 있다.

그러나 자기도취자들은 공감하지 못한다. 그들이 타인에게 베푸는 것은 자신의 이미지를 「좋은 사람」으로 만들기 위해 정교하게 조작된 행동이다. 그런 행동에 대해 경계역의 방어는 미약하기 그지없다. 그들은 환경의 작은 변화에도 쉽게 상처를 받는, 깊은 허점만을 보일 뿐이다. 강한 권리감과 우월감으로 자신을 방어하는 자기도취자와 달리, 경계역은 한번도 자신의 인생이 순조롭게 진행된다고 느낀 적이 없다. 그는 허물어지기 쉬운 모래성 위를 걷고 있다.

자기도취자와 반사회적 인격을 구분하기 위해서는, 반사회적 인격의 주요한 임상 특징에 주목해야 한다. DSM-IV-TR에 따르면 그것은 "어릴 적 또는 사춘기 초기에 시작되어 성인이 될 때까지 계속되는 것으로, 타인의 권리에 대한 무시와 폭력이 만연하는 양상"을 띤다.[15] 이런 사람들은 행동장애 병력을 갖고 있는 경우가 자주 있다.[16] 이런 정신적 폐해는 18세 이전에 진단을 내릴 수 있다. 그것은 인간과 동물에 대한 공격적이고 해로운 행동으로 정의된다. 그들은 타인을 해치기 위해 육체적 폭력을 행사하고 다양한 무기를 사용한다. 그들은 사람들의 돈이나 재산을 갖고 사기를 치기도 한다. 그들은 사회적 법률과 관습을 위반하고 범죄를 저지르면서도, 아무런 죄책감이나 후회를 느끼지 못한다.

반사회적 인격은 끊임없이 불법행위를 저지르고, 사회의 법을 따르기를 거부하며, 체포와 처벌이 요구되는 파괴적 행동들을 노골적으로 행한다. 그들은 제멋대로 타인의 안전을 위태롭게 만든다. 그들은 자기자식과 가족을 무시하고 학대한다. 그들은 자신에게 희생된 사람들을 어리석거나 바보 같다고 여긴다. 반사회적 인격은 악의적인 방식으로 존재한다. 그들은 타인과 공감하지 못할 뿐만 아니라 그들을 차갑게 경멸한다. 그는 공격적이고, 무모할 정도로 충동적이다. 그리하여 자신의 삶뿐만 아니라 주변 사람의 삶 역시 위험하게 만든다. 자신의 이미지에 집착하는 자기도취자와는 달리, 반사회적 인격은 타인에게 비치는 자신의 모습에 가치를 두지 않고 사람들이 자신에게 찬사를 보내는지 저주를 보내는지에 대해 전혀 신경 쓰지 않는다.[17]

제시는 어렸을 때 남자아이면서도 아름답다는 말까지 들을 정도로 너무 잘 생겼었다. 정교하게 조각된 것처럼 완벽한 외모 때문에 그는 마치 매끄러운 패션 잡지 전면의 컬러 사진 속 주인공처럼 보였다. 나이 세 살에 제시는 거만해졌다. 그는 자신이 사랑 받고 있고, 잘 생겼다는 것을 알았다. 아무도 그렇지 않다고 말하지 않았다. 그의 아버지 스펜스는 「거래를 위해」 자주 도시를 떠났다. 제시는 아버지로부터 그 게임의 이름이 살아남기이고, 법은 지키지는 것이 아니라 피하기 위해 존재하는 것이라는 말을 들으며 자랐다. 소년은 이른 나이에 그것이 쉽고 빠르게 돈을 벌 수 있는 최고의 방법이라고 배웠다. 법을 지키는 것은 불편하고 일을 더디게 했다. 그것은 깨지라고 만들어진 것이었다. 그의 어머니 펠리시아는 아들을 숭배했고, 그를 방종하게 놔두었다. 그녀는 아들이 친구들에게 잔인하게 행동하고, 어른들에게 버릇없이 구는 것을 모른 척

했다. 그는 일찍부터 도둑질을 배웠다. 처음에는 자신의 빛나는 청록색 눈동자로 점원의 시선을 분산시켜 사탕이나 작은 물건들을 훔치는 것으로 시작했다. 십대에는 학교 친구들과 함께 아무 집으로 들어가 상습 절도범의 능숙하고 일상적인 솜씨로 귀중품들을 훔쳤다. 밥 먹듯이 무단결석을 했지만, 선생님에게 뇌물을 돌려 학년을 올라갈 수 있었다. 아들을 우상시했던 펠리시아는 그가 법을 어기거나 사람들에게 피해를 입힐 때마다 변명을 늘어놓았다. 그는 젊은 여성들에게 남성다움의 상징이었다. 그는 수많은 아이들의 아버지가 되었지만, 아무런 양심의 가책 없이 그들을 버렸다. 원치 않는 여성을 성폭행하는 경우도 허다했다. 그는 성폭행 사실을 폭로하면 가만 두지 않겠다며 희생자들을 위협했다. 그는 이런 사건들을 강간이 아닌, 「노닥거리기」라고 불렀다.

20대 초반의 제시는 반사회적 인격의 완벽한 표상이 되었다. 그는 순진한 사람들을 꼬드겨 불법으로 위조된 고위험 투자의 함정에 빠뜨리는 세련된 화이트컬러 범죄로 이동했다. 투자자들이 자신의 돈이 비닥난 것을 알게 된 무렵이면 제시와 그의 범죄파트너들은 이미 사라진 지 오래였다. 새로운 정체성으로 무장한 그들은 신선한 희생자들을 찾아 다시 끈적끈적한 거미줄을 짠다.

자기도취적 성격에 대한 정신역학적 접근

이 책에서 나는 자기도취적 성격의 근원을 분석하기 위한 방법으로 정신역학적 접근 방식을 채택했다. 여기서 「정신역학」은 개인의 성격을 창조하고 유지하는 의식과 무의식, 감정과 정신 사이의 복잡한 상호작용을 의미한다. 광범위한 연구와 치료법의 응용까지 포함하고 있는, 가장 유명한 현대 정신분석학 이론은 대상관계이론(object relations)이다. 여기서 대상은 「타인」(어머니, 아버지, 부모를 대신하는 인물)을 의미한다. 「대상관계」는 그들의 부모와 함께 한 유아기와 아동기에 맺은 초기 관계를 일컫는다. 태어날 때부터 시작된 부모 자식 간의 모든 상호작용과 그들에게 애착된 감정의 스펙트럼은 아이의 자라나는 마음에 내면화된다. 엄마(또는 부모를 대신하는 인물)와 맺은 감정은 즐거울 수도 불만스러울 수도 있다. 위대한 정신분석학자 오토 컨버그(Otto Kernberg, 1928~)는 그것을 이렇게 설명한다. "태어날 때부터 강력한 충격(감정)의 영향을 받으며 우리가 중요한 타인과 맺는 관계는 정서적인 기억으로 내면화된다. 이런 기본적인 정서적 기억 속에는 자아에 대한 묘사, 「그」 타인-대상관계이론에서 '대상'이라 불리는-에 대한 묘사 및 그들과 관계된 지배적인 감정이 들어있다."[18]

신경증에서 자기도취까지

지난 50년 동안 신경증에서 자기도취를 포함하는 성격장애까지, 심리적 장애의 발생과 인식에는 상전벽해와도 같은 극적인 변화가 일어났다. 프로이트는 히스테리성 발작증세(심리적 원인으로 발생하는 신체적 증상)와 신경증, 강박장애로 괴로워하는 환자들을 치료했다. 오늘날 정신분석학자와 정신과 의사들은 자아의 (심리적) 장애 때문에 고통스러워하는 환자들이 보이는 과잉증상에 주목하고 있다. 그중에서 두드러진 것으로 경계역 질환과 자기도취적 장애를 들 수 있는데, 이는 성격의 핵심에 뿌리내린 병이다.

　자기도취적 성격을 가진 사람들 대부분은 정신 치료를 시도하지 않는다. 그들은 자신을 편안하게 느끼고, 변화할 필요를 느끼지 않는다. 그들 주변의 타인이 그들의 불쾌한 행동으로 고통 받을 때에도, 이 자기도취자는 (타인들이) 왜 이렇게 호들갑을 떠는지 의아해하면서 태평하게 머리를 긁적인다. 자기도취자들은 가까운 사람들에게 까다롭고, 버릇없고, 의존적이고, 정신적으로 불안정하다며 꼬투리를 잡는다. 뭣 때문에 자기도취자가 치료 과정에서 야기되는 수치와 자기 의심, 트라우마의 재체험이라는 고통스러운 시간을 견디겠는가. 왜 그가 자신을 숨김없이 풀어놓고 고백하겠는가. 뭣 때문에 그가 타인에게 입힌 고통을 인정하고 책임지겠는가. 왜 그가 꼬치꼬치 캐묻는 전문가에게 자신의 약점을 드러내겠는가. 자기도취자는 (보통사람들과는) 다른 심리적 믿음을 갖고 있다. 그의 첫 번째 계율은 진실의 제단 위에 결코 몸을 엎드려서는 안 된다는 것이다.

　오늘날 사회가 자기도취자에게 엄청난 급여와 특전 등의 세속적 권력을 당당히 선사하기 때문에, 그의 과장된 자기 이미지는 더욱 강화된다. 몇몇 직업들은 자연스럽게 자기도취자의 마음을 사로잡는다. 특히 두 분야-연예오락과 정치-는 자기도취자들로 하여금 그들의 독특한 성격적 특성을 활성화하게 하고, 그 대가로 상을 받는 기회를 무한히 제공한다. 물론 이 분야의 모든 사람들이 자기도취자인 것은 아니다. 영화나 텔레비전에 등장한 뒤 찬사를 받는 것은 수많은 자기도취자들의 궁극적인 꿈이다. 자신만의 시각적 심상을 갖는 것보다 그들을 더욱 의기양양하게 만드는 것은 전 세계에 자신을 선보이는 것이다.

현재 배우와 정치가 사이의 경계는 흐릿해졌다. 역할을 준비하는 배우들처럼 정치가들도 그들을 당선시킬 「메시지」 전달을 보장하는 전문 연설문 작성자와 코치, 조언자를 고용한다.

오늘날의 정치가들은 이미지-면도칼로 다듬은 머리, 주문제작한 부분 가발, 다부진 턱과 턱선, 전문코디네이터가 준비한 의상-에 집착한다. 그들의 몸짓과 동작, 소탈한 인생이야기, 심지어 미소까지 모두 대본에 정해져있다. 그들은 승리의 주문과 개그 대사를 종교의식처럼 연습한다. TV 카메라를 가득 메운 입후보자들은 그날 가장 효과적인 연설을 하기 위해 기를 쓰고 기다린다. 텔레비전, 영화, 잡지에서 우리는 외부 이미지의 공격을 받는다. 신체적 매력은 이제 성공의 필수 요소가 되었다. 아름답고 잘 생긴 외모를 소유한 것은 성공과 경제적 성취를 반 이상 이룬 것과 다름없다. 자신을 신격화 하는 것은 뉴에이지(기존 서구식 가치와 문화를 배척하고 종교·의학·철학·천문학·환경·음악 등의 영역의 집적된 발전을 추구하는 신문화운동-옮긴이) 종교가 태동하면서 등장했다. 완벽한 얼굴과 몸을 추구하라는 끊임없는 압박은 이 시기의 자기도취자에 등장하는 증상이다. 미적 결함-코티지치즈 같은 넓적다리, 비대칭의 작거나 처진 가슴, 큰 코, 주름살 또는 반점-은 특히 여성들(20대와 30대마저도) 사이에서 강한 수치심을 일으키는 비웃음의 대상이 되었다. 노화의 가시적 신호는 두려움과 혐오감을 일으킨다. 할머니와 할아버지는 골방에 숨겨지거나, 아직 때가 한참 멀었는데 양로원에 맡겨진다. 그들은 겉모습-평평한 배, 주름살과 잡티 없이 팽팽한 피부, 완벽하게 대칭인 가슴, 도톰한 입술, 불룩해진 근육, 두드러지지 않는 힘줄, 털이 삐져나오지 않은 귓구멍과 콧구멍, 두껍고 숱이 많은 머리카락-을 숭상하는 사회에서 골칫거리이다. 이런 문화 속에서는 아무도 죽지 않을 기세다-그들은 주름제거 수술을 감행한다. 살찌는 게 두려운 여자들은 단식과 폭식, 구토의 반복이라는 위험한 덫에 걸린다. 아주 조금 살이 쪄도 구토를 하는 그들은 비밀스럽게 자신에 대한 혐오를 영속화하는 격렬한 운동과 자발적 단식으로 스스로를 벌한다. 완벽한 이미지의 추구는 조용하고, 비시각적이고, 의미 있는 것-인간의 통합과 진실-에 대한 탐색을 내쫓아버렸다.

자아의 끝없는 장광설

오늘날 우리는 자기도취자들에게 둘러싸여 있다. 인생의 빛나는 무대 위에서 그들은 무비스타, TV스타, CEO, 정치가, 변호사, 의사, 비즈니스 거물이다. 집 가까이 눈을 돌리면 그들은 배우자, 과거 배우자, 연인, 파트너, 부모, 인척, 형제, 자매, 친구들이다. 심리적 현실감각을 갖고 있고 자신에게 진실한 사람이 자기도취자를 제압하려는 것은 사실 겁나는 일이다.

객석의 조명이 꺼지고, 관객이 귓속말이 멈추고, 커튼이 올라가고 무대 중앙의 배우에게 스포트라이트가 비치면 쇼는 시작된다. 이것은 자기도취적 성격에 대한 완벽한 은유이다. 항상 주인공을 맡는 그는 그럴 듯하고 화려하게 자신의 역할을 수행한다. 평생 동안 자신의 대사, 즉 모든 단어와 뉘앙스, 어조를 연습해온 그에게 이는 마법의 순간이다. 관객의 관심이 자신에게 모두 집중되는 영광의 순간, 그에게는 에너지가 넘쳐흐른다. 관객의 관심이 잠시라도 자신에게서 멀어지면 그는 영리하게 그것을 자신에게 돌아오게 한다. 다시 한번 스포트라이트를 받은 그는 관객의 찬사를 깊이 들이마시면서 완벽하게 충전된다.

지금 시각은 밤 10시다. 촬영 팀은 새벽 6시에 출발했다. 그들은 한 달 넘게 하루도 쉬지 않고 하루 16시간을 일해 왔다. 독립영화 제작자 대릴은 촬영팀을 회의실로 불렀다. 예산에 대한 회의가 진행되는 동안 대릴은 씩씩거리며 화를 냈다. 하지만 아무도 놀라지 않았다. 대릴이 일에 관여할 때면, 태양은 그의 기분에 따라 뜨고 지니까. 그렇게 그는 달과 별도 가졌다. 그의 프로젝트를 맡은 팀원들의 보수는 좋은 편이었다. 하지만 딸의 축구 시합을 놓치고, 아들 선생님과의 중요한 면담에 참석하지 못하고, 결혼식을 연기하고, 무엇보다 자신의 일상을 갖지 못하는 것을 그 무엇으로 보상할 수 있을까?

대릴은 항상 늦었다. 심지어 자기가 주관하는 회의에도 늦었다. 그는 제일 늦게 도착하는 사람이 가장 큰 힘을 갖고 있다는 경영서적을 읽었다. 따라서 이런 행동은 자신이 다른 어떤 이들의 시간보다도 소중하다는 것을 보여주기 위해 계획된 것이었다. 그는 항상 비싼 옷을 입고, 흠잡을 데 없는 외모를 유지했다. 햇볕에 매끈하게 그을린 그의 얼굴에서는 빛이 났다. 16시간이 지나도 그의 몸가짐은 흐트러지지 않고, 옷에는 주름 하나 생기지 않았다. 그의 곧은 백색 치아는 좀 전에 광을 낸 것처럼 반짝거렸다. 키가 크고 자세가 반듯한 그는 팀원들의 피곤하고 불안한 얼굴을 응시했다. 그는 예산초과 문제로 폭발하기 시작했다. 유독 한 사람이 비난의 대상으로 지목되었다. 진짜 비난받아야 할 대상은 대릴의 술친구인데 말이다. 그는 부주의하고 무책임한 경영관리로 유명했다. 그러나 진실은 중요치 않다. 무엇보다 대릴에게는 자신의 이미지와 평판이 중요한 만큼 친구의 이미지와 평판도 중요했다. 대릴의 공격은 무자비하고 가학적이어서 희생자와 관련 인물들에게 공포심을 남겼다. 대릴은 자신이 승리했다는 것을 알았다. 그의 군대는 다시 한번 묵인했다. 그는 의기양양하게 방을 나섰다. 자신의 영역에서 여전히 그는 왕이었다.

자기도취적 성격을 가진 사람과의 「대화」는 항상 일방적이다. 그는 말하고, 당신은 듣는다. 거기에는 진정한 의사소통, 생각이나 감정의 교감이 없다. 당신은 납치된 관객이다. 자기도취자는 자기 자신과 자신이 성취한 것, 자신에 대한 찬사를 멈추지 않는 물결처럼 뱉어낸다. 반복되는 리듬의 자기 언급은 끝나지를 않는다. 그 어떤 숨결도, 심장박동도, 벼랑에서 격렬하게 떨어지는 물살과 같은 자기도취적 흐름을 중단시킬 수 없다.

자기도취자들은 걸어 다니는 자기 광고판이다. 그들은 끊임없이 자기 이름을 들먹이고 자신의 변화무쌍한 성공을 자랑할 기회를 절대 놓치지 않는다. 그들 대다수는, 자신의 눈에 교육을 잘 받지 못했거나 출생 배경이 좋지 않거나 문화적으로 세련되지 못한 사람들을 폄하하는 사회적이고 지적인 속물들이다. 쇼핑몰의 거부인 로저는 세계적으로 유명한 건축가를 기념하는 비즈니스 만찬에 참석했다. 주빈 옆에 앉게 될 거라 내심 기대했던 로저는 광고기획 공동개발자의 부인인 내 옆에 앉게 된 것을 알고 원통해 했다. 나는 공손하게 자기소개를 했다. 그는 차갑고 따분한 표정으로 나를 훑어보았다. 그 눈은 마치 내가 만찬에 초대받은 손님이라기보다 대규모 공개 장소에서 그를 희롱하는 여자라고 말하고 있는 듯했다. 그는 주요 계약자의 사업동료라며 모호하게 자신을 소개했다. 만찬 내내 나는 로저와 진정한 의미의 대화를 하지 못했다. 그는 현대회화 수집이라는 자신의 신성한 세계를 묘사하는 일에 정신이 팔려 있었다. 그는 상을 받은 자신의 회화작품들을 극히 세부까지 과장되게 묘사했다. 그는 그것들을 소유하기 위해 자신이 고안해 낸 영리한 계획들에 침을 흘렸다. 나는 고전 예술을 사랑하고 유럽의 거장들에게 감사한다고 말했다. 로저는 내게 얕보는 시선을 던졌다. 마치 이렇게 말하는 듯 했다. "참 순진하시군요. 소위 거장이라는 사람들이 얼마나 케케묵고 시대에 뒤떨어졌는지 모르시나 봅니다!" 로저는 잘못 인도된 아이를 바로잡기라도 하려는 듯이 말했다. 그는 무례하게 거들먹거렸다. 그는 만찬이 끝날 때까지 자신의 최근 취득한 것들에 대해 이야기하고 또 이야기했다. 그는 이때다 싶은 시점이 되자 자리에서 벌떡 일어나 자신의 미적 교양과 맞아떨어질 것처럼 보이는 다른 손님들을 찾아 떠났다.

자기도취자는 오로지 자신만을 위해 남겨둔 방, 어마어마하게 큰 심리적 공간을 차지한다. 그와 함께 하는 상대는 숨을 쉬거나 움직일 수가 없다. 모든 가용 산소가 자기도취자 자신을 향한 환호에 소모되기 때문이다. 비즈니스 회의나 사교 모임에서 그는 관심의 중심이다. 거기에는 그 사람 이외의 다른 현실은 없다. 이런 타입의 사람들과 밀접하게 관련을 맺고 있는 사람들은 자신의 삶 대신 그의 삶을 살고, 그의 삶이 자신의 삶보다 더 중요하다고 느끼는 경우가 많다. 자기도취자가 당신에게 관심을 돌릴 때, 그 움직임은 계산된 것이다. 그는 머릿속에서 자신에게 이익이 될 특별한 것을 생각한다. 당신은 그의 자기도취적 보급품-권력, 부, 특권, 성적 흥분, 그를 향한 흠모-의 살아있는 도관이다. 이것들이야말로 자기도취자의 게걸스러운 입맛을 일시적으로 만족시켜줄 심리적 양식이다.

당신을 만난 자기도취자는 스스로에게 묻는다, "이 사람이 내게 무엇을 해줄 수 있을까? 내 목표를 달성하기 위해 이 사람을 어떤 식으로 이용할까?" 성공적인 자기도취자는 자기가 정말로 당신에게 관심을 갖고 있다고 착각하게 만든다. 당신이 그가 지금까지 만난 가장 중요한 인물인 것처럼. 이런 강렬한 관심의 대상은 이 매력적인 악당에게 기만당할 수 있다. 당신이 그에게 전혀 소중하지 않다는 것이 밝혀지면, 자기도취자는 태도를 돌변한다. 그는 당신을 무시하고, 의도를 알아챌 수 없게 행동하고, 무뚝뚝하게 당신을 대한다. 자기도취자에게 없어서는 안 될 것 같았던 관계는 가혹한 손상을 입게 된다.

웅장한 망상의 거장

자기도취자는 자신이 창조한, 거만하게 과장된 환상의 복잡한 세상 속에서 산다. 그의 스타일은 거창하다―마치 자신의 날개를 활짝 펼쳐 보이는 수컷 공작이나 야행칠면조를 닮았다. 현실에 대한 그의 견해는 전혀 진실을 담지 못한다. 행성에 둘러싸인 태양처럼 인생의 중심에서만 자신을 인식하는 자기도취자는 모든 것이 자신으로부터 흘러나온다고 믿는다. 그는 최초의 근원, 궁극의 목소리, 강의 원천이다.

자기도취자는 자신의 무한 권력을 확신시켜줄 망상을 날조한다. 자기도취자는 자신의 과장된 이미지를 놓지 않는다. 이는 상상의 여행이나, 순식간에 소멸되는 찰나의 낙관주의와는 전혀 다른 것이다. 그에게 이것은 반박할 수 없는 불변의 진리이다. 그의 핵심적인 믿음은 절대 흔들리지 않는다. "내가 할 수 없는 것은 없다. 내게는 한계가 없다. 나는 완벽하다. 다른 사람들은 모두 그저 그렇고 열등하다. 나는 무슨 수를 써서라도 승리할 것이다."

자기도취자는 믿기 힘들 정도의 특권의식을 갖고 있다. 모든 것이 그에 대한 것이고, 그에게 속한 것이다. 자신의 의지와 욕망 앞에 타인들을 고개 숙이게 만들고 싶은 그는 그들을 학대하고, 평가절하하고, 굴욕감을 주고, 그들의 사생활을 자연스럽게 넘나든다. 그는 사냥꾼이고, 그들은 그의 먹잇감이다. 자부심으로 충만한 지배자, 수컷 사자처럼 자기도취자는 사냥의 첫 수확물이 마땅히 자신의 것이라는 사실을 안다.

영웅적인 자기도취자의 자신에 대한 환상은 객관적 현실을 전혀 반영하지 않는다. 자기도취자는 자신을 인간 비행선처럼 확장시킨 상태로 유지하면서, 분리된 우주에서 산다. 정형외과 전문의 케빈은 25세의 아내 실라와 이혼 소송을 진행중이었다. 그는 결혼 첫 달부터 이 순간만을 기다려왔다. 자유로워지면, 케빈은 불륜상대인 더 어린 여성과 함께 인생의 다음 장을 넘길 것이었다. 이혼 과정 내내 케빈은 아내를 무자비하게 대했다. 그는 법률상의 구멍을 캐내기 위해 「창꼬치」(이빨이 날카롭고 공격적인 꼬치고기과의 물고기, 여기서는 빈틈없는 변호사의 은유적 표현으로 사용되었다—옮긴이)를 고용해서 아내를 극심한 공포에 떨게 만들었다. 그는 공정하고 우호적인 관계를 맺고자 하는 실라의 모든 요청을 거부했다. 케빈은 수많은 법적, 심리적 장애물들을 최대한 수집하여 실라를 정면으로 공격했다. 재산 분배 시점이 되자, 그는 연방세금 납부를 회피하고, 실수입에 대해 거짓진술을 하고, 집을 내놓지 않았다. 케빈은 이혼 전쟁에서 이기는 것뿐만 아니라 전처를 사라지게 하는 일에도 집착했다. 그는 자신이 전처와 자식에게 가한 회복할 수 없는 심리적, 경제적 상처에 대해서는 전혀 신경 쓰지 않았다. 오로지 자신의 소망과 욕망만이 중요할 뿐이었다.

선량함의 그윽한 멋

이렇게 악의적인 인간임에도 불구하고, 자기도취자는 자신이 「선량한 사람」이라고 믿는다. 자신의 속임수와 잔인함에 눈이 멀어버린 그는, 자신이 부당하다는 혐의를 받는 순간 자동적으로 희생자 역할에 몰입한다. 매체회사 간부인 윌리스는 그의 아내 잉그리드와 결혼한 지 7년이 되었다. 그 사이 윌리스는 수많은 정부들을 두었고, 그는 그들을 최고의 아내라 불렀다. 그들은 그를 열렬히 사모했고, 그의 생각과 계획의 부스러기들을 듣기 위해 시간을 아끼지 않았다. 그들은 순응적이면서 성적으로 용감했다. 윌리스는 잉그리드와 가족의 사소한 일상으로부터 자유로워지기를 바랐다. 그는 잉그리드와 자식들에게 1페니조차 주는 것이 아까워 이혼까지 할 생각은 없었다. 그는 자신의 재산이 빠져나가는 생각만으로도 화가 나서 어쩔 줄을 몰랐다. 윌리스는 자수성가하고, 가족에 헌신적인 인물로 숭배되었다. 절망스러울 정도로 의존적이고 불안한 성격의 잉그리드는 윌리스 곁에 머물렀다. 마침내 그녀는 우울증 진단을 받았고, 매일 많은 양의 항정신성 약물을 복용하게 되었다. 윌리스는 계속해서 어머니(잉그리드)와 자식 사이의 관계 기반을 약화시켰다. 그는 자식들에게 선물과 특별 기념품을 잔뜩 안겨주었지만, 그들이 정말로 아버지를 필요로 할 때는 시간을 내지 않았다. 아내를 무시하고 잔인하게 대하는데도 불구하고 그의 지인과 친구들, 그리고 잉그리드의 가족 일부는 그를 자상한 남편이자 아버지로 보았다. 대부분의 사람들은 윌리스를 「선량한 사람」이라 믿음으로써 그에게 기만당했다.

개인의 힘의 신화

개인의 무제한적인 힘을 추구하는 것은 일종의 염원이자 일생의 목표가 되었다. 정신분석학자이자 철학자인 롤로 메이(Rollo May)에게 자기도취적 성격은 개인과 개인주의-모든 타인을 능가하고 이기고자 하는-의 집착에서 자라난 것이다. 각각의 사람들은 자기의 힘으로 싸워서 경쟁자를 이겨야 한다. 메이에 의하면, 이것이 병적 자기도취를 지원하고 고취시키는 태도이다. 그는 현재 만연하고 있는 자기도취의 철학을 설명한다. "성공 신화는 더욱 높은 지위로 '오르기' 위해 고군분투하는 것이 어렵다는 말로 우리를 위로한다…… 우리가 같은 인간을 이용한 것에 대해 극도의 죄책감을 갖고 있을 때, 그것은 우리에게 타인에게 책임감을 가질 필요가 없고, 그들 역시 인생의 경험을 통해 배워야 한다고 귀엣말을 한다. 이런 이기주의의 표출을 통해 우리의 죄책감이 덜어진다."[19]

이런 경향의 전형적인 예로 연예계 스타를 향한 열망을 들 수 있다. 영화와 TV 스타들은 사회의 아이콘이 되었다. 대부분의 사람들은 그들 삶의 세부 사항-결혼, 이혼, 간통, 사생아 자식, 추악한 가족의 비밀, 구속될 뻔한 사태-에 매료된다. 일부 유명인사들 사이에는 특히 대중문화에 침투한, 만연한 자기도취를 반영하는 과장된 자기몰입(도취)이 존재한다. 이런 개인주의자들의 다수는 그들 인생의 가장 은밀한 부분까지 타인과 공유한다. 그것이 마치 매우 중요한 뉴스거리나 되는 듯이 말이다. 유명 인사를 추종하는 것은 인생의 본질을 공허하고 시시한 것으로 전락시킨다.

무제한적인 힘은 개인의 전문적 성공에 필수적인 것으로 인식된다. 개인의 성공에 대한 지나친 강조는 타인의 욕구를 끝없이 탐하고, 잔인하고 무자비하게 탈취하는 문화를 만들어냈다. 롤로 메이는 이런 성격을 다음과 같이 설명했다, "자기도취적 환자는…… 외로운 개인주의의 현대적 신화이다. 이런 사람은 깊은 관계를 맺지 못한다. 그는 '회색 플란넬 양복을 입은' 우울한 사람이다."[20]

세상의 갈채

중증 자기도취자들은 그들을 사려 깊지 못하고 까다로운 사람으로 보이게 만드는 자질—자기 몰두, 공격성, 에고—을 통해 멋진 보상을 받는다. 이런 현상은 이타적 기질의 사람들이 경제적 성공과 권력, 명성을 획득하기 힘든 현실적 결과로 나타난다. 새로운 사회적 목표를 성취한 이들 중 상당 비율이 자기도취적 인격을 소유하고 있다. 대중은 그들을 가치 있는 역할 모델로 추구한다. 우리는 그들의 성공을 부러워하도록 프로그램화되었다. 그들의 자아숭배와 터무니없는 요구, 지나친 사치에도 불구하고 사람들은 그들에게 아첨하고 찬사를 바친다. 세상의 갈채는 자기도취자의 왕관을 빛내는 보석이다. 다른 모든 이들 사이에서 자신을 돋보이게 만든 자기도취자는 인생의 무대를 뽐내며 -자신만만하게- 걷는다. 그의 배는 완전히 항해하고 있고, 모든 돛은 부풀어 올랐고, 자아는 완전히 펼쳐져 있다.

슈퍼자기도취자 파블로 피카소와 정반대되는 인물인 오드리 햅번은 영화계 스타로 칭송을 받았지만 이런 성격의 시달림을 받지 않았다. 타고난 연기 재능과 아름다움, 우아함으로 세상의 중심 무대에 세워졌던 햅번은 진실과 연민, 용기의 삶을 영위했다. 자신의 명성과 예술적 성취에도 불구하고, 햅번은 여배우로서 공적인 역할과 사랑하고 성장하는 개인으로서의 사적인 생활을 항상 분리했다. 오드리는 망상을 갖지 않았다. 그녀는 투명하고 선량한 삶을 살기를 열망했다.

모든 사람들이 오드리 햅번-완벽한 곡선의 갈색 눈동자와 강렬한 내면의 빛을 발하는 그 크고 감동적인 눈-을 사랑하게 되었다. 가느다란 뼈와 수 년간의 발레 훈련으로 다져진 유연한 몸매를 지닌 오드리는 아주 우연하게 유명 영화배우가 되었다. 제2차 세계대전 당시 나치의 통치 하에서 성장한 오드리는 목전에 닥친 기아와 난폭한 살상의 무시무시한 장면이 반복되는 일상의 현실을 몸소 겪었다. 통제적 완벽주의자인 그녀의 어머니 엘라는 딸에게 인간이 성취할 수 있는 것 이상을 요구했다. 이때 받은 심리적 상처 때문에 오드리는 자신이 무능하고 신체적으로 못났다고 믿게 되었다. 그녀는 다른 사람들보다 더 열심히 그리고 더 오래 일하기로 결심했다. 그렇게 그녀는 자신이 느끼는 결점을 만회하기 위해 인내심과 의지력을 발휘했다.

그 모든 직업적인 성공(아카데미 최고 여우상 일 회 수상과 다섯 번에 걸친 후보 지명)에도 불구하고 오드리가 가장 원했던 것은 엄마가 되는 것이었다. 그녀는 결혼을 두 번 했다. 첫 번째 결혼은 배우 멜 페러(Mel Ferrer)와, 두 번째 결혼은 정신과 의사 안드레아 도티(Andrea Dotti)

박사와 했다. 그리고 숀(Sean)과 루카(Luca)를 두었다. 이 두 결합은 불안정해서 결국 이혼으로 끝이 나기는 했지만, 오드리는 자식들을 키우는 데 자신의 시간과 에너지를 바쳤다.

오드리는 평생을 타인의 고통과 아픔을 덜어주는 일에 헌신했다. 그녀는 수 년 동안 유엔 어린이 기금을 위한 특별대사로 제3세계 국가들을 돌아다니며 굶주리고 아픈 아이들에게 자신의 연민을 보여주었다.

오드리 인생의 마지막 순간까지 함께 했던 그녀의 친구 로버트 월더스(Robert Wolders)는, 너무 일찍 고통스러운 죽음을 맞이한 그녀가 보여준 온전함과 강인함에 대해 이야기했다. "그녀는 해결되지 못한 문제를 남기고 떠나지 않았다. 그녀는 자신에게 임박한 죽음을 두고 비통해 하지 않았다. 그녀는 이렇게 말했다, '이건 불공평한 일이 아니야. 이게 바로 자연이 존재하는 방식이지…… 다 거쳐야 하는 과정이라고.'"[21]

2장

이미지 메이커 : 흠집 없는 페르소나 만들기

> 그녀는 자신의 화장대에 오랫동안 머물렀다……
> 그녀는 가만히 앉아서 거울을 바라보았다.
> 그렇게 집에 있는 동안 그녀는 아마도 가장 진정한 자신이 되었을 것이다.
> 수십 년에 걸쳐 만들고 또 만들어냈던 환상으로
> 가득 찬 절반의 기억과 꿈에 만족한 그녀는.
> – 도널드 스포토(Donald Spoto)
> 파란 천사 : 마릴린 디트리히의 일생 [1]

마술사

마술사는 자신의 빈손을 보여준 다음, 흰색 비둘기를 풀어 날아오르게 한다. 지금 여러분은 그것을 보고 있지만, 동시에 그것을 보고 있지 않다. 이런 고전적인 손의 속임수는 놀라움에 박수치는 관객들에게 여전히 미스터리로 남아있다. 텅 빈 곳에서 영광의 흰 새가 불쑥 나타나 하늘 위로 날아오른다. 무대 위의 연기자처럼, 자기도취자는 자신을 다른 모습으로 보여주는 마술사이다. 그가 완벽하게 표현하는 모습은 그의 페르소나, 즉 그가 세상에 표현하는 자신의 일부분이다. 그는 강력한 가식으로 다른 이들을 속이면서, 이 이미지를 진짜 자신으로 착각한다.

셀레스트는 자신이 기억할 수 있는 아주 어린 시절부터 배우가 되기를 원했다. 그녀는 이름을 수잔 메에서 셀레스트로 바꾼 어린 소녀시절부터 자신이 공들여 만든 모습의 페르소나를 역력히 드러내기 시작했다. 셀레스트라는 이름은 자신이 유일무이하고 눈에 띄는 존재라는 느낌을 갖게 해주었다. 긴 금발머리와 미끄러질 듯 아름다운 콧날, 에메랄드빛의 커다란 눈동자를 지닌 셀레스트는 처음부터 자신이 가족들 사이에서 빛나는 작고 아름다운 별이라는 것을 알고 있었다.

셀레스트는 아이였을 때에도 자신의 외모에 눈을 고정하고 넋을 잃곤 했다. 그녀는 자신의 사진 찍기를 무척이나 좋아했다. 그녀는 어떤 카메라든 앞에 서서 다양한 표정과 포즈를 연습했다. 그녀는 자신에게만 고정된 카메라의 시선에 황홀해 했다. 고대 신화의 나르시스처럼, 셀레스트는 몇 시간을 거울만 바라보며 보냈다. 그녀는 자신이 보고 있는 것에 마음을 사로잡혔다. 「좋은」 쪽도 「나쁜」 쪽도 없는 완벽한 대칭의 얼굴. 그녀는 강박적으로 거울 속 자신을 바라보았다. 그녀는 자신의 신체적 아름다움에 압도되었다.

자신에게 진실할 수 없고, 진정한 자기성찰을 할 수 없는 자기도취자는 자신에 대해 정교하게 날조된 이야기를 마구 늘어놓는다. 자신이 어릴 적에 다른 아이들보다 우월했다는 -더 잘 생기고, 똑똑하고, 재능 있었다는- 말을 들으면, 거짓 자아의 조형물은 그에게 익숙하고 자연스러운 것이 된다. 자신이 총애하는 작품을 결코 마무리 짓지 못하는 화가처럼, 자기도취자는 연속해서 정교한 정체성을 세우고 개선하기를 반복한다.

컴퓨터 영업이사인 로버트는 자신이 항상 다른 사람들보다 우월하다고 느낀다. 이런 느낌은 그가 매우 어릴 때부터 시작되었다. 그는 학교

공부를 상당히 잘 하기는 했지만, 재능 있는 학생은 결코 아니었다. 그러나 그가 올A를 받지 못하면, 그는 그것은 선생님의 실수 때문이라 여겼다. 평범한 외모인데도 불구하고, 로버트는 자신이 잘 생긴 외모로 원하는 여자를 모두 넘어오게 만들 수 있다고 믿었다. 그는 자신을 세련되고, 세상을 많이 아는 천부적인 이야기꾼으로 보았다. 그는 사람들에게 자기 집이 있다고 말하고 다녔지만, 실제로는 지난 10년 동안 임대한 집에서 살았다. 그는 얼굴과 머리를 꾸미는데도 어마어마한 시간을 들였다. 겨우 35살밖에 되지 않았는데 벌써 눈 수술을 비롯해 이미 수차례의 성형수술을 받았다. 극도로 날카로운 턱선을 갖기 위해, 그는 턱밑 초과지방의 흡입술을 받았다. 그는 새치가 보일 때마다 조바심을 냈고, 자신의 미용사에게 주기적으로 자신의 머리를 세밀히 관찰하도록 했다. 그는 미용사에게 단 한 올의 새치까지 염색하게 했다. 로버트는 성공비결을 다룬 책을 탐독했다. 성공을 향한 단계에는 다른 사람들에게 좋은 첫인상을 주는 것이 빠지지 않고 등장했다. 그는 각각의 단계에 따라 행동했다. 배우가 대사를 연습하는 것처럼, 그는 프레젠테이션을 할 때마다 입문서에서 발췌한 특별한 구절들을 활용했다. 그와 관련된 모든 것은 준비되고 계획된 것이었다. 그는 운에 맡기는 일이 없었다. 이렇게 그는 항상 자신의 이미지를 조절했다.

이미지는 현실이다

이미지는 현실이 아니다. 그러나 오늘날 그것은 엄청난 힘을 투사하는 것처럼 보인다. 이미지는 아름다운 환상일 수 있다. 그것은 우리를 향해 걸어오는 젊고 아름답고 나긋나긋한 여성이거나, 태양 아래 반짝반짝 빛나는 과일의 형상, 우아하게 디자인된 차의 곡선과 같은 것이다. 지난 몇십 년 동안 사물의 겉모습은 현실을 대체하는 것이 되었다. 사람들은 어느 때보다 자신이 만들어낸 겉포장과 타인들이 그것을 어떻게 받아들이는가에 의해 평가되고 있다. 그 예로 나이를 들 수 있다. 50년 전, 특히 여성에게 나이는 노화의 시각적 신호로 받아들여지는 불쾌한 것이 아니었다. 그러나 오늘날 나이는 신기하게도 사람이 가진 결점으로 인식되고 있다. 불과 몇 년 사이에 주름살제거수술의 비율이 천문학적으로 증가했다. 일부 사교계에서는 주름살제거수술을 50대에 접어든 여성이 반드시 거쳐야 할 의식으로 받아들이고 있다. 수많은 여성들이 젊어 보이는 얼굴을 갖기 위해 정기적으로 피부과 의사나 성형외과 전문의의 시술을 받는 일에 중독되었다. 여기를 찢고 저기를 덮는 것은 오늘날의 사회에서 수용되는 미학적 풍경이다.

  많은 여성들(그리고 남성들)은 자신이 받은 성형수술을 비밀로 한다. 나는 건너편에 앉은 대다수 여성 지인들의 얼굴이 너무 팽팽하게 당겨져서 찢어질 것 같다는 생각을 한 적이 있었다. 그들은 잘못하면 얼굴을 망칠 수 있다는 것을 알면서도 이것을 하지 않고는 못 배긴다. 언젠가 오랫동안 알고 지냈던 여자를 만난 적이 있었는데, 그녀의 모습에 나는 깜짝 놀라고 말았다. 눈, 눈썹, 볼, 처진 턱살을 위로 잡아당겨 얼굴선이 매끄러워진 것이다. 모든 이목구비가 한계점까지 끌어당겨진 것이 마치 단단히 조인 작은 북을 연상시켰다. 우리는 이「작업」에 대해 한 마디도 하지 않았다. 이런 사람들은 이 놀라운 변화가 수술에 의한 것이라는 사실을 다른 사람들이 눈치채지 못할 것이라고 생각한다. 어느 날 갑자기 10년에서 15년은 젊어진 「산뜻해진」 모습으로 나타나는 사람들도 있다. 그들은 자신의 새로운 외모에 너무나 기쁜 나머지 현기증까지 느낀다. 이런 과정을 받아들인 사람들은 외친다. "이것이 내 인생을 바꿔놓았다!" 그들은 마치 위대한 업적을 이루기라도 한 것 같다.

오늘날, 노화는 더 이상 받아들일 수 없는 것이 되었다. 나이 먹는 것을 받아들이는 사람은 자연스럽게 문제 있는 사람으로 여겨진다. 몸의 내부체계가 피할 수 없는 쇠퇴과정을 거치는 동안, 얼굴과 몸의 외관은 새롭고 관능적인 것을 투영해야 한다. 이것이 최신 계명이다. "그대들은 늙어 보여서는 안 된다." 성형에 대한 집착은 내면, 즉 진정한 자아가 아닌 외면을 강조한다. 외적 이미지와 사랑에 빠지는 것은, 최후의 터부인 죽음에 대한 병적인 공포를 드러내는 것이다.

진짜가 되어 타인을 대하라

위대한 인물(이후 위인으로 통칭-옮긴이)은 반드시 진실에 대해 지치지 않고 탐색하는 태도를 갖고 있어야 한다. 그는 자신의 재능을 자신의 신격화가 아닌 인생 전체에 바친다. 위인은 고통으로 도움을 필요로 하는 사람을 발견하고, 그들이 견뎌야 하는 짐을 줄여주고 함께 들어주는 일에 많은 노력을 기울인다. 그는 나약하고 절망하는 사람들의 영혼을 고양시킨다. 그는 확실하게 자신의 시간과 관심을 들인다. 그는 「다른 사람들을-일단-표시해 두는 일」은 하지 않는다. 이 말은 어려움을 겪는 (경제적으로, 감정적으로, 신체적으로) 사람들에게 온갖 적당한 말과 행동으로 관심을 기울이는 척하는 오늘날의 일반적 관행을 의미한다. 이 경우 문제가 더욱 심각해져서 더 많은 시간과 에너지를 기울여야 하는 상황이 되면, 도움을 주던 사람은 어디론가 사라져 찾을 수가 없다. 짜증을 내고, 타인에게 무심하고, 사람을-일단-표시하는 사람들은 이웃과 친척, 지인, 친구들에게 닥친 불행이나 불운을 피하고 모른 척 하려 한다. 그 상황이 오래 지속되면 더욱 그러하다.

위인은 기복이 많고 고된 여정, 어지러운 롤러코스터 여행을 함께 하는 사람이다. 그는 약하고, 아프고, 겁에 질리고, 절망한, 또는 경제적으로 파산한 사람들을 내치지 않는다. 그의 시간관념은 소중한 4,5분을 억울해 하며 잘게 나누지 않는다. 위인은 이 위기를 해결하기 위해 기꺼이 자신의 머리와 가슴, 몸을 사용하면서 고통의 짐을 함께 짊어지려 한다. 그는 궁지에 몰린 사람에게 희망과 평온을 가져다준다. 기나긴 밤, 폭풍이 지나갈 때까지 울부짖는 아기를 부드럽게 쓰다듬으며 자장가를 불러주는 자애로운 엄마처럼.

위인이란 무엇인가? 과거의 위인은 누구였고, 현재의 위인은 누구인가? 지금은 위인이라고 할 만한 사람이 거의 보이지 않는다. 이제부터 진짜 질문이다. 무엇이 현실이고, 무엇이 환상인가? 공적인 것과 사적인 것 사이의 경계는 무엇이고, 그 사이에서 우리는 어떻게 균형을 이룰 수 있을까? 세속적으로는 성공했지만, 개인적인 생활에서는 괴물과 다름없는 사람을 여전히 위인으로 인정할 수 있을까? 절대 그럴 수는 없다! 개인의 진실을 알기 위해서는 소우주와 대우주 모두를 바라봐야 한다. 한 사람의 인생을 평가할 때에는 그가 꾸며낸 행동에 좌우되어서는 안 된다. 인생의 평가는 모든 것을 계산에 넣어야 한다.

완벽한 외관

자기도취자는 항상 자신이 만들어내는 인상에 사로잡혀 있다. 그것은 그가 개인적 이득이나 만족을 얻기 위해 누군가를 반드시 이기겠다고 결심할 때 특히 중요한 역할을 한다. 자기도취자는 완벽주의자다. 그의 모든 환경-집, 차, 소지품-은 결함이 없는 자신을 반영해야 한다. 이런 집의 내부를 걷다가 나는 문득, 그곳에 정말 사람이 살고는 있는지 궁금해졌다. 거기에는 사람이 사는 흔적이 전혀 보이지 않았다. 발판이나 카펫 위에는 발자국 하나 없었고, 가구나 거울 역시 손자국을 찾을 수 없었다. 사람의 흔적도, 요리한 냄새도, 흐릿한 향수냄새도, 삐뚤게 걸린 수건도, 소파 쿠션의 눌린 흔적도, 얼룩도, 먼지도, 흠도 없었다. 나는 이런 자기도취자의 강박을 「완벽한 외관」이라고 부른다. 그들의 외적 환경은 반드시, 항상, 완전히 새 것 같은 상태를 유지해야 한다. 몇몇 사람들은 이런 훌륭한 집에서 다시, 또다시 다른 집으로 이사를 한다. 단지 「새로운」 다음 것을 갖기 위해서 말이다. 개중에는 끊임없이 집을 개조하고, 화강암과 나무 바닥, 페인트의 색깔과 질감을 고르기 위해 엄청난 시간을 들이는 사람들도 있다. 외적 생활환경을 만들고 부수고 또 만드는 것은 수많은 인생 드라마의 중심이 되었다. 일부 개인은 오로지 외적인 것에만 가치를 둔 채 평생을 살아간다. 그들은 자기성찰, 즉 자신의 내면으로 들어가는 과정을 밟지 못한다. 그들의 초점은 물질적인 것, 즉 신체적 외모, 직업, 경제적 지위, 사회적 권력에 맞춰져 있다. 이런 지표들에서 높은 점수를 올렸을 때, 그들은 매우 성공적인 삶을 살았다고 여긴다. 그들의 정체성은 세상에서 그들이 성취한 것, 또는 그들의 성취를 과장하거나 위조한 것에 근거한다. 서구 사회가 더욱 자기도취자적이 될수록, 인생의 기본 가치로서 물질적 획득의 강조는 내면 성찰 및 더 큰 통찰과 인식을 향한 여행을 무색하게 만들 것이다.

완벽한 외관은 자녀를 통해서도 성취될 수 있다. 이것의 강력한 예는 부모가 자신의 인생을 살지 못했을 경우에 더욱 두드러지게 나타난다. 나는 의도적으로 신경외과 레지던트를 만나 결혼한 여자를 알고 있다. 그녀는 이 결혼을 통해 자신의 위신을 높이고 완벽한 아기를 낳고자 했다.

남편 조지는 아내 젬마와 오랫동안 결혼생활을 하면서도 아내가 자기도취적 목적을 달성하기 위해 자신을 이용했다는 사실을 전혀 눈치 못챘다. 그녀는 점토판으로 걸작을 만들어내는 거장 예술가가 될 아기를 낳을 생각이었다. 조지가 레지던트를 마치고 개업의가 되어 안정적으로 자리를 잡자 젬마는 역시 의도적으로 임신을 했다. 임신을 한 순간, 그녀는 일을 그만두고 「모든 연령대를 위한 엄마」로서의 역할을 수행하기 시작했다 소피아는 태어날 때부터 한 번도 엄마와 떨어진 적이 없었다. 젬마는 읽기, 쓰기, 수학, 수많은 언어 등 많은 분야에서 소피아를 탁월하게 만들기 위해 그녀를 가르치고, 감독하고, 훈련시켰다. 젬마는 자신이 영재를 키워내고 있다는 사실을 알고 있었다. 소피아는 당근과 채찍으로 성취를 종용당했다. 그녀는 자신이 또래 다른 아이들보다 훨씬 우수하다는 말을 질리도록 들었다.

젬마는 소피아가 엘리트 사립학교를 졸업하기 훨씬 전부터 딸의 대학 생활을 계획하고 있었다. 엄마와 심리적으로 결합된 소피아는 정말이지 한 번도 감정적 반란이나 독립을 시도하지 못했다. 소피아를 낳은 뒤, 젬마는 조지를 완전히 무시하기 시작했다. 그는 경제적 안정의 원천일 뿐,

그 이상의 의미는 없었다. 일중독인 그는 일주일의 7일을 외과수술을 하며 보냈다. 잠깐 시간이 날 때면, 그는 간호사, 병원 행정직원, 다른 여자 의사들과 수많은 정사를 벌였다. 젬마와 조지는 한 집에 살았지만 따로 사는 것이나 마찬가지였다.

젬마의 모든 정체성은 소피아의 성취에 달려 있었다. 젬마에게 자신의 인생은 없었다. 그녀의 모든 생각과 계획, 행동은 소피아의 완벽을 위해 강박적으로 바쳐졌다. 소피아가 고등학교 졸업을 2년 남긴 시점에, 젬마는 딸을 최고의 아이비리그 대학 중 한 곳에 보내기 위한 최고 작전에 돌입했다. 그녀는 친구와 남편의 직장 동료들의 도움을 받아 이 분야를 샅샅이 파헤쳤다. 그녀는 밤낮없이 사람들에게 전화를 걸고, 자신의 영재를 반드시 「제대로 된」 대학에 넣어줄 책을 모조리 탐독했다. 그녀는 자신이 갈망하는 학교에서 일하고 있는 먼 친척에게도 연락했다. 젬마는 그를 설득하고 애원을 해서, 소피아가 그 대학에 지원서를 내고 인터뷰를 할 수 있게 만들었다. 마침내, 그녀의 딸 소피아는 기저귀를 찰 때부터 젬마가 점찍었던 대학교에 입학할 수 있게 되었다. 소피아는 졸업 후 프랑스 대학원으로 유학을 갔고, 프랑스 이민자가 되었다. 젬마는 딸을 자주 방문했고, 프랑스 거주 미국인이 될 생각에 사로잡혀 있었다. 그것이 그녀가 만들어낸, 값을 매길 수 없는 보물 옆에 항상 있을 수 있는 방법이기 때문이었다.

타인보다 우월하기

자기도취자들은 자신의 독특한 작품의 일부가 되기를 소망하는, 특정한 자질을 소유한 여성과 남성을 추구한다. 남녀를 막론하고 자기도취자는 숨이 막힐 정도로 잘 생기거나 아름답고 신체적 매력을 지닌 사람을 자신의 파트너나 배우자로 선택한다. 그는 이면의 동기가 있지 않는 한 못생긴 남자나 여자를 결코 파트너로 선택하지 않는다.

자기도취자가 각광받는 오늘날의 분위기에서 신체적으로 굉장히 멋진 사람은 높은 평가를 받는다. 흠 없이 팽팽한 피부, 대칭적인 얼굴, 풍성한 머리카락, 참으로 아름다운 눈, 완벽한 몸매는 자기도취자가 타인에게서 찾는 미적 요소의 일부이다. 이것은 숨을 쉬는 자기도취적 자부심을 향상시키는 보급품, 자기도취자로부터 뗄 수 없는 것이 된다.

자기도취자는 외모 외에도 자신을 더 똑똑하고 창조적이고 현명하게 보이게 만드는 능력 있는 사람을 선택한다. 그렇게 해서, 그는 경쟁에서 성공하거나 성취했다는 인정을 받는다. 그를 위해 살거나 일하는 사람은 완벽 이상의 것을 수행해야 한다. 그의 기준이 비이성적이고 기이한 데도 불구하고 그이 타인은 그것에 도달하거나 능가해야 한다. 그 어떤 실수도 용납되지 않는다. 중대한 결함을 갖고 있음에도 불구하고, 자기도취자는 자신을 실수를 저지를 수 없는 사람으로 인식한다.

리젯의 부모는 딸이 동북부 지역의 일류대학교를 훌륭한 성적으로 졸업했을 때 더 이상의 기쁨은 없다는 듯 자랑스러워했다. 졸업 후 여름, 리젯은 어머니가 텔레비전 고위간부로 있는 한 지인을 만나게 되었다. 리젯은 그 지인을 통해 개인적으로 인터뷰 기회를 갖게 되었고, 곧 시트콤 파일럿의 보조작가로 채용되었다. 비범한 자신감과 추진력 외에도 리젯은 눈에 띄는 외모를 소유하고 있었다. 그녀는 대학에서 이런 특정 장르의 글쓰기 과정을 모두 마쳤다. 평생 이런 기회를 기다리기라도 했던 것처럼 그녀는 자신의 일에서 두각을 나타냈다. 사다리를 오르는 동안 리젯은 겸손하게 선배들을 존경하는 것처럼 행동했다. 그녀는 능숙했고, 필요한 대본을 정확하게 써냈다. 그녀는 효과가 없는 등장인물이나 장면들을 고치는, 없어서는 안 될 대본 작가로 알려지기 시작했다. 리젯은 그 계통에서 가장 인기 있고 수익성 있는 텔레비전 쇼의 책임 방송작가 브렌다와 친구가 되었다. 브렌다는 특별히 지적할 필요 없는 괜찮은 대본을 제시간에 만들어낼 수 있는 리젯을 믿어도 괜찮겠다고 생각했다. 그러나 리젯의 생각은 브렌다의 생각과는 달랐다. 그녀는 브렌다를 상상력 없이 일만 열심히 하는 사람, 부수적인 인물, 자신의 길을 좀더 수월하게 만들어주는 유용한 도구로 보았다. 수 년 동안 그녀는 브렌다의 충실한 친구 역할을 했다. 마침내 리젯이 움직여야 할 때가 되었다. 그녀는 브렌다를 비방하는 작전을 수행하기 시작했다. 그녀는 자신의 멘토가 예리함을 잃고 전처럼 명쾌하고 창조적이고 흥미진진한 글을 쓰지 못한다는, 공들여 준비한 발언을 조심스럽게 흘리고 다녔다. 리젯은 자신의 승진을 결정할 수 있는 사람들에게만 이런 말을 하고 다녔다. 그녀는 단지 거래를 확정짓기 위해 고위 상관들과 뜨거운 관계를 갖기 시작했다. 다음 시즌부터 명단에서 제외된 브렌다는 다른 부서로 옮겨지면서 평소 별다른 야심을 갖고 있지 않았던 프로젝트를 맡게 되었다.

  리젯은 이제 최고의 쇼를 대표하는 작가가 되었다. 그녀는 자신의 성공을 즐겼다. 자신의 위치에 대한 자부심이 부풀어 오를수록, 그녀는 까다로운 공인 디바가 되었다. 리젯은 자신과 만날 약속이 있는 부하직원들에게 항상 자신보다 먼저 도착해 있을 것을 요구했다. 자신이 저지른 중대한 실수와 대면하고 싶지 않을 때는 비서를 통해 일을 해결했다. 그녀는 회사 중역들에게도 강경한 태도로 임했다. 회사가 자신을 잡아두기 위해 무엇이든 참아낼 의사가 있다는 것을 알기 때문이었다. 그녀는 자신이 조직에서 얼마나 귀중한 존재인지를 정확하게 알고 있었다.

리젯은 아랫사람들을 최대한 부려먹었다. 직원들에게 어리석은 바보들이라고 소리지르는 일은 예사였다. 그녀는 자신이 왜 이런「정신적 피그미 떼들」과 일해야 하는지 모르겠다고 말했다. 어떤 직원을 해고하겠다고 결심을 하면, 그녀는 사디스트적 만족을 누리면서 그를 죽이는 계획을 수행하는데 몰두했다. 그녀는 큰소리로 욕설을 퍼부으면서 대본을 갈가리 찢어 바닥에 던졌다. "내가 언제 이런 대본을 갖고 오라고 했어! 저질 대본 같으니! 어떤 사람이 이런 쓰레기에 눈길을 주겠어!" 회사 중역들의 머릿속에 그녀는 없어서는 안 될 존재가 되어 있었기 때문에, 그들은 리젯의 수많은 부적절한 행동과 인격적 장애를 받아주고 눈감아줬다. 그녀는 몇 차례 해고될 위기에 처했으나, 그때마다 반성하는 것처럼 행동하며 교묘하게 상관들을 조종했다. 그녀는 승리감에 빠져 이렇게 말했다. "어리석은 바보들. 내가 너희들과의 경기에서 또다시 이긴 거야!" 리젯은 자신만의 주문을 암송했다. "나는 항상 옳아요. 무슨 말씀이죠? 나는 한 번도 실수를 한 적이 없는데. 잘못된 게 있다면 그건 모두 당신의 실수에요."

지금도 리젯은 직업적으로 만나는 사람들로부터 수치심과 두려움이 뒤섞인 일류 연기를 뽑아내는 공포 정치를 계속하고 있다. 그녀는 개인적인 삶을 나누는 사람들과도 편안한 관계 또는 이해하는 관계를 맺지 않는다. 직업 현장에서 그녀는 하자 있는 제품이라 여겨지는 사람들을 주의 깊게 선택한다. 그들이 아무리 인간적으로 만회하더라도 그녀는 가차 없다. 그들 역시 리젯의 망상적 요구를 만족시켜주기 위해 자학적 희생자의 역할을 감수한다.

자기도취자 리젯이 자신의 행동과 성격을 바꿀 가능성은 제로이다. 평생 그녀는 타인에게 비현실적인 기대를 하고 그들이 결코 자신의 기대에 미치지 못한다는 것을 확인하며 살 것이다. 어느 누구도 그녀만큼 훌륭할 수는 없으니까.

자기도취자의 허세와 거창한 행동의 이면에는 어둡고 고통스럽고 악의적인 심리적 초상화가 존재한다. 이런 사람의 진실은 무대 뒤에서야 사기와 조작, 잔인함으로 그 모습을 드러난다.

02 완벽한 가면의 이면

3장 착취자 : 잔인하게 속이기
4장 황금아이 : 매우 특별한 존재로 자라기
5장 공허함의 우물 : 분노와 질투, 피해망상, 절망의 은신처
6장 딱딱해진 심장 : 공감 없이 상대를 대하기

3장

착취자 : 잔인하게 속이기

> 그러나 그 여우가 일단 그의 코 속으로 들어가면
> 그는 곧 몸을 뒤따르게 만드는 방법을 발견할 것이다.
> ―윌리엄 셰익스피어, 헨리 6세, 3부 [1]

자기도취자는 자신이 목적을 이루기 위해 타인으로부터 과육과 즙―그들의 시간과 재능, 창조적 생각, 에너지―를 짜내는 달인이다. 그가 당신에게서 가장 좋은 것을 증류해냈다면, 그것만이 그에게는 가치 있는 것이다. 그는 나머지 것을 버리고 유유히 사라진다. 자기도취자들과 맺는 「모든」 관계는 착취적 성격을 띤다. 당신이 그와 진정으로 친근한 관계를 맺고 있다고 믿는다면, 그것은 눈 먼 환상에 불과하다. 사적으로든 일적으로든, 자기도취자와 맺은 합의, 계약, 약속은 깨지게 되어 있다.

증권 인수업자 마이클과 그의 아내인 예술가 마리엘은 15년 동안 결혼생활을 했다. 처음에 마리엘은 마이클의 비범한 자신감과 야망에 매료되었다. 그가 만지는 것은 모두 번창했다. 그에게는 돈을 버는 요령이 있었다. 그녀는 자신의 행보에 조금이라도 방해가 되는 사람들에게 마이클이 무례하고 잔인하게 군다는 것을 곧 알게 되었다. 그의 이기심과 무감각에도 불구하고, 그녀는 남편의 성공이 제공하는 생활 방식-여행, 멋진 집들, 사교 기회-에 익숙해졌다. 그녀는 5년 동안 임신을 시도했지만, 무위로 돌아갔다. 41세에 그녀는 임신 실패로 매우 고통스러워했다. 이 시기에 마이클은 자신보다 20살이 어린 직장 동료와 관계를 맺고 있었다. 도저히 뿌리칠 수 없는 사업상의 기회가 갑자기 다른 주에서 주어졌을 때, 마이클은 주저하지 않았다. 그는 자기에게 절대 아기를 선사하지 못할 불임의, 나이 든 마리엘을 버렸다. 2년 만에 그는 번창하는 사업과 젊은 아내, 새 아기를 거느리게 되었다. 마이클은 절대 뒤 돌아보지 않았다. 더 젊고 섹시한 페르소나를 투사하는 가차 없는 탐욕과 욕망이 그가 남긴 모든 고통과 마음의 상처를 대체했다. 과거 그의 개인사의 각 장(章)들은 세찬 바람에 흩날리는 나뭇잎처럼 잽싸게 몸을 뒤집었다.

　자기도취자는 자신을 위해 작동할 수 없는 사람들에게 절대 시간을 낭비하지 않는다. 그는 권력과 존경을 향한 자신의 끝없는 요구를 충족시켜줄 사람을 간교한 속임수와 유혹으로 끌어들인다. 자기도취자들은 사적인 관계를 성공으로 향하는 디딤돌이나 중간기착지로 이용한다. 그들은 끊임없이 자신의 환경을 살피고, 자신의 위치를 가늠하며, 자신을 다음 목표로 데려다줄 사람들을 놓치지 않기 위해 두 눈을 바짝 뜨고 있다. 자기도취자에게는 자신이 최고다. 그에게 다른 사람들은 권력과 인정을 향한 끊임없는 욕구를 충족시켜주는 물건이자 도구일 뿐이다. 그는 사적인 삶과 직업적인 삶에서 만나는 사람들-배우자, 연인, 자식, 동업자, 친구- 모두를 배신하고 조종한다.

자기도취자의 자식은 자신을 진정으로 사랑하는 부모를 갖지 못했다는 사실을 반드시 견뎌내야 한다. 그들이 숭배하고 소중히 여기는 엄마나 아빠는 모두 가짜이다. 겉으로는 아름답고, 잘 생기고, 매력적이고, 활기 넘치지만, 안으로는 차갑고, 솔직하지 못하고, 격분하고, 공허하다. 자기도취자를 부모로 둔 수많은 자식들은 엄마 또는 아빠가 주지 않는 사랑과 인정을 받기 위해 평생을 몸부림친다. 그들은 이런 엄마, 아빠가 지금 아니면 내일, 아니면 다음 해에는 달라지지 않을까 하는, 끝내 꺼지지 않는 희망으로 고통스러워한다. 어떤 자식은 자기도취자 부모를 이상화하여 그를 똑같이 따라하려고 한다. 이는 그들이 부모라 부르는 사람이 자신을 결코 소중히 여기지 않을 거라는, 극도로 고통스러운 인식에 저항하기 위한 심리적 방어 행동이다.

자기도취적 성격의 사람들은 자신의 연장선으로 행동해 줄 사람들만 자신의 주변에 있게 한다. 그는 자신에 대한 과장된 느낌을 보호해주고 확장시켜줄 사람들과 결합한다. 항금테두리의 핵심 멤버 중 한 사람을 축출해야 할 시기가 오면, 그는 스스로에게 묻는다. "이 사람이 계속 나한테 유용할까? 어떻게 해야 아무 문제도 일으키지 않고 이 사람을 버릴 수 있을까? 누구로 이 사람을 대체하지?"

이런 조연배우들이 자신의 스타를 계속해서 빛나게 떠받치는 한, 자기도취자는 그들에게 아끼지 않고 축복을 내린다. 보상은 돈, 특권, 직업적 기회, 특별한 영광의 형태를 띤다. 이런 축복은 「거장」을 불쾌하게 만들거나 무시하는 순간, 순식간에 거둬진다. 자기도취자를 위해 일하거나 함께 사는 사람은 그에게서 살아남는 것이 항상 위태롭다는 사실을 안다. 행운이 깃들고 운명이 친절하다면, 선택받은 몇몇 추종자들은 자기도취자의 마음에서 쏟아져 나오는 수그러들 줄 모르는 분노와 요구를 무사히 헤쳐 나갈 수 있을 것이다.

자기도취자와의 관계가 끝나게 되는 시점은 항상 정해져 있다. 금박이 바랜 추종자들은 가차 없이 버려진다. 나이를 먹고, 성적으로, 육체적으로 매력을 잃은 그들은 경쟁적 우위에서도 밀려나게 된다. 세속적 힘의 한 조각을 잃게 되는 것이다. 수 년의 충성과 희생에도 불구하고 충실한 하인들은 차갑게 버려진다. 마치 덤프스터(금속제의 대형 쓰레기 수집 용기, 상표명-옮긴이)에 던져진 쓰레기처럼. 마침내, 재앙이 닥친다. 해고의 시간이 찾아온 것이다. 당신이 자기도취자의 끊임없는 자아의 요구를 충족시키지 않을 때, 자기도취자는 당신을 버릴 것이다. 당신이 그를 좌절시키면, 그는 당신을 파괴할지도 모른다. 타인의 심리적, 정신적 건강, 명성, 사적 관계, 재정 상황에 큰 피해를 입힐 수 있는 자기도취자의 능력을 결코 과소평가해서는 안 된다.

거짓말쟁이

자기도취자는 거짓말쟁이다. 그는 결코 솔직하지 않고, 투명하지 않으며, 진실하지 않다. 그는 곡선과 곡류의 환상적인 세상에서 번창한다. 그는 자신과 타인을 속이는 능력을 통달했다. 마법사처럼 그는 비밀스럽게 복잡한 이야기를 만들어낸다. 그는 전개되는 드라마의 작가이자 감독, 제작자, 그리고 배우이다. 그가 탁자 위에 올려놓은 제안은 절대「진짜 거래」가 아니다. 자기도취자는 노련한 포커 선수처럼 판돈을 올려야 할 때와 판을 접어야 할 때, 자신의 경쟁자에게 엄포를 놓는 방법을 안다.

냉혈하게 경기에 임하는 그는, 자신이 온전한 상태에서 상대방만 비탄에 빠뜨리고 게임을 종료한다.

감정적으로 분리되고 고립된 자기도취자는 다른 사람들을 진심으로 좋아할 수 없다. 이런 냉담함 때문에 그는 자신에게 위협이 되는 존재라 생각되는 타인에게 정신적 상처를 입히는 계획을 얼마든지 실행할 수 있다. 무슨 수를 써서라도 이기고야 말겠다는 강박관념에 사로잡힌 그는 윤리적 또는 도덕적 죄책감을 갖지 않는다. 상처받은 마음, 재정적 파탄, 추락한 명성, 초기 질병, 깨진 관계, 자살, 이 모두는 자기도취자의 이런 시도가 낳은 비극적 유산이다. 그는 수많은 사람의 인생을 전장에 흩어져 놓인 시체들처럼 혼란과 혼돈 속으로 몰아넣는다. 그는 유린된 송장들을 냉랭하게 밟으며 자신의 목적지에 다다른다. 자기도취자는 다른 사람들에게 충실할 수 없다. 관계의 기간이나 역사는 그것이 얼마나 지속될 수 있을지를 추정하는 지수가 아니다. 관계는, 자기도취자의 바람이나 욕구가 결정을 내리는 날 끝이 날 것이다. 자기도취자는 파트너, 친구 또는 배우자의 마음에 상처를 입히고, 결국 그들을 버리는 결정적인 행동을 할 것이다.

마틴과 래리는 레지던트를 마치고 수 년 뒤에 전문의로 개업했다. 그들은 각자 가족의 도움에 힘입어 단기간에 동업을 성공으로 이끌었다. 마틴은 새 환자들을 끌어들이는데 적격이었다. 사회적으로 재능 있고, 천부적인 사업가였던 그는 엄청난 공을 들여 지역 사회에 이름을 알리고 지도자 중 한 사람으로 자리매김했다. 그는 매력적이고 따뜻하고 친절해 보였지만, 그것은 묘한 매력을 지닌 가면이었다. 가면 밑에 마틴은 차가운 야망을 숨기고 있었다. 수 년 동안 수익을 거둔 뒤, 그들의 동업은

HMO(보건기관)의 성장과 수차례에 걸친 말도 안 되는 소송으로 인한 재정 누수로 허둥대기 시작했다. 마틴은 동업자와 상의도 없이 대규모 HMO의 회장을 맡기로 결정했다. 그는 새로운 자리를 위해 다른 주로 떠날 구체적 계획을 세우기 직전이 되어서야 자신의 결정을 래리에게 통보했다. 그는 래리에게 자기가 떠나기 전까지 가능한 도움을 제공하겠다고 약속했다. 그리고 순식간에, 마틴은 사라졌다. 래리가 모든 수술을 도맡게 되었다. 매우 힘겨운 몇 년이 지난 뒤, 래리는 손해를 보고서라도 병원을 팔아야 하는 지경에 처했고, 결국 파산신청을 하기에 이르렀다. 래리가 견뎌야 했던 재정적 파산은 그의 신체 건강에도 해로운 영향을 미쳤다. 그는 돈에 매수된 동업자이자 친구의 배신으로부터 경제적으로나 신체적으로 완전히 회복하지 못했다. 반면 마틴은 번창했다. 그는 빠르게 성장하고 있는 HMO의 회장이 되었다. 그에게 있어 이전 동업자는 실패자, 멸시와 동정의 대상이었다. 악몽을 꾼 래리는 여명과 함께 사라져갔다. 한낮의 빛 속으로 자취를 감췄다.

자기도취자는 자신의 인생을 다른 사람들이 열 수 없게 잠가놓은 단정한 수납 칸 속에 집어넣는다. 그는 활력과 우월, 성공, 힘을 자신과 동일시할 줄 안다. 그는 이것들을 무의식적 우울과 분노, 공허와 무력감으로부터 분리시킨다. 마치 몸의 한쪽이 다른 한쪽의 감각과 활동을 알지 못하게 하는 것처럼 말이다. 자기도취자들이 저글링을 하듯 수많은 정부와 아내들과 정사를 벌이는 것은 예사로운 일이다. 자기도취자는 수차례의 결혼으로 다양한 연령대의 자식들을 낳기도 한다.

거짓말 역시 자기도취자들 사이에서 일상적이고 습관적인 일이다. 그들은 이런 행동을 배신이나 파트너, 배우자, 자식에게 심리적 상처를 입히는 행동으로 보지 않는다. 성형외과의인 도널드는 의사이자 동료인 마릴린과 관계를 맺기 1년 전에 리타와 결혼했다. 정사가 시작될 무렵, 아내가 임신을 했는데도 도널드는 총각행세를 하고 다녔다. 마릴린과 함께 있을 때면 결혼에 대한 책임감과 훗날 아버지로서의 책임감이 녹아내렸다. 관계가 진행될수록 마릴린은 도널드와의 결혼에 더욱 집착했다. 그는 언젠가 이혼할 것처럼 애매모호하게 말하면서 그녀를 잡아두었다. 2년 뒤, 여자의 히스테릭한 반응에 질린 도널드는 마릴린을 떠나버렸다. 얼마 뒤, 마릴린은 도널드가 자신을 죽게 만든 장본인이라는 사실을 암시하는 메모를 남기고 자살했다. 그는 분개했다. 젊은 여자가 마지막으로 저지른 비극적인 행동에 대한 슬픔 때문이 아니라, 자신의 사생활이 공개적으로 드러날 수도 있다는 불안감 때문이었다. 이전 정부의 자살을 접하고서도 도널드는 사랑하는 아내와 어린 자식을 둔 행복한 가장으로서의 역할을 능수능란하게 연기했다. 그는 엄격하게 구분하는 기술을 자유자재로 구사하는 달인이었다. 그는 자신을 괴롭히는 문제들을 분리하여 기억을-묶어놓은 용기와 유죄-증거물 용기에 넣고 잠가버렸다.

자기도취자는 자신을 객관적으로 보지 못한다. 내적 통찰이나 자기비판을 하지 못하는 그는, 자신이 특별한 재능을 지닌, 세상에서 유일무이한 존재라는 환상에 사로잡혀 있다. 이런 오만함에 눈먼 야망까지 결합된 그는 자신이 맺는 모든 관계에서 아무렇지 않게 거짓말을 일삼는다. 거짓말은 그의 일부분이다. 마치 손가락의 길이나 말할 때의 억양처럼 말이다. 거짓말을 하지 않으면, 그는 자신을 알아보지도 못할 것이다. 성인(聖人)이 연민과 진실로 정의 내려지는 것처럼, 자기도취자는 거짓말로 정의 내려진다.

자기도취자는 자신의 목표를 추구하는데 있어 무자비하게 외골수적이다. 그 누구의 감정이나 우려, 불안, 비극도 그의 길을 막지 못한다. 그가 자신의 잔인한 행동으로 사람들이 고통 받을 것을 걱정해 밤잠을 이루지 못하는 일은 없다. 그의 음흉함은 어린 시절의 생존 전쟁을 통해 뿌리 깊이 박힌 것이다. 그것은 현실과 상상의 적들로부터 자신을 방어하는 오래된 무기이다. 어린, 또는 미래의 자기도취자는 어떤 수를 써서라도 경쟁자들을 이겨 자신이 우월한 존재라는 것을 보여줘야 한다고 배운다. 유혹과 거짓말로 경쟁자들을 속이는 것은 승리를 보장하는 확실한 길이다. 그 길을 따라서 이 아이는 매번 이길 수 있는 방법, 심지어 기본적인 인간성을 버리면서까지 이기는 방법을 배우게 된다.

자기도취자는 자신을 둘러싼 환경과 같은 모습, 색깔, 질감을 띠는 카멜레온이다. 능란한 연기자인 그는 상황을 판단하여 그것을 재빠르게 자신의 이익으로 바꿀 줄 안다. 그는 자신의 거짓이 드러났을 때 극심한 스트레스를 받으면서도 유창한 언변과 매끄러운 행동을 과시한다. 완벽한 배우인 그는 모든 말과 행동을 확신하며 자신의 역할을 능수능란하게 수행한다. 커튼이 내려오고 스포트라이트가 희미해지면 그는 무대를 떠나 다음 공연을 위한 장소로 이동한다.

「영성적 아류」의 종교지도자

자기도취자의 치명적인 형태는 자신을 영적 멘토로 드러내는 것이다. 매력적이고, 똑똑하고, 카리스마 넘치는 이런 사람들은 내가 「영성적 아류」라고 부르는 오늘날의 대중문화 현상 속에서 번영을 누린다. 그들은 자신을 사람들의 심리적 고통을 완화하여 신체적 고통을 치유하고 결국에는 영혼을 구제할 종교적 지도자로 소개하면서 가짜-영성을 실행한다. 겉이 번드르르하고, 언변이 좋고, 미디어를 활용할 줄 아는 그는 책을 집필하고, 세미나를 열고, CD, 비디오, 인터넷 웹사이트를 제작하고, 텔레비전에 출연하여 새로운 전자레인지에 데워먹는 신상품 인스턴트 저녁식사를 광고하듯이 즉각적인 깨달음의 비전을 소개한다. 이런 자기도취자는 인간의 욕망과 취약성을 매우 간교하게 간파한다. 그들은 외로운 사람들, 감정의 만성적 고통을 호소하는 사람들, 고리타분한 일상을 견디기 힘들어하는 사람들처럼 감정적으로 취약한 사람들을 자신의 먹잇감으로 삼는다. 얼마 전, 자신의 고전인「자기도취의 문화」(The Culture of Narcissism)에서 크리스토퍼 라쉬(Christopher Lasch)는 서구인들을 향해 이런「스승들」과 그들의 광적인 추종자가 되는 위험을 경고했다. "사멸하는 문화에서 자기도취는 -개인의 '성장'과 '자각'으로 위장된- 최고 수준의 영적 깨달음의 획득을 구현하는 것으로 나타난다."[2]

영성적 아류의 구루(영적, 종교적 교사)들은 대부분의 사람들을 바보로 만든다. 대다수의 가짜 구루들은 훌륭한 교육을 받고 빛나는 자격증을 가진 사람들이다. 그들은 매력적인 신체와 노련한 사교술, 설득의 재능을 부여받았다. 그러나 그들의 치명적인 단점은 그들의 인품이다. 그들은 자기도취자이자 성스러운 옷차림을 한 늑대들이다. 그들은 가만히 있지 못하고 종잡을 수 없는, 고통을 사라지게 만들어줄 미봉책을 찾아 헤매는 서구인의 조바심에 의존한다. 그들은 지금의 인생을 있는 그대로 유지하면서도 영적으로 성장할 수 있다고 보장한다. 그들은 약속한다.

"이 기도문을 읊조리고, 이 주문을 반복하고, 저 그림을 응시하면 기적처럼 영적 전환이 자연스럽게 따라올 것입니다. 당신은 고된 수련을 하거나, 오랜 습관과 물질적 욕망을 포기할 필요가 없습니다."

영성적 아류는 다양하게 포장되어 나타난다. 단순한 갈색 포장지에서 최고로 화려한 포장지까지, 단 하루의 워크샵에서 세상의 절반을 일주하는 호화스러운 크루즈 또는 황금 성상으로 가득한 아시람(힌두교도들이 수행하며 거주하는 곳-옮긴이) 순례까지. 사람들은 가짜 영성을 획득하기 위해 비싼 돈을 내고, 그 결과 협잡꾼과 사기꾼들은 물질적으로 매우 안락한 생활을 누리게 된다. 그리고 가장 큰 성공은 전반적인「영성화」사업을 만들어낸 이들의 몫이다. 그들은 DVD, CD, 세미나, 수행을 끊임없이 공급하여 사람들을 개종시킨다. 그들은 단 한 번의 연설만으로도 수십 또는 수백만 달러를 벌어들일 수 있다. 나는 영성적 아류 자기도취자의 꾐에 넘어간 세련되고 교육수준이 높은 사람들을 만난 적이 있다.

진정한 영성은 자기도취의 반대이다. 그것의 목적은 망상의 겹겹을 통과해 진실에 다가가는 것이다. 영적인 길 위에 있는 스승들은 자신이 아닌 바로 당신에게 집중한다. 진짜 영적인 사람들은 팡파르의 대대적인 축하를 업고 등장하지 않는다. 그들은 뒤따라오는 클로즈업과 연설비용, 사인회를 기다리지 않는다. 진정으로 영적인 길은 고행과 규율, 최고의 인내로 채워져 있다. 그 길에는 수없이 많은 단조로운 길과 가파른 언덕, 깎아지른 듯한 절벽이 있다. 영적 진보는 힘겹게 성취하는 것이다. 진정한 구루는 겸손하다. 그는 많은 돈을 벌거나 세속적으로 유명해지고 권력을 얻는 일에 신경 쓰지 않는다. 영성적 아류는 우리가 인스턴트 푸딩-우유만 넣고 저으면 되요-과 같은 평화와 깨달음을 약속하는 이들을 믿고 따르는 한, 사라지지 않을 것이다.

조종자

자기도취자는 자신이 만들어낸 세상을 조종하는 폭군이다. 그는 자신의 권리를 갖지 못한 신하들에게 절대권력을 행사한다. 독재자나 다름없는 그는 제멋대로 법을 만들어 모든 이들에게 복종할 것을 요구한다. 그는 권한을 위임받은 것처럼 보인다. 그러나 이것은 잘못된 인식이다. 그는 자신에게만 대답하는 사람들만 주변에 둔다. 자기도취자는 당근과 채찍을 조종의 도구로 직원과 동료들에게 사용한다. 그는 자신의 바람과 요구를 충족시키는 사람들에게 금전적 특권적 인센티브로 보상하겠다는 관대한 약속을 한다. 그는 말한다. "내가 요구하는 것을 하면, 당신도 나처럼 강력하고 특별해질 것이다." 그는 예상되는 성취의 막대기를 들고 시 징계의 희생자들에게 게임을 펼치지며 유혹의 손짓을 한다. 그들이 목표에 이를 무렵, 자기도취자는 막대기를 높이 올리고 규칙을 바꾼다. 게임을 결정하는 자기도취자 앞에서 우리는 항상 패할 수밖에 없다.

유명 민사소송 회사 사장인 어원은 샬롯을 자신의 소송 어시스턴트로 고용했다. 샬롯은 직업적으로 훌륭한 자격요건을 갖췄다. 그녀는 만만찮은 변호사로 법정에서 두각을 나타냈다. 어원은 소송을 이기면 그녀에게 성공사례금의 수익 일부를 나눠주겠다고 약속했다. 샬롯은 회사의 엄청난 자산이었고, 어원에게는 특히 그러했다. 그러나 모든 소송에서 승리했음에도 불구하고, 샬롯은 어원이 약속했던 수익 분배를 받지 못했다. 샬롯이 이에 대해 이의를 제기하자 어원은 간접비용이 상당히 증가했고 그녀가 수익사례금을 나눠가질 정도가 되려면 더 많은 경험을 쌓아야 한다고 설명했다. 어원은 샬롯과 동의서를 작성한 상태였다. 그녀는 약속했던 목표를 달성했지만 결과적으로는 아무런 보상을 받지 못했다. 어원은 막대기(기준)를 올리고 제도를 정비하여, 자신은 항상 이기고 그녀는 항상 지게 만들었다. 그러나 이보다 더 나쁜 것은 어원이 한번도 샬롯에게 보상할 의도를 가진 적이 없었다는 사실이다. 처음부터 그는 자신의 이익을 위해, 능력 있고 근면한 성격의 샬롯으로부터 최대치를 끌어내려고 결심한 상태였다. 그녀가 이런 방식에 불만을 표출하기 시작하자 어원은, 순진하게도 「막대기 올리기」 게임을 하고 싶어 하는 더 젊고 열성적인 변호사로 그녀를 대체했다.

자기도취자는 주변사람들의 가치가 사라지는 순간 게임을 끝내는 방법-파트너, 동료, 직원, 아내, 정부를 버리는 방법-을 잘 안다. 그의 정신세계에서는 사람이 다른 사람으로 교체될 수 있다. 자기도취자는 과거의 사람을 대체할 더 예쁘고, 잘 생기고, 젊고, 재미있고, 똑똑한 사람을 능숙하게 찾아낸다. 한때 소중했던 사람은 소진된 백열전구처럼 더욱 빛나는 새 사람으로 대체된다.

자기도취자가 펼치는 철권통치는 그의 인생에 중요한 사람들, 배우자, 연인, 파트너, 자식, 동료, 직원 모두에게 해당된다. 그의 웅장한 계획은 자신의 개인적, 직업적 권력을 영원히 유지하는 것이다. 그의 조종을 받는 사람들은 자신의 인생을 살 자유, 결정을 하고 때론 실수를 저지르기도 하는 자유, 자신의 재능과 에너지를 사용하고, 자신만의 꿈을 가질 자유를 누리지 못한다. 그들의 유일한 목적은 자기도취자의 웅장한 비전이 충족되는 것을 도와주는 것이다.

자기도취자는 꼭두각시극의 대가이다. 그는 모든 줄을 배후조종하면서 모든 행동을 결정한다. 꼭두각시들은 그의 손 안에 있을 때만 유일하게 살아있다. 그들은 자신만의 힘이나 영향력을 갖지 못한다. 대가는 꼭두각시를 환한 빛으로 데려오거나, 어둠 속에 버려두거나, 무대에서 내려오게 하거나, 영구히 폐기하거나, 파괴할 수 있다. 그는 절대권력이다.

자기도취적 인간은 아이를 조종하는 방식으로 타인을 조종한다. 자기도취자의 엄마는 그 자신이 자기도취자인 경우가 많다. 그녀는 자식에게 전능과 완벽의 이미지를 투사한다. 그녀는 자기 자식을 별개의 진정한 인간으로 받아들이지 못한다. 그녀는 자신이 만든 이상화된 이미지의 왜곡된 렌즈를 통해 자식을 본다. 그녀는 자신이 빚어낸 완벽한 자식의 형상에 집착한다. 결국 자식은 심리적으로 엄마에게서 결코 분리되지 못한다. 엄마와 자식은 깨지지 않는 공생관계 속에 비극적으로 갇히게 되는 것이다.

자기도취자들은 자신의 매력을 이용해 타인을 다루는 방법을 정확히 안다. 멋진 외모와 세련된 사회적 지위의 결합은 강력한 자신감으로 재표출된다. 중증 자기도취자가 다른 사람에게 자신의 매력을 집중시킬 때, 상대방은 자신이 더욱 살아있다는 느낌을 받는다. 그는 상대방에게 자신이 그를 친밀하게 이해하고 내심 그를 가장 신경 쓰고 있다는 인상을 준다. 이것은 강력한 성적 요소를 지닌, 매우 유혹적인 것이다. 그는 말한다. "당신은 세상에서 가장 중요한 사람이다. 나는 당신이 원하는 것을 알고 있다. 내가 당신을 위해 그것을 구해줄 것이다" 그는 관심과 특별한 느낌에 대한 당신의 깊은 갈망을 이해하는 구원자로서 자신을 드러낸다.

자기도취자의 마법에 걸린 사람들은 그가 자신을 너무나 뻔한 일상으로부터 끌어올려줄 마법을 갖고 있다고 믿는다. 누구나 한번쯤은 구조되기를 소망한다. 우리는 우리를 대신해주고, 우리를 무조건적으로 사랑해주고, 우리가 원하는 것이면 무엇이든 해주는 다른 누군가를 원한다. 사랑받고 싶은 소망은 당연한 것이고, 뿌리칠 수 없는 것이다. 그것은 살아나기 위해 엄마의 사랑에 의존해야 하는, 가장 어린 시절까지 돌이키게 만든다. 시선을 사로잡는 매력을 지닌 전형적인 자기도취자는 다른 사람들을 착취하기 위해 그들의 깊은 소망을 활성화시키고, 그들의 바람직한 외면을 이용할 줄 안다.

실비아는 마이크를 만난 날을 결코 잊지 못할 것이다. 한여름의 태양이 작열하던 날, 두 사람은 만났다. 실비아는 친구와 함께 해변에서 햇볕을 쬐고 있었다. 그녀는 점심을 시키기 위해 간이식당에 갔다. 그녀는 누군가의 시선이 자신을 향하고 있다는 것을 알아차렸다. 그녀는 고개를 들어 큰 키와 넓은 어깨, 황금빛으로 그을린 몸과 아름다운 수레국화처럼 푸른 눈동자를 가진 남자를 보았다. 그는 눈도 깜빡이지 않고 그녀를 주시했다. 실비아는 곧바로 그의 매력에 빠져버렸다. 21세의 마이크는 자신감이 흘러넘쳤다. 다른 젊은이들은 여자에게 접근하는데 소심하거나 중도에 멈추곤 했다. 마이크는 곧바로 실비아에게 아름답다고 말하며 데이트를 신청했다. 그녀는 마이크가 허세를 부리고 있는 것을 알면서도 그를 믿고 싶었다. 그는 너무나 멋지고 섹시해서 '아니오'라고 말할 수 없었다. 얼마 뒤에 그들의 첫 만남이 이뤄졌다. 그녀는 마이크와 매우 은밀한 사이가 되었다. 시간이 흐르면서, 그녀는 그가 다른 여러 여자들과 동시에 성관계를 맺고 있다는 사실을 알게 되었다. 실비아는 그의 거짓말에도 불구하고 그와의 관계를 이어나갔다. 실비아가 마이크의 배신을 알게 될 때마다, 그는 자신의 성적 매력을 이용해서 그녀가 자신의 유일한 여자이며 다른 여자들과 관련된 소문은 모두 거짓이라며 그녀를 설득했다. 마이크는 자신의 매력으로 원하는 모든 것을 얻을 수 있다는 것을 알고 있었다. 그는 젊은 여자들에게 진실한 감정을 갖기 않았다. 그들은 성적 대상에 불과했다. 구애의 흥분이 시들해지면, 그는 도전하고 정복할 다음 대상을 찾아 나섰다. 마이크는 수많은 성행위를 통해 성적 희열을 얻는 것보다, 그런 정사들이 자신의 허풍을 뒷받침하고 자신이 전능하다는 느낌을 강화하는 것을 더 좋아했다.

자기도취자의 또 다른 조종 전략은 다른 사람들의 취약한 자아―지위와 물질적 욕구, 존경, 인정에 대한 욕망―를 평가한 것에 근거한다. 다른 사람들이 자신과 대면하는 것을 두려워하고 자신 없어한다는 것을 아는 자기도취자는 협박을 통해 원하는 바를 이룬다. 몇몇 사례에서 그는 동료나 부하들로 하여금 자신의 의지에 굴복하게 만드는 협박을 은연중에 사용한다. 자기도취자는 상대의 가장 약한 지점을 빠르게 파악하는 거리의 전사이다. 그는 「죽이거나 죽임을 당하는」 심리적 환경에서 번창한다.

쉬운 거짓말

버터가 뜨거운 빵 위에서 사르르 녹는 것처럼, 거짓말은 자기도취자의 혓바닥에서 잘도 굴러 나온다. 그에게 거짓말은 숨 쉬는 것 만큼이나 자연스러운 것이다. 훈련을 받은 관찰자나 심리치료사들마저도 그들의 거짓말에 속을 수 있다. 거짓말은 자기도취자가 힘들게 세운 이미지를 고양하고 보호하기 위해 사용하는 유용한 도구이다. 거짓말은 자동이다. 그것은 땀구멍을 통해 나오는 땀처럼 아무 노력 없이도 흘러나온다. 자기도취자는 종종 자신의 거짓말을 믿는다. 그에게 있어 궁극적으로 실재하는 진실은 없다. 그가 주의 깊게 공들여 만든 현실의 버전만이 존재할 뿐이다.

우리 대부분은 실수로든 의도했든 간에 거짓말하는 것을 힘들어한다. 거짓말은 마치 무언가가 근본적으로 잘못된 것처럼 우리를 불편하게 만든다. 우리는 거짓말을 할 때 본능의 강력한 반발을 경험한다. 심장이 두근거리고, 땀을 흘리고, 어지럽고, 아드레날린이 몸 전체에서 솟구친다. 거짓말을 할 때 우리는 수치심을 느낀다. 우리는 우리의 배신이 다른 사람을 상처 입히거나 위험에 처하게 만들지는 않을까 걱정한다. 어떤 사람들은 단지 들통나는 것이 두려워 거짓말하기를 피한다. 자기도취자는 이런 두려움으로 마음의 부담을 느끼지 않는다. 그는 자신이 거짓말을 할 수 있고, 그것도 잘 할 수 있다는 것을 안다. 그에게 거짓말은 혼잡한 고속도로 위의 지름길과 같다. 진실이 아닌 거짓을 말하는 그는 더 빨리, 일직선으로, 거기다 공짜로 목적지에 다다른다.

자기도취자는 전진하기 위해서는 길이 훤히 뚫려 있어야 한다고 주장한다. 거짓말을 해서 길을 매끄럽게 정비한 것은 잘한 일이다. 그는 당신의 두 눈을 똑바로 보고 아무런 거리낌없이 거짓말을 한다. 그는 구변 좋게 거짓말을 잘도 풀어낸다. 그는 진실을 숨기거나 노골적으로 거짓을 말한다. 그는 스스로에게 자신의 거짓을 정당화하는 데 있어 달인이다.

어떤 사람들은 단지 구약 성경의 신으로부터 벌을 받을까봐 거짓말을 하지 못하는데 말이다. 하지만 자기도취자는 그것을 믿지 않는다. 그는 거짓말하는 것을 죄스럽게 여기지 않는다. 그는 진실을 말하는 것보다 다른 것을 더 우위에 놓는다. 자기도취자에게 거짓말은 자아 친화적인 것이다. 이는 그가 이런 행동을 하는 것을 매우 편하게 여긴다는 뜻이다.

자기도취자는 수정주의라는 메커니즘을 통해 거짓말을 한다. 그들은 자신의 목적을 안전하게 보호하기 위해 사건, 계약, 동의, 관계의 역사를 다시 쓴다. 특히 그들은 순 엉터리의 영웅적 행동을 만들어내고, 심지어 고귀하게 표현함으로써 자신의 사적인 역사를 다른 이미지로 보여주는 데 능숙하다. 훌륭한 작가처럼, 자기도취자는 진실을 감추거나 왜곡하는 확실한 이야기를 엮어낸다. 이 이야기는, 그의 목표달성을 지원할 수 있을 때까지 그의 진실이 된다. 유명한 자기도취자들은 가장 긍정적인 조명 아래 자신의 인생을 보여주는 자서전을 집필한다. 이런 인생 역사는 자기 강화에 대한 길고 복잡한 추천서이다. 악명 높은 기업가 아먼드 헤머(Armand Hammer)는 자신의 이미지를 똑똑하고 훌륭한 사람으로 고취시킬 의도로 왜곡과 거짓이 점철된 자서전을 썼다. 실제인 것처럼 보이는 수많은 세부적인 이야기들은 자기도취자의 전형적인 특징인 과장된 상상을 그대로 보여준다.

거짓말과 모면하기는 자기도취자들에게 있어 일종의 삶의 방식이다. 그는 자신의 성취를 과장하고 실수는 최소화한다. 그는 자신의 실수를 다른 사람들에게 전가한다. 그는 그들이 자기를 너무 두려워하거나 또는 자신에게 너무 의존적이어서 저항하지 못한다는 것을 잘 안다. 자기도취자는 문제가 시작될 때를 정확히 알고 사라졌다가 보상의 시기가 되었을 때, 포상과 찬사를 받기 위해 마법처럼 다시 나타난다.

　기업 변호사인 시드니는 다른 두 명의 기업 간부들과 함께 비틀거리고 있던 회사의 관리직을 나눠 갖게 되었다. 그는 자신의 일에 최소한의 노력과 시간밖에 들이지 않았는데도 매우 영향력 있는 위치를 차지했다. 시작부터 회사에 몸 담았던 그는 그들이 과거와 현재 저지른 재정 비리에 대한 비밀 정보를 갖고 있었다. 그는「모든 비밀들이 묻혀있는 곳」을 알고 있었기 때문에 힘을 가질 수 있었다. 시드니에게는 재능이 있었다. 그는 초인적인 시력을 가진 사람처럼 아주 먼 거리에서 문제가 자신의 해안가로 닥쳐오는 것을 한참 전에 감지했다. 그는 항상 폭풍우가 치기 전에 안전하게 사라졌고, 문제가 사그라진 다음에 온전한 상태로 본거지에 돌아왔다. 또한 그가 받을 자격이 있든 없든 간에 보너스나 상이 수여될 때에는 텅 빈 푸른 하늘의 스텔스 폭격기처럼 불현듯 모습을 나타냈다. 그는 절묘하게 적절한 시기에 등장하고 퇴장하는 기술을 연마하여 높은 수준의 예술형태로 향상시켰다.

　자기도취자는 일련의 거짓말이나 와전을 이용해 경쟁자의 직업적 경력과 명성을 위축시키거나 파괴한다. 그는 사냥감을 찾아 헤매는 굶주린 표범이나 치타처럼 필사적으로 자신의 힘에 매달린다. 자기도취자는 끊이지 않는 의심 속에 산다. 그의 세상에서는 친구들도 갑자기 적이 될 수 있다. 그는 밤늦게 누군가가 문을 두드리거나, 잠복을 하거나, 등 뒤에서 칼을 찌르는 일이 생길지도 모른다고 생각하며 항상 경계태세에 있다. 자기도취자에게 거짓말은 생사와 마찬가지로 절대적이고 불가피한 것이다. 그의 망상적 현실에서 거짓말은 없다. 그에게 있어 그것은 단지 사리 추구일 뿐이다.

죄책감

아이들은 부모로부터 옳고 그른 것에 대한 감각을 배우며 자란다. 처음부터 아이들은 엄마 아빠를 이상화한다. 아이가 부모로부터 심리적으로 독립할수록 이렇게 이상화된 부모의 이미지는 수정되면서 현실적이 된다. 아이가 자라는 것처럼 시간이 흐르며 성장하는 양심은 자신의 충동과 행동에 더 큰 책임감을 지게 만든다. 반면, 미래의 자기도취자에게는 자신의 행동에 도덕적 또는 윤리적 한계가 있다는 것을 배울 기회가 결코 주어지지 않는다. 그들의 부모(혹은 엄마나 아빠 중 한 사람)는 그들을 세상의 규율과 법으로 제한해서는 안 되는 놀라운 존재-이 세상에 유일하게 존재하는 가장 똑똑하고, 창조적이고, 재능 있고, 잘 생기고, 아름다운 아이-인 것처럼 대한다. 자기도취자들은 어릴 적부터 자신의 전능함과 완벽함에 대한 이미지를 간직한다. 유아기에 심리적으로 고착된 성인 자기도취자는 아장아장 걷던 시기의 환상에 갇힌 작고 심통 사나운 아이이다. 그는 자신이 원하는 것을 갖지 못하면 미구 성질을 부린다. 그는 남보다 뛰어나기 위해 사람들을 속인다. 그는 이긴 자만 살아남는 전쟁에서 동료를 몰락시키기 위해 음모를 짠다. 그는 조금의 죄책감도 느끼지 않으면서 오랜 「친구」를 배신할 것이다. 옛 친구가 그들 사이에 무슨 일이 벌어진 것일까 고민하며 밤잠을 못 이룰 때에도 자기도취자는 아무 걱정 없이 깊은 잠을 청할 것이다.

중년의 TV 프로듀서인 마고는 주요 방송사에서 지금의 자리를 차지하기 위해 쉬지 않고 일했다. 수 년 동안 하루에 18시간을 일하고 끊임없는 생존 경쟁을 펼친 뒤에야 그녀는 자신이 결국 「해냈다」라는 느낌을 갖게 되었다. 업무량을 더 이상 감당할 수 없게 되자 그녀는 아이비리그 출신의 26세 변호사 클라우디아를 새로운 보조직원으로 채용했다. 처음부터 클라우디아는 마고에게 아부하고 숭배하는 태도를 취했다. 그녀는 야근과 주말 업무가 당연시되는 자신의 일에 푹 빠지기 시작했다. 클라우디아는 마고를 자신의 이상향으로 완벽하게 추구했다. 그녀는 마고의 발치에 앉아 그녀를 자신의 멘토로 우러러보았다. 마고는 클라우디아를 신임하게 되었고, 이 어린 여자에게 수많은 비밀을 털어놓으며 감정적으로 약한 모습을 드러내기에 이르렀다. 클라우디아는 비밀스럽게 마고의 직업적 죽음을 계획하고 있었다. 시간이 흐르고, 정교한 계산에 따라서 클라우디아는 상관들에게 자신을 마고의 자리에 앉게 해달라고 설득했다. 좌천된 마고는 충격을 받고 정신적 외상을 입었다. 그녀는 허울뿐인 자리로 쫓겨나면서 고위간부가 되는 길로부터 멀어졌다. 클라우디아는 자신이 계획했던 목표를 향해 멈추지 않고 전진했다. 쓰러진 옛 친구에게는 눈길 한 번 주지 않았다. 정상이 눈앞에 있었다. 클라우디아는 자신이 받아 마땅한 것을 갖게 되었다. 그녀에게 죄책감은 없다-오직 밝은 미래에 대한 황홀한 약속만이 있을 뿐이었다.

아먼드 해머 : 무자비한 조종자

「자비」(ruth)라는 말은 「연민」(pity) 또는 「동정」(compassion)을 뜻하는 중세 영어에서 나왔다. 무자비한 것은 다른 사람을 자비심 없이 대한다는 뜻이다. 자기도취자는 자신의 유혹적인 매력과 정제된 사회적 세련됨을 절묘하게 사용하기 때문에, 대부분의 사람들로서는 자기도취자가 그렇게 차갑고 무자비할 것이라고 믿기 힘들다. 당신으로부터 무언가를 원할 때, 자기도취자는 의도적으로 무장해제한 상태에서 당신의 모든 말을 귀기울여 듣고, 레이저처럼 당신의 시선을 따라 움직인다. 그는 당신에게 세상에서 가장 멋진 일이 일어날 것만 같은 흥분을 선사한다. 직업적으로 성공하는 경우가 많은 자기도취자는 고상한 라이프스타일의 산물들로 당신에게 깊은 인상을 주기도 한다. 그는 당신을 잠시나마 그의 원 안으로 초대해서 당신을 황홀하게 만들지도 모른다. 그의 힘을 보여주는 장신구들은 너무나 강렬하고, 심지어 전율을 불러일으키기도 한다. 그러나 이것은 유혹이고, 미끼이고, 함정이다.

아먼드 해머는 탁월한 착취자이다. 기업가인 그는 다른 사람들에 대한 무자비한 조종으로 번창했다. 그의 스타일은 별로 유쾌하지는 않지만 직접적이고 힘이 있다. 비유하자면, 벨벳 장갑이라기보다 대형 해머에 가깝다. 사적인 삶에서 그는 끝없이 많은 아내와 정부, 여자 친구들을 사귀고 버렸다. 그는 자신을 추종하는 여성들의 무리를 여자들이 자석처럼 따라붙는 강하고, 멋지고, 정력적인 남성으로 자신의 이미지를 고양시키는 방편으로 이용했다. 아먼드에게 결혼은 엄격하게 말해 비즈니스 거래였다. 수치심을 느끼지 못하는 그는 두 번째 부인 안젤라 케리 즈블리(Angela CArey Zevely)의 현금 재산을 거대 규모의 목축 사업 자금으로 사용했다. 결국, 그들의 결합은 추한 민사소송으로 끝이 났다.

프랜시스 톨만은 자식이 없고 부유한 53세의 외로운 과부였다. 그녀는 해머가 안젤라와 시끌벅적하고 험악하게 이혼한 기사를 읽었다. 프랜시스는 수 년 전에 해머 미술관 판매 행사에서 아먼드를 만났던 것을 떠올렸다. 그녀는 아먼드에게 연락했고, 그를 이해하고 도와주었다. "해머, 그 여자가 얼마나 부유한지 확인하고, 그 여자가 그 돈으로 너에게 무엇을 해줄 수 있는지 알아내야 해."³ 해머는 프랜시스의 돈을 옥시덴탈 페트롤리엄(Occidental Petroleum)을 비롯한 다양한 벤처사업에 엄청나게 쏟아 부었다. 아먼드는 의도적으로 프랜시스를 쫓아다니면서 이 순진한 중년 여성을 정신없이 빠져들게 만들었다. 아먼드의 세 번째 부인이 된 프랜시스는 그에게 희석되지 않은 사랑과 헌신을 바쳤다. 프랜시스는 아먼드의 조용한 그림자이자 말없이 복종하는 하인의 역할을 다 했다.

아먼드는 수 년의 결혼생활에도 불구하고 프랜시스와 사진을 찍지 않는 것을 철칙으로 했다. 그는 자신이 항상 스포트라이트에서도 중심에 있어야 한다고 주장했다. 그래야만 관객들이 오로지 그만 바라볼 수 있을 테니 말이다. 프랜시스는 대중의 눈에 띄고 싶지 않다고 말하면서 자신의 역할을 받아들이는 것처럼 보였다. 옥시덴탈이 처음으로 뉴욕 주식거래소에 입성한 것을 기념하는 뉴욕 파티에서 프랜시스는 아먼드에 대해 있는 사실을 그대로 말했다, "우리 남편은 영향력을 가졌거나, 부유한 사람, 권력을 가졌거나 유명한 사람을 한눈에 알아보는 본능을 타고 났어요. 당신이 어느 경우에도 해당하지 않는다면, 그는 일 초도 당신에게 지체하지 않을 거예요."⁴

아먼드가 자기 아내 프랜시스에게 갖고 있는 진짜 감정은 1987년 모스크바에서 극적으로 표현되었다. 레닌그라드의 소비에트 예술 아카데미가 와이어스 3대(뉴웰 와이어스, 앤드류 와이어스, 제임스 와이어스)에게 명예를 수여하는 리셉션에서였다. 아먼드와 프랜시스가 미하일과 라이사 고르바초프 부부가 서 있는 영접 열을 향해 아래층으로 걸어내려 오다가 프랜시스가 미끄러지며 바닥으로 넘어졌다. 순간 아먼드는 조금도 주저하지 않고 층계에서 쓰러져있는 83세의 프랜시스를 내팽개친 채 고르바초프 부부와 사진을 찍기 위해 달려갔다.

이런 못되고 무심한 행동은 아먼드가 그녀에게 접근한 진짜 동기에 대한 축적된 통찰과 결합되면서, 결국 프랜시스로 하여금 심리적으로나 재정적으로 남편과 갈라서게 만드는 추진력이 되었다. 그녀는 1988년 자신의 의지를 바꾸는 것으로 시작했다. "그녀는 아먼드의 상속권을 박탈하고 자신의 모든 소유물과 부부 공동 재산의 절반을 오랫동안 가깝게 지내온 조카 조앤 와이스에게 물려주었다."[5] 프랜시스가 대담해질 수밖에 없었던 또 하나의 굴욕적인 사건은 아먼드가 10년 동안 불륜을 저질렀던 마사 웨이드 카우프먼을 자신의 박물관 책임자로 임명하려 했던 계획에서 비롯되었다. 프랜시스는 이혼을 갈망하면서도, 「유효가치가 소멸된 85세 여인에게 아먼드가 무슨 짓을 저지를지 모른다는 두려움」에 떨었다. 프랜시스는 결국 그를 떠남으로써 무자비하고 기만적인 남편으로부터 상당한 독립을 쟁취했다. 그러나 안타깝게도 자유의 시간은 너무나 짧았다. 얼마 뒤, 그녀는 심각한 병에 걸렸고 결국 세상을 떠났다. 해머는 한 번도 투병하는 전처를 찾지 않았고, 장례식장에도 모습을 드러내지 않았다. 프랜시스는 그에게 금전적 가치 이상의 것이 되지 못했다. 그는 한 번도 그녀를 사랑한 적이 없었다. 그는 그녀를 이용했을 뿐이었다. 프랜시스가 사망했을 무렵, 아먼드는 계속 늘어가는 자기도취자에 대한 보상인 미래의 꽃다발을 찾아 이미 오래전에 떠난 상태였다.

아먼드 해머의 수많은 정부들 중 한 명인 마사 웨이드 카우프만은 10년 동안 부유하고 세계를 순회하는 그의 라이프스타일을 함께 누렸다. 그는 그녀를 위해 캘리포니아 홈비 힐에 사랑의 둥지를 구입했고, 그곳에서 그녀는 반드시 「해머의 성적 요구에 복종」[7]해야 했다. 그는 그녀에게 일자리를 제공했고 재정적 지원을 했다. 또한 '그녀가 다시는 돈 때문에 걱정하지 않게 해줄 것'[8]을 약속했다. 이 협정이 이뤄지면서 마사는 해머의 품위 없는 요구들에 몸이 묶여 버렸다. 그는 그녀의 이름을 힐러리 깁슨으로 바꾸고 외모도 완전히 바꿀 것을 요구했는데, 이는 아내 프랜시스가 그들의 정사를 의심하지 못하게 하기 위해서였다. 또한 해머는 -자신이 지켜보고 명령하는 가운데- 그녀가 '그의 아기를 가질 수 있는 다양한 외과 시술을 받을 것'[9]을 요구했다. 그녀는 자신의 인생을 그의 손에 맡겨버렸고, 거물이자 미술품 수집가, 슈퍼자기도취자인 아먼드 해머의 인생에 조연배우로서 역할을 다하기 위해 셀 수 없는 굴욕들을 참아냈다.

아먼드 해머는 비즈니스 관계를 처리하는데 탁월한 능력을 발휘했고, 이로 인해 대중으로부터 화려한 찬사를 받았다. 72세의 나이에, 그는 암 예방 백신 개발의 선두주자인 솔크 인스티튜트에 기부를 약속하면 「영원한 영웅」[10]이 될 수 있으리라는 판단을 내렸다. 해머는 이것이, 자신이 끈질기게 추구해왔던 목표-노벨상 수상-를 이뤄줄 것이라는 것을 알았다. 해머는 자신의 이름을 딴 연구 기관(아먼드 해머 암 생물학 센터)이 설립될 것을 아는 상태에서 500만 달러 기부를 약속했다. 아먼드는 암 백신 개발에 오랜 시간이 걸리고 그 과정이 놀라울 정도로 복잡하다는 현실을 인정하지 않고, 매년 전 세계 암 전문가들의 심포지엄을 열었다. 그는 자신의 홍보담당자에게 말했다. "그 사람들을 한 방에 몰아넣으면 솔크가 서둘러서 그 빌어먹을 백신을 개발하겠지."[11] 해머에게 중요한 것은 이 세상에서 치명적인 질병을 제거한 사람으로 영원한 숭배를 받는 것뿐이었다. 늘 그렇듯이 해머는 기부 약속을 지키지 않았다. 그가 죽은 뒤, 그의 사유지에 대한 수많은 소송이 제기되었다. 그중 하나는 솔크 인스티튜트가 제기한 것으로, 해머는 징수하지 않은 기부금 백 47만 7,200달러를 빚지고 있었다.[12] "불과 일 년 사이에 백 개가 넘는 자선단체와 박물관, 가족, 기타 개인들이 재산 청구를 신청했다."[13] 해머는 처음부터 자신의 약속을 지킬 의사가 없었다. 언제나 그렇듯, 약속은 빈종이 조각에 불과했다. 말년에 그는 셀 수 없이 많은 적을 갖게 되었다. 그를 존경하는 사람은 아무도 없었다. 그와 평생을 함께 한 친구는 조작과 탐욕이었다. 그는 보석으로 장식한 노쇠한 마하라자(과거 인도 왕국 중 한 곳을 다스리던 군주-옮긴이)의 과장되고 웅장한 파도에 마지막으로 몸을 실었다.

   무자비함은 타인의 감정에 대한 무감각에서 시작된다. 그것은 작지만 꾸준히, 감지하기 힘들 정도로 느리지만 확실하게 자라난다. 그것은 자시에 대한 부모의 정서적, 심리적 반응-무조건적인 완벽 추구, 만성적인 무관심, 거짓된 말과 행동-에서 비롯된다. 미래 자기도취자의 엄마는 자식에 대한 사랑과 소유욕을 자주 드러내지만, 감정적으로 냉담하고 매우 자기중심적이다. 그녀는 자식을 독립된 고유의 인간이 아닌, 자신과 닮은 형상으로 빚어낼 수 있는 물건으로 여긴다. 어떤 엄마들은 자식에게 다정하고 깊은 애착을 가진 것처럼 보이기도 한다. 그러나 이런 친근함은 아이를 자신의 권리를 가진 한 인간으로 보기 때문이 아니라, 인정과 특권, 존경, 힘을 갈구하는 엄마의 자기도취자 욕구를 충족시키기 위해서이다. 그 결과, 미래의 자기도취자는 두 개의 분리된 자아를 갖게 되는 비극을 맞는다. 매력적이고 당당하고 최고의 자신감을 지닌 외피와, 공허와 분노, 피해망상, 절망의 내핵으로 말이다.

무자비함이 달리고 있는 파멸의 길 끝에는 배반이 기다리고 있다. 배반이란, 상대에게 막대한 해를 입힐 수 있는, 상대의 믿음에 대한 극심한 배신이다. 배반은 여러 형태로 구체화되는데, 극단적으로는 한 사람의 인생을 끝나게 만들기도 한다. 배반 행위는 마음에 결코 치유할 수 없는, 매일 견뎌내지 않으면 안 되는 치명적인 상처를 입힌다. 배반은 인생에 대한 우리의 믿음에 커다란 구멍을 낸다. 이런 최악의 잔인함에서 살아나게 되면, 우리는 모든 관계를 의심과 불신을 갖고 대하게 된다. 그 여파로 인해 우리는 언제 배신당할지 모른다는 생각을 갖고 모든 것을 어깨너머로 조심스럽게 바라보게 된다.

배반은 궁극적인 배신이다. 그것은 사람의 인생 수만큼 수많은 형태를 취한다. 우리는 도둑과 살인자들이 배반을 할 거라 생각한다. 그러나 소위 멋진 사람들이 그런 악행을 저지르기도 한다. 우리는 잘못된 판단으로 그들을 「멋지다」고 생각하는 것이다. 우리는 그들이 정말로 우리를 좋아한다고 믿는다. 우리는 이런 사람들을 매력과 신체적 외모, 성적 끌림, 권력, 명성, 부, 지위로 덧칠된 렌즈를 통해 바라본다. 이 어여쁜 포장은 허울이고 왜곡이다. 이렇게 흠 잡을 데 없이 매끄러운 이미지 아래에는 그들의 진짜 본성, 즉 냉담함과 소유욕, 타산적인 생각이 자리 잡고 있다.

마샤는 중산층 가정의 두 딸 중 첫째 딸로 태어났다. 그녀가 다섯 살이었을 때, 부모는 악의에 불타는 이혼을 진행중이었다. 아버지는 다른 여자와 살면서 수 년 전에 가정을 버렸다. 그는 새 아내와 함께 별개의 가정을 이루었고, 전처인 그레첸과 자식들을 가혹하게 대했다. 이혼 후 그레첸은 자신의 비통함과 전남편을 비롯한 모든 남자들에게 복수하고 싶은 열망을 두 딸, 특히 마샤에게 털어놓았다. 마샤가 어렸을 때부터 그레첸은 자신의 큰딸을 성공시키기 위해 온갖 공을 들였다. 그녀는 자기 딸을 힘과 특권이라는, 자신의 좌절된 꿈을 충족시켜줄 존재로 보았다. 대학을 졸업하고 몇 년이 지난 뒤, 마샤는 미디어 거물인 폴의 개인 비서로 일하기 시작했다. 그녀는 자신의 상관은 물론 그의 가족과도 잘 아는 사이가 되었고, 얼마 지나지 않아 없어서는 안 되는 존재로 자리매김하게 되었다. 63세의 폴은 직업적 성공에도 불구하고 자주 지루해하고 가만히 있지를 못했다. 그의 불만의 대부분은 행복하지 못한 결혼생활에서 비롯된 것이었다. 그의 아내인 캐서린은 적막하고 감정적으로 부서지기 쉬운 사람이었다. 6개월 만에 마샤는 폴과 관계를 맺기 시작했다. 마샤는 자신에 대한 그의 감정적이고 성적인 의존을 이용했다. 서서히, 그녀는 폴에게 아내를 떠나라는 압박을 가했다. 폴과 캐서린은 이혼했다. 그 후유증으로 캐서린은 심각한 우울증에 걸려 입원하게 되었고, 결코 자신의 삶으로 돌아오지 못했다. 전처를 밀어낸 마샤는 폴을 가질 수 있었지만, 진심으로 그를 원했던 것은 아니었다. 그녀는 폴이나 다른 사람을 사랑할 수 없었다(그가 그녀를 그렇게 사랑하는데도). 마샤는 비로소 자기가 항상 원해왔던 것을 갖게 되었다. 부와 그것이 부여하는 기회를 무한정 갖게 된 것이다. 이후 몇 년 뒤, 마샤는 폴의 결심을 돌려 그의 유일한 상속자가 되었다. 다시 말해, 그의 자식들은 아무 것도 상속받지 못하게 된 것이었다. 그녀는 이 결정이 폴과 그의 세 자식들 사이에 몰고 올 고통과 악감정에 아무 영향을 받지 않았다. 폴과 자식들과의 관계는 깨져버렸다. 유약한 성격의 폴은 고통스러워했다. 그는 자신이 감정적으로 전적으로 의존하고 있는 마샤를 잃게 될까봐 불안해했다. 실제로 마샤는 이렇게 말했었다, "나와 자식, 둘 중에서 선택해. 자식을 선택하면, 나는 당신을 떠날 거야." 5년 뒤, 의기소침하고 쇠약해진 폴은 마샤에게 자신의 전 재산을 남기고 세상을 떠났다. 그녀는 그의 장성한 자식들이 제기한 법적 소송에 맞서 승리를 거뒀다. 이제 그녀는 매우 부유한 여인이 되었다. 마샤는 지루하고 늙은 남자의 시중을 들면서 발랄하고 소중한 젊은 시절을 허비했다. 이제 부동산계의 여왕이 된 그녀는 새로운 남자를 물색할 때가 되었다고 느꼈다. 정력적이고 활기가 넘치는 사랑스러운 남자를.

자기도취자는 포식동물을 닮았다. 그는 저 멀리 하늘의 매처럼 원을 돌다가 아무 의심하지 않는 먹잇감을 발견하는 순간 급강하한다. 자기도취자와 그의 목표 사이에 서 있는 사람들은 위태롭다. 자기도취자는 희생물의 나약함과 취약성을 이용해서 자신의 적을 패배시킬 수 있는 전략을 주의 깊게 선택한다. 자기도취적 성격은 전반적으로 잔인하고 가학적이다. 배신을 저지르는 사람에게는 살해 의도가 잠재되어 있다. 실제로 자신의 먹잇감을 죽이지는 않지만, 알게 모르게 그들의 삶을 약화시키거나 파괴한다.

배신의 씨앗은 어린 시절에 뿌려진다. 그것은 부모의 공감 부족에서 비롯된다. 자기도취적 성격을 갖게 되는 아이는 개별적인 인간이 아닌 부모의 확장된 존재로 취급된다. 그는 자신이 아닌 부모가 원하는 이미지로 창조된 완벽한 아이이다. 엄마나 아빠와 심리적으로 결합된 그는 부모에게 휘둘리게 된다. 그가 어린 시절에 부모로부터 듣는 메시지는 다음과 같다, "내가 원하는 것이 되렴, 그러면 사랑해줄게. 하지만 나를 거역하고 너 자신이 되면 너는 살아남지 못할 거야." 결국, 이 아이의 내면에는 차가운 분노가 깊이 자리를 잡게 된다. 그 어떤 불꽃도 아이를 따뜻하게 해주지 못하고, 그 어떤 심장도 사랑이나 연민으로 아이를 어루만지지 못한다.

자기도취자의 어둡고 괴로운 내면의 실재를 이해하기 위해서는 그의 유년기로 거슬러 올라가야 한다. 시작부터 그는 특별한 아이로 선택되었다. 부모의 이루지 못한 소원과 꿈, 열망에 대한 응답으로서.

4장

황금 아이 : 매우 특별한 존재로 자라기

> 그녀에게 아들은 왕자였다.
> 그녀가 정말로 아들에게 그의 출생이 예견된
> 것이라고 말했는지를 증명할 필요는 없다.
> 애나 라이트의 확신 아래,
> 프랭크 로이드 라이트는 자신을 운명적인 존재로 보았다.
> —메릴 시크리스트, 프랭크 로이드 라이트 전기[1]

위대함에 대한 약속

　많은 면에서 미래의 자기도취자가 태어나는 것은 부모의 두 번째 인생의 시작이자 모든 희망과 꿈의 실현을 의미한다. 자기도취자의 부모는 공허감과 자신이 부족하다는 느낌을 갖고 있고, 종종 그들 자신이 자기도취자이기 때문에 그들의 자식은 선택받은 존재이자, 그들의 모든 기도에 대한 응답이다. 자식이 많은 가정에서 특별한 존재(들)는 자신의 잘생긴 외모 또는 뛰어난 아름다움, 운동 능력, 매력과 자석 같은 끌림, 지적 영리함, 예술적 재능, 또는 그런 것들의 조합으로 선택을 받는다. 때때로 신예 자기도취자는 외동자식이거나 첫째로, 집안의 모든 관심이 집중된다. 부모가 그에게 전하는 흔하디흔한 메시지는 이것이다. "우리가 하는 것은 모두 너를 위한 것이다-너는 우리 세상의 중심이다. 우리는 우리를 구해줄 너에게 의존하고 있다."

일반적 심리 발달과정에서, 유아는 엄마와 결합하고 하나가 되는 상태에서 인생을 시작한다. 생후 3개월에서 2세 사이에, 아기는 엄마로부터 천천히 구분되기 시작한다. 시간이 흐르고 아기가 아장아장 걷기 시작하면, 그는 별개의 인간으로서 자신을 더욱 확고히 한다. 이 상태의 아기는 이런 분리를 좋아하기도 하고 싫어하기도 한다. 아기는 이전의 의존 상태와 커져가는 독립 상태 사이를 오락가락하며 버둥거린다. 아기는 항상 마음속에 자리 잡고 있는 엄마의 도움과 사랑으로 천천히 자신의 개성을 드러내기 시작한다. 첫 발걸음을 내딛는 시기가 되면, 아이는 자신이 전능하다는 느낌에 어지러워한다. 아이는 이 세상에 자신이 못 할 일이 없다는 느낌을 갖는다. 아이는 자신의 욕망과, 부모가 자신에게 갖는 희망 외 한계 사이에서 투쟁한다. 그 과정에서 엄마와 아빠는 자식에게 자신의 행동에 결과가 있다는 것을 가르친다. 자라는 과정에서 아이는 점차적으로 고통스럽게 좌절을 대하는 법을 배운다. 미래의 자기도취자는 엄마(또는 아빠)와의 분리를 결코 이뤄내지 못할 뿐만 아니라, 자신이 하고 싶어 하거나 선택한 것을 때로 할 수 없다는 사실을 인정하지 않는다. 심리적으로 그는 자신의 바람만이 중요하다는 식으로 행동하는 어린 아이의 상태에 머물러 있다. 그의 귓가에는 엄마(또는 아빠)가 읊조리는 성공과 승리의 주문이 끊임없이 울려 퍼진다. 천천히, 그리고 확실하게 그는 자신이 우수하다는 믿음에 세뇌된다. 자기도취자는 다른 사람들에게 자신의 위대함을 납득시키는데 자신의 일생을 바친다.

이런 부모들은 자식의 유일무이함을 증명할 수 있는 특별한 자질-아름다움, 지성, 예술적 재능-을 선택한다. 아이가 아름답거나 잘 생겼으면, 외모가 관심을 집중시킬 수 있는 자질이 된다. 자신을 한 여자로서 부족하다고 느끼는 엄마는 자신의 그런 결점을 상쇄시켜줄 수 있는 아이의 매력에 집착하게 된다. 이런 엄마는 딸의 아름다운 용모나 아들의 잘생긴 외모가 그들을 가치 있고 강력한 존재로 만들어줄 것이라고 믿는다. 나탈리는 어렸을 적부터 눈에 띄는 용모로 사람들의 시선을 한 몸에 받았다. 나탈리의 엄마 데어드르는 딸이 아름답다는 사실에 집착하게 되었다. 데어드르는 딸을 어린이 잡지 모델로 키우기로 결심했다. 고등학교도 졸업하기 전에 나탈리는 국제적 에이전시와 모델 계약을 맺게 되었다. 세계 각지를 돌아다니던 나탈리는 겨우 열여덟 살의 나이에 그녀의 아름다움에 반한 중년 남성 로널드를 만났다. 데어드르는 딸이 학업을 마치거나 좀더 성장할 시간을 갖도록 격려하는 대신, 로널드와 함께 살라고 압박을 가했다. 그러나 얼마 지나지 않아 로널드는 신체적으로나 감정적으로 나탈리를 학대하기 시작했다. 그럼에도 데어드르는 딸에게 그의 옆에 머무르라고 닦달했다. 그녀는 나탈리의 행복과 안전은 안중에도 없었다. 오로지 중요인사와 관계를 맺은 딸의 엄마로서 자신의 지위가 손상되는 것만 두려울 뿐이었다.

심리적 관점에서 봤을 때, 데어드르는 자신의 딸을 구속과 학대의 삶 속으로 팔아버리는데 공모한 셈이었다. 나탈리가 그와 결혼 상태를 유지하는 한, 데어드르는 딸이 받고 있는 자기도취자적 혜택, 사회적 지위와 재정적 안정을 간접적으로 누릴 수 있었다. 이 결혼을 온전하게 유지시키면서, 데어드르는 어릴 적부터 특권층으로 인식되기를 바랐던 자신의 소망을 실현시켰다. 그녀는 이것이 가난한 노동자 부모의 자식으로서 겪어야 했던 그 오랜 세월의 박탈감과 수치심을 보상해주었다고 생각했다. 자신의 힘으로 성취하려는 의욕과 추진력이 부족했던 데어드르는 나탈리의 감정적, 심리적 행복이 위험에 처했음에도 불구하고, 자식에게 이런 병적인 관계를 강요했던 것이다.

프랭크 로이드 라이트
엄마의 완벽한 창조물

처음부터 애나 로이드 존슨은 프랭크를 다섯 명의 다른 아이들보다 프랭크를 눈에 띠게 편애했다. 그의 누나들과 아버지 윌리엄은, 프랭크가 '엄마 인생의 모든 것이자 대단원으로서 자신의 위치를 받아들이게 될 것'[2]을 알았다. 그의 자서전에 등장하는 어린 시절 이야기는 의도적으로 왜곡된 것이었다. 그는 출생년도를 1867년에서 1869년으로 바꿨고, 출생지 역시 바꿨다.[3] 이렇게 수정함으로써 그의 특별한 신화는 더욱 굳건해졌다. 그는 엄마의 사랑에 반항하고 싸웠지만, 결과적으로 아들에 대한 그녀의 숭배는 그로 하여금 당당하고 오만한 자아의 이미지와, 타인의 감정에 무감각한 성격을 갖게 만들었다.

라이트는 평생 엄마에 대해 강렬한 애증을 느꼈다. 그에게 엄마는 그의 생각과 행동을 끊임없이 감시하는 달갑지 않은 존재였다. 그러나 개인적으로나 직업적으로 어려움이 있을 때면, 그는 제일 먼저 현존하는 동맹군인 엄마를 찾았다. 그는 엄마가 항상 그곳에 있으면서 자신을 위해 싸워줄 것이라는 걸 알았다. 한편 애나는 비판적이고, 신경질적이고,

강압적이기도 했다. 라이트는 엄마의 이런 성격적 장애가 종종 자신을 짓누른다고 느꼈다. 그의 인생 대부분은 엄마의 뾰족한 갈고리 모양의 발톱에 걸리지 않기 위한 투쟁이기도 했다.

애나는 아들이 막 걷기 시작한 아기였을 때에도, 중년의 성인이 되었을 때에도, 아들을 자신의 소유물이자 창조물인 것처럼 대했다. 일찍부터 엄마, 아빠, 아들 사이의 긴장된 심리적 삼각관계가 자라나고 커져갔다.[4] 프랭크는 엄마를 향한 편애와 공감, 아빠로부터의 단절과 소외를 드러내 보이면서 가족의 분열을 영속화시켰다. 애나는 아들을 남편보다 심리적으로 더 친밀한 존재로 선택함으로써 제 기능을 하지 못하는 가족 패턴을 강화시켰다. 애나는 '자신이 사랑과 욕구의 열정으로 만들어낸 것을, 자신의 환상을 실현시켜줄 수단을 사랑했다.'[5] 그녀는 아들 프랭크를 흠모했고, 배우자 윌리엄을 비하했다. 프랭크는 부모 사이의 분열을 초래하고, 그들의 신경을 긁어대는 원천으로서 자신의 역할을 대단히 즐겼다. 이런 가족의 역학관계는 가족 모두가 함께 하는 광경에서 아버지의 권위를 추락시키는 결과를 가져왔다.

애나 로이드 존슨은 프랭크 로이드 라이트가 태어나기 전부터 그가 건축의 거장이 될 것이라고 결정했다. 그녀는 어린 아들의 머릿속을 초자연적 힘을 가진 탤리에신(Taliesin)이라는 이름의 신화적 영웅이 등장하는 켈트족 이야기로 가득 채웠다. 라이트는 그의 집 두 채를 탤리에신이라고 불렀다. 이는 「엄마의」 초기 주입이 그에게 미친 영향을 보여주는 것이다. 탤리에신은 실제 역사에 존재하는 저명인사일 뿐만 아니라 시인, 구세주, 마법사, 수수께끼를 짓는 사람, 예언자, 초자연적 존재이다.'[6]

탤리에신은 인간의 능력을 초월하는 신과 같은 위업을 달성할 수 있는 인물로 여겨진다.[7] 웨일즈어로 탤리에신은 「빛나는 이마」를 의미한다. 프랭크 로이드 라이트가 이 이름을 자신의 개인 거주지의 이름으로 선택한 것은 우연이 아니다. 그와 탤리에신은 서로 친밀하게 연관을 맺고 있다. 라이트가 자신의 집을 탤리에신이라고 이름 지은 것은 그것이 언덕 이마에 위치했기 때문이라고 설명했다. 그것은 주변의 시골 풍경 전체를 조망할 수 있는 전망 좋은 집이었다. 그러나 그보다 더 그럴듯한 해석은 라이트가 자신을 지난 세기의 마법적 예언가인 탤리에신과 동일시했다는 설명이다.

애나 로이드의 웨일즈 영웅 이야기의 개작은 잔혹한 진실을 대체하여 가족의 새로운 역사를 만들어 냈다. 로이드 존슨 부부는 가난한 환경과 낮은 사회적 지위의 가정 출신이었다. 프랭크 로이드 라이트는 자신의 출생 기원을 기를 쓰고 감췄다. 그는 출생지와 시간에 대한 질문에 불쾌히게도 방어적인 자세를 건지했다. 이런 질문을 받으면 그는 무례하게 묵묵부답으로 일관했다. 그는 자신의 초라한 시작으로 인한 수치심 드러내 보이는 걸 참지 못했다. 그는 자신의 인생이야기를 그려내는데 있어 온전한 진실을 말하기보다, 다른 전형적인 자기도취자들처럼 자신의 어릴 적 사실들을 일부러 애매하게 만들어놓았다. 그는 계속 개조하고 윤색한 자서전으로 자신의 수치심을 보상했다. 그렇게 해서 빛나게 된 새로운 역사는, 그가 엄마 무릎을 베고 누워 들었던 웨일즈의 영웅 조상 탤리에신의 고대 이야기에서 시작된다.

탤리에신의 기원은 대단히 흥미롭다. 그것은 귀온 바크(Gwion Bach)라는 이름의 마을 소년으로부터 시작되었다. 그는 여신 카리드웬

(Caridwen)으로부터 커다란 가마솥을 휘저으라는 명령을 받았다.[8] 귀온이 손가락에 떨어진 끓는 액체 세 방울을 핥아 먹는 순간, 여신은 불시에 나타나 그를 잡아먹었다. 그녀는 그를 임신의 형태로 9개월 동안 데리고 지내다가 출산했다. 그녀는 출산을 하고 나서 그를 죽일 생각이었지만 그의 보기 드문 아름다움에 취해 그렇게 하지 못했다. 그녀는 그를 가죽가방에 집어넣고 바다에 띄웠다. 다음날 아침 다시 태어난 마을 소년은 어느 부잣집 아들 엘핀(Elphin)에게 발견되었다. 그의 아름다움에 압도된 엘핀과 그의 친구들은 소리를 질렀다, "이 빛나는 이마를 봐! 이 아이를 탤리에신이라고 부르자."[9]

반복되는 신화적 기원에 대한 믿음과 자신이 선택한 아들에 대한 애나의 끊임없는 과찬은 라이트를 전형적인 자기도취자로 성장하게 만드는 핵심이었다. 애나 로이드 존슨 가족은 「세상에 맞서는 진실」[10]이라는 좌우명을 자랑스럽게 견지했다. 라이트의 유창한 전기작가 브렌단 질(Brendan Gill)은 프랭크를 위해서 이 좌우명을 「항상 내 옆에 있는 엄마와 함께 세상에 맞서는 나」[11]라고 바꿨다.

애나는 프랭크를 방종하게 두었고, 편애했다. 또한 그녀는 투지와 야망이 타인을 위한 이해와 배려보다 더 중요하다고 가르쳤다. 프랭크는, 공감이 인간이 되는 필수 요소가 아니라는 것을 엄마로부터 배웠다. 애나는 항상 아들을 위한 핑계거리를 만들었다. 그렇게 해서 프랭크는 자신의 수많은 과실과 잔인함을 아무렇지 않게 간과하게 되었다. 공감 부족과 냉담함은 그의 전형적인 성격이었고, 이는 아내들과 자식, 정부들과의 관계에서 가장 많이 나타났다. 전기 작가 머릴 시크리스트(Meryle Secrest)는 라이트의 어두운 면을 통찰력 있게 말했다. "그는 자신이 오해되고 박해받은 천재라는 이상을 무기 삼아 타인의 눈을 통해서만 티끌을 보려 했다."[12] 그녀는 계속했다. "그가 자신을 가장 인식하지 못하는 사람이라고 말하는 게 안전하기 때문이었다."[13]

라이트는 진정한 황금 아이로 항상 집중을 받았다. 그는 자기가 하고 싶은 것은 무엇이든 해도 되었다. 그는 자신이 책임져야 할 여섯 자식들에게도 상처와 비극적 희생을 감수하게 만들었다. 아내 캐서린과 여섯 자식들을 버리고 정부인 마마 보스윅 체니와 유럽으로 도망간 뒤 엄마에게 보낸 편지에서, 라이트는 자신이 인간이 만든 복잡한 멜로드라마의 희생양이라고 주장했다. 이는 전형적 자기도취자의 대표적인 술책이다. 그는 타인에게 무자비하게 상처를 입혀놓고는 오히려 자신이 박해를 당했다며 시끄럽게 우는 소리를 하고 다닌다. 황금 자기도취자 아이는 대부분의 우리와 달리, 예절과 도덕의 명령 또는 타인의 심리 상태에 영향을 주는 사려 깊은 배려를 할 수 없다.

감정적으로 충전된 프랭크와 애나의 관계는 그들 인생을 통틀어 계속되었다. 그는 그녀와 손가락에서 손으로, 다리에서 몸통으로, 심장에서 흉곽으로 연결되었다. 프랭크는 애나가 자신에게 해준 수많은 칭찬을 누렸고, 그가 인간적 한계를 지니지 않은 비할 데 없는 천재라는 그녀의 확고한 믿음에 특히 감명을 받았다. 광기로 충만한 애나의 극적인 에너지는 어두운 면을 갖고 있다. 라이트의 전기 작가들 중 한 명은 그녀를 '프랭크를 자신의 앞치마 줄로 영원히 묶어놓기 위해 투쟁하는 독실하고 냉혈한 규율주의자'[14]로 묘사했다.

라이트는 위스콘신 스프링 그린의 계곡을 내려다보는 산 위에 집을 짓고, 그것을 웨일즈의 신화적 예언자이자 반신, 그가 너무나 친근하게 동일시했던 탤리에신이라 불렀다. 여기, 자신의 영토에서 그는 영주였다. 이곳의 신은 그가 어떻게 삶을 영위하는지를 감히 물어보는 「다른 사람들」을 도와주었다. 엄마의 무릎 위에서 시작되고 자라난 황금 아이의 소망은 자신의 은신처를 설계하고 건축함으로써 실현되었다. 라이트의 마음속에서 웨일즈의 신화적 영웅은 이제 그 자신이 되어있었다.

애나가 죽음을 눈앞에 두었을 때, 라이트는 한 번도 모습을 드러내지 않았다. 그가 엄마의 임종을 보지 않았고, 장례식에도 참석하지 않았다는 확실한 증거도 있다. 평생 아들과 공생했던 애나는 아들 프랭크 없이 이 세상을 떠났다. 복잡하게 짠 그물에 걸린 물고기처럼, 프랭크는 편재하는 엄마와의 병리적 굴레로부터 심리적으로 결코 탈출할 수 없었다.

차가운 포옹

자기도취자의 엄마 아빠 스스로가 자기도취자인 경우가 자주 있다. 이런 부모는 그들의 자식과 냉정하고 무자비한 관계를 갖는데, 이는 사랑과 존중이 아닌 조종에 기반을 두고 있다. 이런 부모들은 종종 자식의 심리적 요구에 주의를 기울이기도 하지만, 그들에게 정서적으로 반응하는데 실패한다. 자기도취적 부모는 공감 즉, 다른 사람이 어떻게 느끼고 있는지를 이해하거나 관심을 기울이는 능력을 갖고 있지 못하다. 자기도취자의 초점은 이기적이고 배타적인 것에 있다. 자신에게만 철저히 전념하는 인생은 자식을 진정한 사랑으로 아우를 수 없다. 한 사람을 견고하고 온전하게 키우기 위해서는 자식을 귀하게 여기고 사랑해야 한다. 그의 소중한 개성을 위해서도 말이다. 이런 사랑을 받은 아이는 안정감과 현실감을 가질 수 있다. 그는 어떤 상황이 닥쳐도 자신을 잃지 않는다. 그는 죄책감이나 불안감 없이 자신과 타인을 사랑할 수 있다. 이는 어릴 적 받은 사랑과 이해가 자신의 핵심으로 내면화되었기 때문이다. 타인에게 정서적으로 자신을 쏟아 부을 수 있는 능력은 미래의 모든 관계에서 아름답게 공명한다.

차가운 포옹으로 상처 받은 아이는 부모의 꼭두각시이다. 가족의 왕관을 쓰기 위해 그는 진정한 자아의 심리적 본질, 즉 창조적으로 생각하고 진짜라고 느끼는 자신의 일부를 포기해야만 한다. 그는 온전하게 살아있는 자신의 일부를 버려야 한다. 엄마 (또는 아빠)는 「자신의」 손놀림으로 아이를 지휘하는 꼭두각시 인형극의 장인이다. 그런 전문가의 손길 아래, 즉 부모의 명령에 반응하면서 꼭두각시는 무대 위에서 생명을 얻는다. 그는 자기 인생의 작가가 아니다. 신예 자기도취자는 다양한 역할을 설득력 있게 표현하는 방법을 배운 유능한 학생에 불과하다. 부모는 연극을 완전히 습득한 것을 칭찬하며 아이에게 상을 준다. 수 년의 리허설과 모방 훈련을 거친 미래의 자기도취자는 더 이상 프롬프트를 필요로 하지 않는다. 수많은 배역의 모든 양상을 통달했기 때문이다. 그는 차갑고 어두운 날개 속에서 자신이 맡은 역할이 시작되기만을 기다리고 있다.

아이와의 관계에서 진정한 감정과 공감을 회피하는 사람은 아버지인 경우가 종종 있다. 텔레비전 네트워크 경영간부인 앨런은 네 번째 부인 일레인과 결혼했다. 그녀는 지난 결혼에서 십대 자식 두 명을 두었고, 앨런은 그들을 입양하여 가족을 이뤘다. 앨런과 일레인은 매우 사교적이었고, 자주 파티를 열었다. 그들은 거의 매주말마다 회사 사람들을 집으로 초대했다. 앨런은 아이들을 따로 나가 살게 해야 한다고 주장했다. 그는 자식들에게 형식적인 애정을 보였지만 진심으로 사랑하지는 않았다. 그는 그들의 물질적, 교육적 요구를 들어주었다. 그는 그들이 완벽한 성적을 받기 원했고, 기대에 미치지 못했을 때는 빈정대는 말과 쓸데없는 공격을 퍼부으며 그들을 함부로 대했다. 아이들은 앨런으로 하여금 헌신적인 아버지라는 자기도취적 이미지를 갖게 만드는 물품으로서의 역할을 담당했다.

앨런은 의붓자식들에게 성공할 것을 독려했지만, 자신과는 절대 경쟁할 수 없도록 했다. 그는 자식들이 자신의 사업, 즉 엔터테인먼트 계에 발을 들이는 것을 막았다. 그는 직업적인 면에서 그들을 돕기 위해 영향력을 행사하지 않겠다는 것을 확실히 했다. 앨런은 직장 동료와 사교계 인사들에게 의붓자식들의 학과 성적과 운동 결과를 자랑했지만, 그들에게 진짜 애정이나 관심을 가진 것은 아니었다. 일레인 역시 자식들에게 헌신하는 것처럼 보였지만, 그녀는 남편의 성공이 반영하는 빛 속에 살기 위해 엄마의 역할을 내팽개친 지 오래였다. 자식들은 원하는 것을 마음대로 소유할 수 있고, 원한다면 어떤 교육이든 받을 수 있었지만 진짜 엄마와 아빠가 부재하는 심리적 고아들이었다.

공감을 하지 못하는 부모는 세속적 혜택을 제공할지는 몰라도, 자식을 완전히 망쳐놓는다. 이런 부모와의 관계는 진정한 친근함이 아닌 차가운 포옹에 기반을 두기 때문이다. 이런 부모들은 자식을 키우는 것을 일종의 사업과 같은 것으로 여긴다. 그들의 자식은 결코 이해되거나 인정받지 못한다. 자식들은 엄마나 아빠로부터 위로나 정서적 지지를 받지 못한다. 자식들은 자신이 얼마나 똑똑하게 수행하느냐 수행하지 못하느냐에 따라 가치를 인정받거나 무시당한다. 자식은 자신의 목마른 자아를 만족시켜줄 꼭두각시 줄을 능숙하게 움직이는 부모의 손놀림에 의해 조종된다.

 차가운 포옹의 본질에는 자식을 착취하고 조종하는 것 역시 포함되어 있다. 자기도취적 부모가 자식을 위해 헌신하는 것처럼 보이는 순간에도, 그는 오로지 자신만을 생각할 뿐이다. 그는 자신의 요구를 충족시키는 제단 위에 자식을 제물로 바친다. 로라는 자신의 분야에서 대단한 성취를 이룬 성공한 전문직 여성이었다. 그녀는 젊었을 때부터 아기를 낳고 싶지 않다고 말하고 다녔다. 그녀는 자신의 회사를 운영하고, 자신의 사교활동을 우아하게 만들어준 소수의 선택된 사람들과 어울리는 것을 즐겼다. 그녀는 칭얼대고 의존적인 아기 때문에 자신의 인생이 방해를 받고 침범당하는 것을 원치 않았다. 수많은 로맨틱한 관계를 경험했던 40세의 로라는 자유를 즐겼고 결혼은 전혀 생각하지 않았다. 그런데 정말 우연히게 대학동 창회에서 그녀는 옛 남자친구와 재회하게 되었다. 짧은 연애 끝에 로라와 아서는 결혼을 했다. 1년 뒤, 그녀는 예기치 않은 임신을 하게 되었다. 내키지 않았지만 그녀는 아기를 낳기로 결심했다. 그녀는 딸 에이미를 낳고 6주 뒤에 일터에 복귀했다.

 로라는 에이미와 매우 짧은 시간을 함께 보냈지만(딸은 여러 유모들의 손에 키워졌다), 아이를 어떻게 키워야할지에 대해서는 매우 특별한 자기만의 생각을 갖고 있었다. 어린 소녀인 에이미는 엄마를 일종의 우월한 존재로 올려보았다. 로라는 에이미가 젖먹이일 때 아서와 이혼했다. 그는 사라졌고 딸의 인생에 더 이상 영향을 미치지 않았다. 로라는 대부분의 시간을 사무실에서 보냈지만, 그녀는 항상 에이미를 다루는 방법에 대한 상세한 지시사항을 유모에게 남겼다. 에이미는 고분고분하고, 순종적인 아이였다. 내면 깊숙한 곳에서, 그녀는 자신의 진짜 감정을 표현하는 것을 두려워했다. 그것은 엄마에 대한 반항을 의미하기 때문이었다. 그녀는 엄마와 맞서다가 가혹한 반대와 그로 인한 수치심, 그리고 감정적 무시를 당하게 될까봐 두려워했다. 그녀는 이미 아버지를 잃었다. 그녀는 다시 버려지는 것을 감당할 수 없었다. 에이미는 자신이 반드시 로라와 함께 있어야 한다고 믿었다. 그렇게만 한다면 엄마는 그녀를 떠나지 않을 것이라 믿었다. 이런 식으로 조종되는 아이는 자신의 진짜 감정을 느끼지 못한다. 그녀는 다루기 힘든 공허감으로 고통스러워했다. 그녀는 아름답고 똑똑하고 재능이 있었는지 모르지만, 내면에서는 자신이 엉터리라는 느낌을 지울 수 없었다. 에이미는 모성애를 박탈당한 상처가 심장의 중심에 남긴 심리적 구멍으로 인해 평생을 고통 속에서 살게 될 것이다.

끊어지지 않는 결합

처음부터 엄마와 아기는 분리될 수 없다. 처음 몇 달 동안, 그 작은 아기는 자신을 엄마로부터 구별하지 못한다. 아기의 모든 세상은 엄마의 주변을 맴돈다. 이것은 공생이라 불리는 자연스럽고 불가피한 심리적 상태이다. 엄마와 아기 사이의 독특한 결합은 아기가 신체적으로나 심리적으로 홀로 설 수 있을 때까지 지속한다. 출생 이후 몇 달 동안 엄마의 역할은 아기에게 안정과 평온을 제공하고, 아기를 위해 신체적, 정서적 환경을 보호해주는 것이다. 제대로 된 엄마는 아기와 정교하게 조율한다.

엄마는 아기가 배고픔과 불만, 고통, 즐거움, 스트레스를 표현하는 특별한 소리와 제스처를 알아차리고, 그에 대해 고유한 방식으로 반응하여 아기의 요구를 충족시켜준다. 아기가 배가 고프거나 무섭거나 외로워서 울 때, 엄마는 바로 옆에서 아기를 보살펴준다. 엄마가 아기와 완벽하게 조화를 이루지 못할 때, 약간의 엇갈림이 생긴다. 아기를 돌볼 때 생기는 이런 작은 방해물들을 통해 아기는 자신의 요구를 즉각적으로 만족시키는 것이 일시적으로 지연될 수 있다는 사실을 점차 배우게 된다. 이런 유순한 좌절의 풍화를 겪으면서 자라나는 아이는 엄마가 조금 뒤에는 올 것이라 믿게 되고, 그 사이에는 스스로에게 의존할 수 있게 된다. 아기가 울고, 옹알이를 하고, 웃을 때, 엄마는 아기가 자신과 자신의 세상에 긍정적으로 반응하는 것을 바라보고 그것을 강화시킨다. 그녀는 사랑하는 관찰자이자 돌보는 사람이다. 이렇게 긍정적인 어머니의 한결 같은 보살핌을 받고 자란 아기는 그것을 마음에, 신경계에, 모든 세포 속에 내면화한다.

아기의 심리적 탄생의 과정은 2,3개월을 전후해서 엄마와 분리되는 첫 번째 순환기에 시작된다. 이런 과정은 느리고 감지하기가 힘들다. 아기는 자신과 엄마를 구별하기 시작하고, 「나」인 것과 「나」 아닌 것 사이의 구분을 짓는다. 그의 세상은 몸 밖으로 확장된다. 엄마가 신체적으로 존재하지 않을 때, 그는 엄마의 모습을 마음속에 떠올리면서 안전하고 편안한 느낌을 가질 수 있다. 엄마를 내면화할 수 있는 능력은 시간이 흐르면서 생겨나는 것으로, 3,4세에 이르러 완벽해진다. 적절한 엄마는 아이가 필요로 하는 것과 자신이 필요로 하는 것을 분리할 수 있다. 그녀는 자신의 바람과 욕망을 내세우지 않기 위해 애쓴다. 이제 앞으로 나아가는 자식은 온전하게 분리된 자아를 안전하게 지키면서 실제로나 심리적으로 엄마로부터 멀리, 더 멀리 걸어가는 법을 배우게 된다. 그의 내면에는 엄마의 모든 보살핌의 각인-자신을 진정시키고, 온전하게 느끼고, 기분을 조절하고, 혼자서도 편안할 수 있고, 내면의 힘을 느낄 수 있는 능력-이 존재한다. 그는 견고한 자아, 자신의 힘으로 살 수 있는 사람으로 성장한다.

미래 자기도취자의 엄마(또는 아빠)는 이와는 다른 의제를 갖고 있다. 그녀(또는 그)는 자식을 자신의 일부로 경험한다. 태어날 때 시작되는 공생은 결코 심각하지 않다. 그러나 그들의 결합이 끊어지지 않고 유지되는 것은 부모의 자기도취적 요구를 위한 것이다. 그 결과, 자식은 심리적으로 극심한 상처를 입는다. 엄마가 자식을 통해 극도의 관심과 인식, 칭찬이라는 자기중심적 욕구들을 추구하는 동안, 자식의 성장은 손상을 입는다. 모순되는 방식 속에서 자식은 엄마를 우아하게 만들어주는 것, 그녀의 배우자나 친척, 친구들보다 더 필수적인 존재로 간주된다. 엄마는 자식을 통해 특별한 지위를 성취하게 될 것이라는 무의식적 믿음을 갖는다. 이런 끊어지지 않는 결합이 지속되는 가운데, 엄마는 자식의 영광과 완벽함을 공동소유하면서 자신의 힘에 대한 느낌을 재정립한다.

이런 부모는 종종 자식에게 유혹적이다. 심지어 부모와 자식 사이에 에로틱한 긴장 상태가 만들어지기도 한다. 자기도취자의 엄마는 자주 남편보다 아들에게 더 큰 의미를 둔다. 그녀는 아들을 숭배하고, 배우자에게서는 찾을 수 없는 수준의 친밀감으로 그에게 의존한다. 심리적으로, 아들은 친밀감과 정서적 희열에 대한 엄마의 갈망을 충족시켜줄 배우자가 된다. 실제로 근친상간이 일어나는 것은 아니지만, 그들 사이의 지나친 성적 유대관계는 아이가 자신의 개성을 성장시키는 것을 방해한다. 이런 결합이 지닌 매혹적인 성격은 아이의 성 정체성을 산만하게 만든다. 자기도취적 남성은 여성을 사랑하지 못한다. 그는 여성을 증오하고 두려워한다. 그는 자신에게 감정적으로 의존적인 여성, 그가 완전히 통제할 수 있는 여성을 선택한다. 그는 냉담하고 모욕적인 방식으로 여성과 교류한다. 자기도취자는 아이고 어른이고 할 것 없이, 자신을 착취하는 엄마에 대한 암울한 증오심을 숨기고 있다. 그는 매혹적인 흠모와 비밀스러운 통제로 자신을 묶어놓은 엄마를 경멸한다. 그는 덫에 걸려 있다. 포식동물에게 꼼짝없이 잡혀 버린 작은 동물처럼, 그는 목을 죄는 엄마의 포옹으로부터 자신을 구해내지 못한다. 이런 병적인 결합은 아빠와 딸 사이에서도 일어날 수 있다.

자신이 소유한 소프트웨어 회사의 CEO인 실라는, 아빠 알렉스만이 자신의 유일한 부모라고 생각했다. 알렉스는 딸에게 영감의 원천이었다. 그는 자신감과 절대적 통제, 개인적 힘의 상징이었다. 그녀는 아빠의 놀라운 추진력과 저항할 수 없는 매력에 경외심을 가졌다. 마음 깊은 곳에서 그녀는 아빠를 숭배하고 엄마 바바라를 증오했다. 그녀는 아빠와 은밀한 관계를 맺는 엄마를 항상 질투했다. 아이였을 때, 실라는 두 사람을 떨어지게 하려고 성질을 부리곤 했다. 그녀는 그들의 침대에서 자겠다고 우겨댔다. 바바라는 여러 심신 상관 질병으로 괴로워했는데, 그 대부분의 원인은 알렉스의 고질적인 바람으로 인한 극도의 스트레스에서 비롯된 것이었다. 실라는 엄마를 병약하고, 의존적이고, 나약한 사람으로 보았다. 그리고 그런 점 때문에 그녀는 엄마를 증오했다. 이런 증오의 대부분은 엄마를 무례하고 비하하는 아빠의 태도로 부채질된 것이었다.

알렉스는 사업상의 이유로 자주 집에 없었지만, 딸과 함께 있을 때면 놀라울 정도의 관심을 딸에게 집중했다. 실라는 아빠가 그의 아내보다 딸인 자신을 더 좋아한다고 믿었다. 알렉스는 그와 딸 사이의 에로틱한 감정을 강화했다. 그는 그녀가 매우 어렸을 때에도 경마장이나 도박장 같은 성인 전용 장소에 그녀를 데리고 갔다. 때때로 실라는 아빠와 출장을 함께 가기도 했다. 그녀는 엄마가 영원히 사라져서 아빠가 완전히 자기 것이 되는 것을 자주 상상했다. 실라는 아빠를 자신의 영웅, 심지어 자신의 짝으로 보았다. 그녀는 아빠의 참모습-무자비하고 조종에 능한 자기도취자-을 알아볼 수 없었다.

실라는 직업적으로 성공한 것으로 보였지만, 남자들과의 관계는 재앙이었다. 그녀는 자기가 기대하는 숭배를 제공하는 의존적인 남자들만 선택했다. 그녀는 그들에게 빠르게 싫증을 느꼈고, 아무 절차도 없이 그들을 폐기처분했다. 실라는 평생 불륜에서 시작되는 관계를 맺었고, 아빠가 여자들과 맺었던 파괴적인 관계를 되풀이했다. 실라는 다른 여자의 남자를 취하는 것에서 스릴을 느꼈다. 그녀는 유부남이 자신의 주문에 걸려들 때마다 승리감에 도취되었다. 이런 정사는 실라에게 강렬한 흥분을 제공했다. 그들을 통해서, 그녀는 약하고 나쁜 엄마로부터 멋진 아빠를 빼앗고 싶어 했던 어릴 적의 무의식적 바람을 충족시켰다. 실라는 「다른 여자」의 역할을 하면서 인생을 보냈다. 어릴 적, 그녀는 매혹적인 아빠에 의해 구조되는 느낌을 받았다. 알렉스는 딸을 부인보다 위에 놓았다. 그는 딸에게 성적 친밀감을 제공했고, 이는 실라가 결코 풀려날 수 없는 환멸과 좌절의 결과를 낳았다. 결국, 그녀는 아빠가 지키지 않은 에로틱한 약속에 갇혀버린 굶주린 남자사냥꾼이 되었다.

가짜 – 자아 해결책

아기와 눈을 맞출 때, 매우 놀랍게도 우리는 그들을 직접적으로 경험할 수 있게 된다. 우리는 그들의 눈을 들여다보면서 친밀함을 느낀다. 아기는 진실로 우리 앞에서 무장해제를 한다. 정신 분석가이자 소아과 의사인 E. W. 위니코트(Winnicott)는 「진짜 자아」(True Self)라는 말을 만들었다. "진짜 자아만이 창조적이고, 진짜 자아만이 진짜를 느낄 수 있다."[15] 아기들은 척 하지 않는다. 그들은 이미지를 영속화하거나 보호하지 않는다. 그들은 지금 이 순간의 인생을 만끽한다. 건강하고 행복한 아기는 자연스럽게 마음에서 우러나오는 행동을 한다. 그는 자기의 몸과 마음, 그리고 자기를 둘러싼 세상에 반응하여 웃고, 울고, 말로 표현하고, 까르륵 소리를 낸다. 좋은 엄마는 아기의 독특한 반응을 알아차린다. 그녀는 아기에게 애정 어린 목소리와 행동으로 보답한다. 그녀는 "나는 너를 잘 알고 사랑한단다"라는 메시지를 보낸다. 공감하는 엄마는 아기 앞에서 자신을 내세우거나, 아기에게 그의 것이 아닌 특정한 방식으로 반응할 것을 요구하지 않는다. 그녀는 자신만의 자아를 가진 아기를 사랑할 뿐이다.

자기도취자의 출현으로 지구가 떨린다면, 그것은 그의 성품이나 개성이 지닌 힘 때문이 아니다. 그것은 그의 과장된 거짓 자아가 시작되었다는 신호이다. 잭과 강낭콩 줄기에 등장하는 거인처럼, 자기도취자가 우르릉거리는 소리는 왕국 전체에 울려 퍼질 수 있다. 자기도취자의 마음 밑바닥에는 에고와 이미지에 집착하는 가짜 자아가 있다. 가짜 자아의 근원은 아이의 개성을 인식하고 수용하지 못한 엄마(또는 아빠)에게서 비롯된 것이다. 위니코트는 엄마가 유아기에 가짜 자아를 형성하는 과정을 설명했다. "훌륭하지 못한 엄마는…… 아기의 행동(아기 고유의 자연스러움)을 계속 알아차리지 못한다. 대신 그녀는 아기에게 명령을 따르라는 제스처를 취한다. 이런 명령을 준수하는 것이 가짜 자아가 형성되는 초기 단계로, 아기의 요구를 알아차리지 못하는 엄마의 무능에 비롯된 것이다."[16] 제대로 되지 못한 엄마는 아이를 분리된, 고귀한 존재로서 소중하게 여기지 않는다. 그녀는 아기가 아기 자신보다 그녀에게 반응하는 메아리라고 우겨댄다. 이렇게 해서 자기도취자의 가짜 자아는 서서히 자라난다. 그 결과, 그는 진짜 감정을 표현하지 못하게 된다. 특히 내면의 따뜻함이나 상처받기 쉬운 부분을 조금도 드러내지 못한다. 필수적인 면에서 봤을 때, 자기도취자는 진정한 인간이 아니다. 그는 깊은 감정-슬픔, 즐거움, 부드러움, 사랑, 회환-을 느낄 수 없다. 중증 자기도취자는 감정을 훌륭하게 속일 수 있는 최상의 배우이다. 그는 대부분의 사람들을 속인다. 움직임 하나하나가 타인으로부터 긍정적인 반응을 끌어내기 위해 주의 깊게 연구되고 연출된 것이다. 그 순간 그는 자기가 느끼는 것이 진짜라고 믿을 지도 모른다. 그러나 이런 감정들은 흘러가는 구름만큼이나 덧없이 사라진다.

 진짜가 되는 것은 몸 안에 존재하는 감각운동과 함께 시작되는 것이다. 아기와 어린 아이들은 모든 면에서 살아있다. 그들의 소리와 움직임은 자연스럽게 흐른다. 자기도취자는 언제나 가짜이다. 그가 「진실」할 때에도, 그는 가짜이다. 그는 역할을 능숙하게 연기하는 사람이다. 자기도취적 인물은 자신의 드라마의 주인공이다. 그가 자신을 위해 만든 역할은 똑똑하고 능수능란하지만 솔직하지 못하다. 그는 자신의 대사를 음미하면서, 무대 위를 뽐내며 걷는다. 수많은 자기도취자들은 잘 생겼거나 아름답다. 어떤 이들은 완벽한 몸이나 얼굴을 갖고 있다 (다양한 성형수술을 통해 유지하는 경우가 다반사다). 가까이 들여다보면, 그들의 몸은 굳어서 뻣뻣하고, 얼굴은 세게 당겨져서 움직이지 못한다. 우리는 먼 곳에서 결점이 하나도 없는 그들의 모습을 일종의 경외심을 갖고서 바라본다. 움직일 수도, 움직여지지도 않는 그들은 살아있는 마네킹이다. 그들의 몸은 오래 전에 느끼는 것을 멈췄다. 팽팽하고 빛나는 그들의 얼굴은 아름답고 잘 생겼지만 무표정하고, 흥미롭지 못하며, 감정이 없다.

가장 어릴 적 기억 속에서, 아델라는 엄마를 숭배했었다. 엄마는 가장 아름다운 옷을 입고 세련된 스타일 감각을 지닌, 굉장히 매력적인 신체의 소유자였다. 그녀는 세심하고 효율적으로 가정을 꾸렸다. 에일린은 자신의 인생을 영위해온 방식과 마찬가지로 두 아이들을 흠집 하나 없이 키우겠다고 다짐했다. 첫째 딸인 아델라는 어려서부터 노래와 춤에 재능을 보였다. 그녀는 가장 훌륭한 선생님들에게 보내졌고, 곧 광고에 출연하고 무대에 오르게 되었다. 에일린은 딸이 경력을 쌓이기는 모든 과정을 주도했다. 십대가 된 아델라가 자신의 신체에 당혹감을 느끼기 시작했을 때, 에일린은 딸에게 코를 좀 더 작고 아름답게 만들기 위해 성형수술을 해야 한다고 주장했다. 아델라는 자신의 얼굴을 바꿔야 한다는 엄마의 주장으로 인해 상당한 내적갈등을 겪었다. 그녀가 원래 코를 고수한다면 엄마의 기분을 나쁘게 만들고, 어쩌면 엄마의 사랑을 잃을지도 모른다. 만약 수술로 코를 바꾼다면, 그녀는 자신만의 고유한 생기발랄함을 잃게 될 것이다. 결국 아델라는 엄마 뜻을 따르기로 했고, 성형수술로 코의 모양을 고쳤다. 자기도취자의 성격을 지닌 에일린은 딸을 자신의 이미지와 유사하게 재창조하는 꿈을 이뤘다. 엄마의 이기적 행동은 아델라에게 엄청난 상처를 입혔지만, 그녀는 아름답고 재능 있는 딸을 두고 싶은 자신의 필사적인 욕망만을 떠올리며 그 사실을 무시했다. 자기도취적 엄마는 「자신이」 특별하다고 느끼게 만들어주는 것을 자식으로부터 뽑아내고자 한다. 그렇게 그녀는 아이의 영혼을 강탈한다.

자기도취자의 성격을 지니지 않은 수많은 우리는 우리가 원하는 것을 얻기 위해 다른 사람들을 기쁘게 해주고 매력적으로 보이려고 하는 가짜 자아의 특성을 어느 정도 내재화하고 있다. 심리적으로 살아남기 위한 목표를 위해, 우리는 부모의 기대에 우리의 행동을 맞추는 법을 배운다. 고유한 개성이 가짜 자아에게 자리를 빼앗기면, 내면의 진짜 사람은 그 모든 「해야 하는 것들」과 「하지 말아야 할 것들」로 질식사할 위험에 처한다. 아기였을 때, 우리는 원초적이었고 있는 그대로 자연스러웠다. 그러나 곧 타인의 인정을 받고 보호를 받을 수 있도록 세상에 적응하는 방법을 배우는 시기가 뒤따른다. 많은 사람들의 경우, 가짜 자아는 진짜 성격의 빛을 잃게 만든다. 이런 일이 일어나면, 우리는 평생 정교한 가면들을 바꿔 써가면서 환상 속에서 살아야 한다. 공허한 가식이 너무 고통스러워 참기 힘들어질 때, 어떤 이들은 가면을 벗어던지고 내면 깊숙한 곳으로 들어감으로써 자신이 누구이고 항상 어떤 사람이었는지를 자신과 타인에게 드러내 보인다. 이것의 순환은 완벽하다. 진짜에서 가짜, 그리고 다시 진짜.

자신에게 진실한 것과 관련하여, 사람들 사이에는 매우 다양한 모습이 발견된다. 자기도취자는 가짜일 뿐만 아니라 대단히 기만적인 자아의 내면에 거주한다. 그의 전능과 순전한 힘에 대한 과신은 자신의 우월함을 타인에게 확신시키는 비옥한 환경을 제공한다. 자기도취자 자신과 그를 신성시하며 둘러싼 사람들을 위해, 그는 인간의 차원을 초월한 신이 된다.

  자기도취자는 마술사이자 사기 예술의 거장이다. 그는 자신감과 매력을 발휘하여 자신의 망상 세계 속으로 다른 사람들을 끌어들인다. 암흑 속의 사기꾼인 그는 반드시 성공하기 위해 배신과 배반의 복잡한 음모를 엮어낸다. 그는 천하무적처럼 보인다. 하지만 이것은 환상이다. 당당하고 스스로에게 특권을 부여하는 완벽한 가면 아래에는 고통에 빠진 영혼-공허하고, 격분하고, 절망하고, 피해망상적인-이 누워있다.

5장

● ● ●

공허함의 우물 :
분노와 질투, 피해망상, 절망의 은신처

> 자기도취자가 공허함을 경험하는 것은 가장 강렬하고 지속적인 현상이다.
> 이때 자기도취자는 허무함을 느끼고,
> 제대로 쉬지 못하고, 따분해 하는데……
> 이것은 병적 자기도취자의 증상으로 구분되는 기준선이다.
> ─오토 컨버그, M. D.(Otto Kernberg), 경계선장애의 상태와 병적 자기도취[1]

누가 그보다 더 운이 좋을 수 있을까? 자기도취자가 모든 면에서 너무 쉽게 특권을 차지하는 것을 보면서 우리는 스스로에게 이런 질문을 던진다. 태어나면서부터 얻은 권리 마냥 명성과 권력, 지위, 성공이 자기도취자를 둘러싸고 있다. 보통사람들과는 다른 창조물, 외래종 새 같은 그는 우리보다 더 많은 것을 누리고 있다. 그는 자신이 갈망하고 요구하는 것을 모두 차지한다. 그에게는 한계가 없다. 그는 모든 사람들의 존경을 받는다. 이 모두가 공평해 보이지 않는다. 우리는 궁금해 한다. "나한테 무슨 문제가 있는 걸까? 나는 왜 저렇게 하지 못하는 걸까? 나한테 결함이 너무 많아서, 또는 약하거나 운이 나빠서 더 좋은 것들을 받지 못하는 걸까? 저 사람은 저렇게 흥미진진하게 인생을 사는데, 내 인생은 왜 이렇게 고리타분하기만 한 걸까? 내가 아무리 열심히 노력해도 저 사람만큼 성공하지는 못하겠지?"

자기도취자는 절대 안심하지 못한다. 고요와 만족은 그를 회피한다. 그의 교활함의 엔진은 상시 가동중이다. 그는 쉴 새 없이 강박적인 활동들로 점철된 인생을 살아간다. 자기도취자는 항상 자신이 이겨야만 하는 경주에 서 있다. 그는 모든 경기장-스포츠, 섹스, 비즈니스, 사회적 지위, 물질적 취득-에서 경쟁한다. 그가 만약 백만장자라면, 그는 반드시 수백만장자여야 한다. 그가 부통령이라면, 그는 반드시 대통령이 되어야 한다. 그가 사랑스러운 집을 갖고 있다면, 그는 그것을 더 크고 더 웅장하게 만들어야 한다. 집 하나로는 부족하다. 그는 반드시 수 채를 더 가져야 한다. 그의 휴가는 자기 멋대로 지낼 수 있고 다녀와서는 사람들에게 자랑할 수 있도록 계획된, 단기간의 호화로운 여행이어야 한다. 휴식 없는 삶의 근저에는 만성적 따분함이 자리 잡고 있다. 자기도취자는 그냥 「있을」 수 없다. 그는 조용히 명상을 하거나 통찰을 할 수 없다. 그는 자신의 특별한 인생 업무-자신이 얼마나 멋진지를 증명해 보이는 일-를 수행하며 수그러들지 않는 기세로 전진한다.

매 분, 매 시간마다 자기도취자는 감정적 갈증을 피하는 방법을 찾는다. 내면의 그의 우물은 항상 말라있다. 그는 살아남기 위해 필수적인, 인생을 지탱시켜주는 물-칭찬, 인정, 성적 정복, 권력-을 구하기 위해 끊임없이 외부 환경으로 고개를 돌려야 한다. 이것을 성취하기 위해, 그는 찬사와 눈먼 충성으로 그의 심리적 갈증을 풀어줄 의존적인 사람들을 선택한다. 수많은 자기도취자들은 자신이 「성공했다」는 것을 사람들에게 보여주기 위해 호화로운 생활양식을 고수한다. 자기도취자는 스스로에 대한 자신의 비전을 세상에 울려퍼지게 만들 사람들을 까다롭게 선택한다. 그는 정맥용 투여기의 지속성과 예측성을 갖고서, 자신의 에고에 끊임없이 영양분을 공급해주는 집단을 창조한다.

자기도취자는 굶주린 야생동물처럼 자양물을 찾아 주변을 뒤지고 다닌다. 그에게 심리적 음식은 존경과 부, 권력, 명성이다. 이런 에고가 희열을 느끼지 못하면, 그는 자신의 위신이 떨어졌거나, 심지어 자신이 죽었다고 느끼게 된다. 그는 자신의 왜곡된 믿음을 지탱시켜주는 완벽한 생활양식을 꼼꼼하게 구축한다. 자기도취자들은 자신의 어마어마한 식욕을 충족시켜줄 게임을 치르기 위해 정글 속을 성큼성큼 걸으며 계속해서 사냥에 나선다. 일단 하나의 보상-돈, 권력, 사치품, 헌사, 명예-으로 자신을 만족시키면, 그는 다음 대상을 향한 허기를 느낀다. 성공적인 자기도취자는 친구, 지인, 파트너, 배우자-그의 끝없는 요구를 영구히 충족시켜줄 사람들-라는 형태의 긍정적 피드백의 복잡한 체계를 구축한다. 이런 자아 보상의 원천이 사용불가능해지거나 실패하게 되면, 자기도취자는 강렬한 공허를 경험하게 된다.

자기도취자가 경험하는 감정적 공허는 갈망이나 슬픔을 넘어서는 것이다. 그것은 가혹하고 다루기 힘든 상처이다. 너무 사납고 깊어서 견딜 수 없을 것 같은 고통이다. 자기도취자의 심리적 풍경은 황량하다. 그는 자신을 지탱해줄 내부 자원을 하나도 갖고 있지 않다. 그는 진정한 애정이나 위로를 찾아 자신이나 타인에게 의지하지 못한다. 그는 헌신적인 추종자들의 일시적 충성을 즐기지만, 그에게 진심으로 관심을 갖는 사람은 없다. 자기도취자의 공허는 그가 완벽하게 혼자이기 때문에 느끼는 것이다. 가구 없는 집이나, 초목 없는 풍경처럼 그의 내면세계에는 의미 있는 관계가 존재하지 않는다. 인생의 모든 흔적들은 사라져 버린 지 오래이다.

자기도취자들은 갖고 싶은 것을 손에 넣기 위해서는 돈을 아끼지 않는다. 그들은 아무 어려움 없이 장기 휴가를 가고, 거대한 주택을 소유하고, 최신 전용기를 구입한다. 이런 사람들이 획득한 것의 초과분을 상상하는 것은 거의 불가능한 일이다. 그들은 공공건물보다도 큰 기념물을 세운다. 자기도취자들은 자신의 모든 요구-심리적, 감정적, 성적, 정신적-에 응답하기 위해 매일 24시간 상시 대기중인 대규모 수행단을 지원한다. 그들은 수백만 달러가 드는 파티를 열어 자신의 특출한 사회적, 경제적 지위를 입증한다.

자기도취자들은 계속해서 점수를 매긴다. 그들은 현미경을 이용한 미세한 경계태세로 경쟁자들을 관찰한다. 억만장자 자기도취자는 수억만 장자를 질투한다. 억만장자들 사이의 경쟁을 상상하기란 쉽지 않지만, 이는 극히 일부 사람들만 이해할 수 있는, 가장 성공적인 자기도취자들 사이에 존재하는 경쟁이다. 이는 모든 억만장자나 백만장자들이 자기도취자라는 말은 아니다. 부유하거나 부유하지 않은 것이 자기도취자의 성격장애를 진단하는 결정 요인은 아니다.

자기도취자의 욕심은 놀라울 정도로 엄청나다. 캔디스는 혈관외과의인 앤트완과 3년 동안 결혼생활을 했다. 앤트완의 세 번째 아내였던 그녀는 당시 38세로 가장 어리고, 가장 아름다웠다. 그녀는 앤트완의 이미지를 성공적이고 정력 넘치는 65세의 매력적인 남성으로 고양시켜주었다. 부부는 특권적 삶을 영위했다. 그들은 대저택을 세 채나 소유했고,

휴가 때 은신할 수 있는 장소를 수도 없이 가졌다. 그들은 자주 유람선 여행을 했다. 캔디스의 자신에 대한 배려 욕구는 친구나 사교계 지인, 그 밖의 다른 어느 누구도 들어줄 수 없는 것이었다. 그녀는 매일 고급 백화점에 들러 은밀하게, 강박적으로 쇼핑을 했다. 그녀는 그들의 일상 식사를 준비해줄 개인 요리사를 고용했다. 늙어 보이는 것을 두려워하여 (그녀는 모든 사람들에게 자신이 28세라고 했다) 정교한 홈 스파를 만들었고, 24시간 내내 그녀의 미적 요구를 들어줄 미용사와 개인 트레이너, 영양사, 안마사를 고용했다. 매달 그녀는 사치품을 구입하고 개인 케어 서비스를 받기 위해 신용카드를 물 쓰듯이 사용했다. 앤트완은 캔디스에게 불같이 화를 냈으나 곧 그녀를 용서했다. 그녀는 과도한 지출과 사치-포만-갈망의 끝없는 순환을 재개했다.

특정 직업(영화배우, 탤런트, 연극배우, 모델, 직업 선수, 정치가)은 본래 에고를 살찌우는 것이다. 외적 이미지와 연기(아름다움, 잘 생긴 외모, 젊음, 섹시함, 정열적인 활동성, 바람직함)를 강조하는 이들 직업은 자기도취자들에게 매력적으로 다가간다. 이런 직업의 과시적 본성은 자기도취자들의 허영을 강화하고 그들의 허풍을 활성화시킬 수 있는 기회를 끝없이 제공한다. 그들은 항상 박수를 치고 웃어주는 붙박이 관객들에게 둘러 싸여있다. 연예인(연극, 영화, 텔레비전)들은 끊임없이 흘러내리는 찬사의 수혜자이다. 어둠 속에 앉아 있는 관객들은 스포트라이트를 받는 배우와 자신을 동일시한다. 우리는 연예인들이 연기하는 것을 보면서 그들을 우상화한다. 우리는 그들의 개인적인 삶에 대해 환상을 갖는다. 우리는 그들에게 우리의 소망과 욕망을 담는다. 일부 연예인들은 숭배되기도 한다. 우리의 자기도취적 사회는 연예인들의 지위를 문화적 왕족으로 끌어올림으로써 그들에 대한 숭배를 조장한다.

　무대에 있을 때에만 진정 살아있다고 느끼는 배우들이 있다. 그들은 자신을 다룬 신문 스크랩과 흠모하는 팬들, 극찬하는 논평을 믿는다. 박수가 멈출 때, 특히 그들이 나이가 들고 최고의 역할이 더 이상 들어오지 않을 때 느끼는 공허감에 그들은 압도당한다. 외적 매력이 사라지고 더 이상 그를 추종하는 이가 없어지면, 자기도취적 배우는 무대 뒤로 서서히 물러나고 시들어 말라죽는다.

　정치가들 역시 연예인이다. 그들의 무대는 정치 선거장이고, 그들의 관객은 투표자들이다. 그들은 워싱턴에서, 그들의 지역구에서, 선거 기간 동안 매일 24시간을 늘 새롭게 공연한다. 정치가들은 그들의 에고를 끊임없이 활성화시킨다. 유비쿼터스 매체의 등장과 함께, 정치가들은 봉사보다 공연을 하고 싶은 유혹에 저항하기 힘들어졌다. 카메라 앞에서, 선거 유세 여행에서, 자기도취적 정치가는 활기가 넘치고 부풀어 오르는 것을 느낀다. 그는 무대의 중심에 있고, 모든 사람들이 그를 보러 온다. 그의 공허함은 유권자와 수많은 대중의 긍정적인 관심으로 끊임없이 채워진다.

　자기도취자는 공허감을 없앨 수 있는 정교한 탈출구를 만들어낸다. 도피의 한 방법으로, 순간적으로 머리를 식히기 위해 맺는 얕은 관계의 성행위가 있다. 많은 자기도취자들은 섹스라는 마약을 통해 자신이 신체적으로나 심리적으로 강력하다고 느끼는 강박적 오입쟁이들이다. 남성 자기도취자에게는 정부와 애인이 끊이지 않는다. 아내와의 삶이 지루해질 때, 그들은 텅 빈 느낌을 채우기 위해 다른 여자들에게 시선을 돌린다. 고리타분한 삶에서 벗어나기 위해서는 언제나 이용 가능한, 자신을 흠모하는 연인의 품에 있는 것보다 이 방법이 우선한다. 자기도취자들은 성적 스릴을 쫓는 사람들이다. 그들은 수많은 여성(또는 남성)을 동시에 만나고, 시기하는 남편과 아내를 멋지게 피한다. 발각될지도 모른다는 불안은 그들의 성적 흥분을 더욱 고조시킨다.

끝이 보이지 않는 격노

"그녀가 폭발하는 순간 숨이 멎는 줄 알았어요. 그녀의 괴성이 멈춘 다음에도 하루 종일 가슴이 두근거리는 것 같았어요. 나는 가슴을 두근거리며 다음 폭발을 기다리곤 했었죠." 스테이시는 결혼 컨설팅 회사의 사장인 나딘의 직원으로 있으면서 겪었던 일을 이야기했다. 나딘은 목가적인 결혼식을 연출하는 것으로 정평이 난 인물이었다. 스테이시는 나딘의 회사에서 견습직원 자리를 제공받았다. 그녀는 멀리서 나딘을 숭배했다. 그녀는 몇 년 동안 자신의 멘토에 대한 글을 읽어왔다. 그녀는 전문가에게서 배울 수 있는 이 기회가 자신의 직업 경력을 발전시키는데 도움이 되리라는 것을 알았다. 처음에 그녀는 자신이 축복받았다고 생각했다. 나딘은 똑똑하고, 자신감 넘치고, 재능이 있었다. 스테이시는 자신의 모든 창조적 아이디어들을 나딘과 공유했고, 그녀의 새로운 선생님이 매우 수용적인 것을 발견했다. 그러나 얼마 지나지 않아 그들의 업무 관계는 바뀌었다. 나딘은 매우 까다롭게 행동했다. 그녀는 스테이시의 작은 실수도 잔인한 공격으로 되받아쳤다. 나딘은 스테이시를 잠재적 라이벌로 보았고, 그녀의 성장을 막을 수 있는 것이면 무엇이든 했다. 그녀는 기회가 있을 때마다 스테이시를 비난했다. 이런 사건들이 쌓이고 쌓여

소리를 질러대는 싸움으로 이어졌다. 나딘은 스테이시를 들들 볶았다. 그녀의 목소리는 견습생의 작품에서 좀더 큰 실수를 발견할수록 더욱 커져갔다. 나딘이 스테이시를 "무식한 것," "멍청한 것"이라고 부르는 건 흔한 일이었다. 나딘은 스테이시가 "재능과 추진력이 없기 때문에 결코 이 업종에서 성공하지 못할 것"이라고 말하고 다녔다. 나딘의 격노는 갈수록 악화되었다. 그것은 지하 화산처럼 거품이 끓어올랐고, 맹렬한 폭발과 함께 지면으로 뿜어져 나왔다.

자기도취자가 터뜨리는 격노의 힘은 격변적이어서, 한 사람의 생존자도 남기지 못하게 되어 있다. 그가 언제 격노를 표출할 지는 예측할 수가 없다. 따라서 상대방에게는 탈출하거나 구석으로 도망갈 기회도 없다. 희생자는 침략당한 느낌, 모욕당한 느낌을 갖는다. 그 여파로 감정적 고통과 좌절을 겪게 된다. 희생자는 자신의 부상을 확인하면서 느리고 조심스럽게 일어난다. 시련을 겪으면서도 살아남은 것에 감사를 표하면서, 그는 가슴을 철렁이게 만드는 겨렬한 시련을 언제 또 겪게 될지, 자신이 그때도 살아남을 수 있을지를 걱정하고 궁금해 한다.

격노는 화내는 것과 다르다. 화내는 것은 잘못된 것을 고치고 요구를 충족시키는 것이다. 그런 목표가 성취되었을 때, 잘못은 심판을 받고, 요구는 충족되고, 화는 가라앉는다. 오랜 뒤에 부당한 것이 바로잡히고 상처가 치유되면 화를 낸 것에 대해 용서를 구한다. 하지만 격노는 계속된다. 격노는 원시적인 것이다. 그것은 자아의 중심에서 태어나고 자란다. 격노는 혼란과 파괴를 불러온다. 자기도취자의 격노는 아주 어릴 적부터 번식된 것이다. 그것은 부모의 공감 부족에서 비롯된 심리적 자투리이다. 끝이 보이지 않는 격노는 진정한 본성을 사랑받지 못해 생긴 극심한 심리적 상처에서 생겨난 것이다. 살아남기 위해 진짜 자신을 박탈해야만 했던 아이는 격노로 가득한 어른이 된다. 어린 시절 희생을 겪은 사람으로서 자기도취자는 무의식적으로 외친다, "너희는 나 자체를 사랑한 게 아니라 내 재능과 재기발랄함, 매력을 사랑한 거였어. 나는 결코 나 자신이 되지 못할 거야. 너는 내게 한 번도 기회를 주지 않았어. 나는 너 자신의 중요성을 반영하고 네 자아가 필요로 하는 것을 충족시키는데 이용되었어. 난 너를 증오해. 너를 박살내고 싶어."

끝이 보이지 않는 격노는 자기증오에서 시작된다. 자기도취자들은 인생을 함께하는 사람들-배우자, 여자친구(남자친구), 자식, 사업동료, 친구, 지인, 심지어 모르는 사람들까지-에게 투영되는 자신에 대한 경멸을 숨기고 있다. 어느 누구도 그들의 분노를 피할 수 없다. 자기도취자의 격노를 받아줘야 하는 사람은 궁지에 몰린 느낌을 갖는다. 그는 공격의 돌발성과 폭력성에 무방비상태로 붙잡혀 있다. 자기도취자는 당신에 대한 자신의 태도를 급격하게 바꿀 수 있다. 하루는 최고의 친구가 되었다가 어느 하루는 최대의 적이 되기도 한다. 그의 갑작스러운 기분 변화에 준비된 사람은 아무도 없다. 이런 개인들은 불안하고 우려하는 분위기에 영속화된다. 이런 감정적 기상전선의 급격한 변화를 지켜본 사람은 무력감과 불안, 무능함을 느낀다. 자기도취자의 격노는 격렬하고 인정사정없다. 바다로 흘러내리는 용암처럼, 그것은 그 어떤 베풂도, 그 어떤 자비도 보여주지 않는다.

자기도취자의 어깨에 항상 매달려 있는 격노와 함께, 그의 내부에 거대한 폭발을 일으키는 특정한 상황이 있다. 전형적인 사례는, 가까운 지인과 친구에 의한 진짜 또는 감지된 배신과 관련이 있다. 25세의 천재

청년 조쉬는 윌리엄으로부터 그의 엘리트 출판 제국의 일부를 운영하는 임무를 부여받았다. 초기에 윌리엄은 회사의 문제 해결 및 새로운 비전을 창출하는 일 모두를 조쉬에게 의뢰했다. 윌리엄은 젊은이의 지성과 추진력, 자신감이 마음에 들었다. 조쉬는 자신의 상사를 출판계에서 상당한 감각과 요령을 가진 사람이라 여기며 그를 이상화했다. 비록 그 모든 성취의 공을 차지한 사람은 윌리엄이었지만, 그는 조쉬에게 전문적인 조언을 구했다. 조쉬는 어느새 윌리엄의 뒤바뀐 자아가 되어 있었다. 조용히, 비밀스럽게, 조쉬는 회사 내 자신의 빠른 성장을 더욱 도전적이고 명망 있는 직업적 이동을 위한 도약대로 삼았다. 조쉬가 떠나려는 것을 알게 되었을 때, 윌리엄은 자신의 팔이 절단되는 것 같은 기분을 느꼈다. 조쉬가 어떻게 내게 이런 일을 할 수 있지? 그의 배신감은 끓어오르는 분노로 재빠르게 전환되었다. 그는 자신의 맨손으로 조쉬를 죽이고 싶었다. 윌리엄은 복수에 집착하게 되었다. 그가 품은 앙심은 끝이 없었다. 그는 조쉬를 중상모략해서 그의 성공을 향한 탄탄대로를 어떻게든 가로막겠다고 맹세했다. 윌리엄은 전쟁을 계속했다. 그는 자신의 과거 동료이자 친구가 죽을 만큼 상처를 입을 때까지 멈추지 않을 작정이었다.

자기도취자의 격노는 극심한 자기혐오를 연료로 삼는다. 자기도취자는 무의식적으로 스스로 의존적이고 약하다고 보는 자기 내면의 특성들을 경멸한다. 자기도취자의 격노는 다음의 상황에서 폭발한다.

- 자신의 이미지가 손상되었을 때(매력 또는 사회적, 경제적 지위를 잃게 될 위협)
- 다른 사람들이 자신을 완벽하게 여기지 않을 때

- 무소불위의 통제력을 잃었을 때
- 자신이 실수했다는 것을 인정해야만 할 때
- 충성스러운 부하가 자신을 배신한 것을 알았을 때
- 경쟁자가 뛰어난 행동으로 그를 무안하게 만들었을 때
- 공개적으로 굴욕을 당할 때

치명적인 질투

　질투는 비밀스럽고, 금기시된 감정이다. 사람들은 자신이 질투하는 것을 말하지 않는다. 질투는 사람을 흉해 보이게 만든다. 그것은 우리가 다른 사람이 가진 것을 원한다는 것을 공개적으로 인정하는 부적절하고 당혹스러운 행동이다. 질투는 강렬하고 금지된 감정으로, 7대 죄악 중 하나이다. 세상에 자기도취자들 이상으로 질투심이 강한 사람은 없다. 그들은 경쟁자의 아름다움과 젊음, 성적 기량, 세속적 권력을 탐낸다. 그들은 자신이 갖기로 마음 먹은 것, 즉 타인의 소유물을 갖기 위한 음모를 짠다. 그들의 질투는 앙심으로 가득하다.

　자기도취자의 질투는 교묘하게 숨겨져 있지만, 그것은 그의 내장 속에서 불타고 있다. 자기도취자는 자신의 질투를 자기 자신으로부터도 은폐시킨다. 결국, 그는 자신이 최고라고 알게 된다. 그렇다면 왜 그는 자기보다 열등한 사람을 질투하는 것일까? 이런 질투는 뿌리 깊은 자기 증오에서 비롯된 것이다. 그는 자신이 결코 그들처럼 헌신하고 전념할 수 없다는 것을 알면서, 서로 사랑하는 사람들을 싫어한다. 그는 인간의 따뜻함, 서로를 위한 헌신, 애정을 당혹스럽게 여긴다. 자기도취자는 자신이

의미 있는 삶을 살고 있지 못하다는 것을, 자신이 가짜 인생을 살고 있다는 것을 무의식적으로 안다.

제이슨과 프레드는 미술학교에서 알게 된 친구 사이다. 이후 몇 년 사이에 제이슨은 미술상으로 대단한 성공을 거뒀다. 그는 자신의 갤러리를 열었고, 미술 시장에서 영향력을 발휘했다. 그 사이 프레드는 기량을 연마하고 순수예술가로서 발전하기 위해 젊은 시절을 고군분투하며 보냈다. 금전적 보상은 한참이 지나서야 찾아왔다. 비평가들로부터 쏟아지는 호평을 받은 개인전 이후, 그의 작품들은 날개를 달았고, 그는 엄청난 돈을 벌기 시작했다. 제이슨과 프레드는 재회했다. 외견상으로, 제이슨은 프레드가 최근 이룬 대성공을 축하했다. 그러나 그는 프레드가 이룬 성공과, 특히 이제야 인정받게 된 그의 예술적 재능을 남모르게 질투했다. 제이슨은 프레드가 자기 멋대로 그림을 그리는 별볼 일 없는 작업자에 불과하다고 혼자 말해왔고, 그가 두각을 나타내는 일은 결코 없을 거라고 생각해 왔다. 그런데 프레드는 비평가들의 초외적인 리뷰를 받았고, 전시회마다 걸린 그림들은 남김없이 팔려나가고 있었다. 제이슨은 앞에서는 옛 우정이 살아난 것처럼 프레드를 대하는 한편, 뒤에서는 유명 미술관에 프레드의 작품이 전시되는 것을 막기 위해 자신의 모든 영향력을 쏟아 부었다. 그는 프레드가 미래에 작품을 전시할 수 있는 활동 기반을 약화시키기 위해 은밀하게 자신이 접촉하고 있는 미술계 인사들을 이용했다. 제이슨의 질투는 악의를 품은 어둡고 맹목적인 것이었다.

벽장 편집증

자기도취자는 현실 속에서나 상상 속에서나 수많은 적을 갖고 있다. 그는 자신을 파멸시키려는 사람들에 대한 정교한 공격을 계획하는데 많은 시간과 에너지를 소비한다. 사실 그는 아무도 믿지 않는다. 그는 끊임없이 포위하는 분위기 속에서 기능한다. 심지어 그는 자기를 위해 흔쾌히 자결할 준비가 되어 있는, 자신이 선택한 소수의 충신 집단도 믿지 못한다.

편집증은 다른 사람이 자신에게 해를 입히거나 심지어 파멸시킬 것이라 믿는, 만연하는 불안감이다. 자기도취자가 겉으로 아무리 힘 있고 화려한 생활을 사는 것처럼 보여도, 내면을 살펴보면 그는 비우호적이고 위험한 세계에서 산다. 그가 지닌 의심들은, 그가 어린 시절 박해 당하는 입장에서 경험했던 은폐되고, 차갑고, 공격적인 부모의 이미지가 남긴 자투리이다. 상업용 부동산 중개회사의 CEO인 드웨인은 치밀한 보안 정책을 주장했다. 그는 일상적으로 상대의 허락도 받지 않고 전화 통화를 녹음했다. 드웨인은 녹음테이프를 반복해서 들으면서 대화의 모든 뉘앙스를 분석했고, 죄를 뒤집어씌울 수 있는 정보를 찾았다. 이런 비밀스러운 절차는 적을 몰아내고 파멸시키는데 사용되었고, 미래의 전투를 위한 탄약으로 사용되었다. 드웨인은 그들 자신의 대화가 몰래 도청되거나 추적되지 못하도록 직원에게 「보안」 전화로 통화를 하거나 자신과 직접 만나 이야기하게 했다. 또한 그는 사설탐정을 고용해 자신이 적이라 생각하는 사람들과 가까운 지인들의 비밀과 난처한 사생활을 캐냈다. 그는 사람들이 자신을 파멸시킬지도 모른다는 끝없는 불안감을 안고 살았다. 화려한 라이프스타일과 수많은 사치스러운 특전으로 사람들의 부러움을 샀음에도 불구하고, 그는 자신의 그림자 속에 스스로를 전멸시킬 수 있는 위험한 힘이 있다는 것을 충분히 인식하고 있었다. 이것은 그가 침습성의, 불법 전술을 사용하는 것을 정당화한다. 이런 치밀한 보안 의례 뒤에서, 드웨인은 깊은 피해망상을 겪고 있었다.

자기도취자는 현실과 상상의 적들을 물리치는 방법으로 스스로 방해자가 되는 것을 선택한다. 그는 다른 사람들을 함정에 빠뜨리는데 전문가다. 공연은 미래의 희생자에게 좋은 인상을 주는 것에서 시작된다. 그는 재빠르게 열렬한 동지이자 친구가 된다. 그는 새 친구의 은밀한 면면을 꼼꼼하게 수집하는 동시에, 취약한 부분을 탐색하고 찾아낸다. 이런 일에 능수능란한 그는 자신의 목표물을 파괴할 사적 비밀과 약점의 정확한 공식을 직관적으로 도출해낸다

리스벳은 대학 졸업 후 자신의 추진능력과 중요한 인간관계들을 영화계로 진출하는 사다리로 삼았고, 그 길을 통해 중요한 영화 제작을 위한 조감독이 되었다. 그녀는 자신의 정보원들을 통해 감독 경험을 가진 다른 여성, 폴라가 자신이 갈망하는 위치의 주요 경쟁자라는 사실을 알아냈다. 리스벳은 그녀를 자신의 최고 라이벌로 보았고, 그녀의 뒤를 캐기로 결심했다. 그녀는 폴라가 과거 심리적 문제들로 고생을 했고, 자살을 시도했다가 입원한 적이 있다는 사실을 알아냈다. 리스벳은 이런 개인정보를 자신의 모든 동료들에게 악의적으로 퍼뜨렸다. 그녀는 의도적으로 폴라의 상관을 만나 동정하는 것처럼 꾸민 목소리로 폴라가 조감독 역할을 하며 겪을 스트레스에 대처하기에는 정신적으로 너무 불안정해서 걱정이라고 했다. 그것이 다른 문제를 일으킬지도 모른다면서 말이다. 리스벳의 뒷조사는 성공을 거뒀다. 그녀는 자리를 꿰찼고, 폴라는 다른 일

을 제의받거나 해고에 대한 설명도 듣지 못한 채 쫓겨났다. 자신의 승리에 도취된 리스벳은 열심히 일을 했다. 다른 사람들이 폴라에게 무슨 일이 일어났는지 아냐고 물었을 때, 리스벳은 어깨를 으쓱하며 말했다. "참 안 됐어요. 저도 어쩌다 그렇게 됐는지 모르겠다니까요."

상처와 모욕

자기도취자는 다른 사람들이 자신을 완벽하게 대해주기를 기대한다. 자기도취자가 당신의 눈을 들여다볼 때, 그는 당신의 눈에 비춰진 자신의 모습만 보는 것이 아니라, 그에게 아무 결점이 없다는 것을 당신의 언어와 제스처, 행동으로 피드백해주기를 바란다. 그렇게 하지 않으면 자기도취자는 격분하고 감정적으로 상처 입었다는 느낌을 받는다. 최소한의 비평이나 무시마저도 그에게는 상처의 원인이 된다. 자기도취자는 우리가 견뎌야 하는 별 것 아닌 충격과 수모를 견디지 못하는 불안정한 자아를 지녔다. 자기도취자의 자아는 아주 미묘한 무시도 곧이곧대로 받아들여서 상처를 입는다. 다른 사람들에게 너무 쉽게 엄청난 충격을 가하는 사람이 대단할 것 없는 비평이나 상처 하나 견디지 못한다는 사실은 아이러니다. 살짝 치켜 올라간 속눈썹과 무시하는 손짓, 침묵 자체도 그에게는 반감으로 해석된다.

경영 관리 회사의 사장인 러셀은 두 명의 유망 고객들과 함께 저녁 식사 회의에 참석했다. 최근 회사의 동업자가 된 바네사 역시 두 유망 고객을 유치하기 위한 작전을 돕기 위해 초대되었다. 러셀은 길고 상세한 프레젠테이션을 하면서 자신의 회사와 제휴했을 때 갖게 될 이점을 강조했다. 회의가 끝날 무렵, 바네사가 프레젠테이션에 대해 자신의 부수적인 의견을 덧붙였다. 순간 러셀은 바네사의 의견제시를 자신에 대한 비난으로 해석했다. 바네사의 발언을 자신의 논평에 대한 부정적 비판으로 받아들였기 때문에 그는 상처를 입었다. 저녁 식사가 끝난 뒤, 그는 바네사가 자신의 프레젠테이션을 방해했다며 맹비난을 퍼부었다. 그는 이런 일이 또 생기면 그녀를 해고하겠다고 위협했다. 바네사는 러셀의 대본을 신앙처럼 따르지 않았기 때문에 처벌을 받게 된 것이다. 실제로 러셀은 가망 고객들에게 확실한 인상을 심어주지 못했고, 바네사의 언급은 반드시 필요한 것이었다. 그의 과잉반응은 평가당하는 것에 대한 감정적 상처에 근거한 것이었다. 게다가 이런 일이 공개적으로 일어났다는 사실은 두 배로 모욕적인 일이었다. 이제 러셀은 바네사가 동업자로서 아무리 최고의 성과를 거두어도 그녀의 지적을 예민하게 받아들일 것이다. 그는 일이 일어날 때마다, 바네사를 해고하지 않은 것을 후회할 것이다. 「공주와 완두콩」 이야기에 등장하는 공주처럼, 자기도취자는 극미한 비평이나 무시에도 쉽게 상처를 입는다.

숨겨진 절망

허세의 가면 뒤에서, 자기도취자는 깊은 절망으로 고통스러워한다. 무의식적으로, 그는 자신이 가짜라는 것을 안다. 그는 사랑을 얻기 위해 평생 여러 역할을 연기해왔다. 그는 이런 연기를 모두 사실이라 믿도록 자신과 타인을 속인다. 어릴 적부터, 그는 자신의 관객을 가장 기쁘게 하고 반드시 박수갈채가 끊이지 않도록 하는 역할들을 마스터했다.

미래 자기도취자와 그의 부모 사이에는 말해지지 않은 말이 있다. "내가 너에게 기대하는 것-똑똑하고, 자신 있고, 매력적이고, 재능 있고, 강한 사람-이 되면, 너는 찬사와 특별함이라는 왕관을 쓰게 될 것이다. 그러나 진짜 너 자신이 되면 너는 무시되고 버려질 것이다." 아이는 살아남기 위해, 부모가 정해준 역할과는 맞지 않는 유약함의 증거인 자신의 진짜 감정들, 슬픔과 불안, 상실감, 갈망, 여린 마음을 숨긴다. 그러나 가짜 인생을 살았을 때의 결과는 반드시 존재한다. 살아지기보다 연기된 인생의 내면에는 움푹 꺼진 구멍이 있다. 인생을 살지 않고 연기 했을 때 남는 감정의 찌꺼기는 절망이다.

자기도취자에게 나이가 든다는 사실은 특별한 공포로 다가온다. 중년에서 노년으로 옮겨가는 사이, 꼼꼼하게 정립되었던 환상들은 바스라지기 시작한다. 그렇게 신체적 매력은 사라진다. 성적 활력과 능력이 줄어들수록 무력감은 커져간다. 이런 위기를 겪을 때 자기도취자들은 어린 연인이나 남자친구, 남편, 아내에게 많이 의존하게 된다. 때로는 잃어버린 능력과 바람직한 느낌을 복원하기 위해 젊은 아내를 맞이하고 새로운 가족을 시작하기도 한다. 이 조치는 효과가 있는 것처럼 보인다. 그러나 실제로 이것은 절망과 붕괴의 징조이다.

테렌스는 공상과학 스릴러 감독으로 유명세를 누렸다. 그의 영화들은 결코 높은 예술적 경지에 오르지 못했지만, 그는 그 장르의 아이콘이었다. 그는 영화 편집자로 이 분야에 진출했고, 곧 저예산 영화들을 연출하게 되었다. 그는 대량생산 영화들을 잇달아 마케팅하는 데 탁월한 재능을 가졌다. 그는 수차례 반복되는 성공을 누렸고, 그 결과 엄청난 부를 챙겼다. 그는 자신이 영화 예술가라고 믿도록 자신을 속였다. 그는 평생 자신의 의제만을 밀어붙이면서 사람들을 무자비하게 대했다. 사적으로든 일적으로든 그의 모든 관계는 그가 고의적으로 반복하는 잔인한 행동들로 얼룩져 있었다. 그의 사적인 삶은 매우 복잡했다. 그는 네 번 결혼했고, 다섯 명의 자식을 두었다 (그중 한 명은 과거의 정부가 낳은 자식이다). 테렌스는 아내와 자식들의 호의를 이용했다. 친구와 사업 동료들은 물론이고 말이다. 그는 자신의 모든 에너지와 동기를 주의 깊게 집중시켰다. 그 어떤 행동이나 의견, 감정, 인식 중 그의 지시를 받지 않은 것이 없었다. 「자신」은 그의 존재의 시금석이었다. 그 밖의 다른 것은 중요하지 않았다. 75세의 테렌스는 가능한 물질적 사치를 모두 누렸다. 그는 세상 이곳저곳을 여행했다. 그는 대단한 명성을 얻었다. 그러나 그는 가장 중요한 것을 잃었다. 그는 세상 전부를 얻었을지 몰라도, 자신의 영혼은 잃어버렸다. 테렌스는 외롭게 세상을 떠났다. 자신이 받아 마땅한 경의를 받지 못하고 있다며 격분하면서 말이다. 말년에, 그에게 아무것도 남지 않을 때까지, 그는 자신을 갉아먹은 무력감에 압도되었다.

환상과 이기심, 냉담함으로 점철된 인생은 자기도취자의 발목을 잡는다. 그는 수없이 많은 적을 만들어냈다. 그는 너무나 많은 사람들에게 상처를 입혔다. 사탕 알만 빼먹고 버려진 길바닥의 사탕 포장처럼, 그는 수년 동안 여러 사람들을 이용하고 버렸다. 그가 길에서 만난 사람들은 모두 폐기처분되었다. 그의 배신과 악의에 찬 거짓말, 그리고 지키지 않는 약속에 희생된 사람들의 고통은 끝나지 않았다. 그는 수백, 심지어 수천 명의 인생을 착취하고 유기했다. 축적된 악감정은 운명적으로 기울어지게 마련이다. 이제 그의 행동은 닳고 저속하기 이를 데 없다. 자기도취자는 자신의 인생이 끝난 것을 직감한다. 그의 절망은 죽음과 만날 만큼 깊어져 있다.

본질적으로 자기도취자는 따뜻해질 수도 없고, 뚫고 지나갈 수 없는, 제대로 자라지 못한 차가운 심장을 안고 산다. 매끄러운 사교적 품위로 사람들을 매혹시키는 익숙한 역할을 요청받으면, 그는 설득력 있는 허위와 공감을 만들어낸다. 이런 묘한 매력을 가진, 가면을 쓴 자기도취자는 무자비한 사기꾼이다.

6장

딱딱해진 심장 : 공감 없이 상대를 대하기

>내 심장은 돌로 변했다. 내가 그것을 때리자, 그것이 내 손을 아프게 했다.
>– 윌리엄 셰익스피어, 오셀로 [1]

공감이 없으면 우리는 완전한 인간이 될 수 없다. 공감하는 사람은 다른 사람의 감정 상태에 감정적으로 한 몸이 되고 그 사람을 느낄 수 있는 능력을 지닌다. 그 결과 다른 사람이 경험하는 것-고통, 즐거움, 두려움, 좌절, 절망, 공허함, 분노-을 깊이 이해하게 된다. 우리는 공감능력을 지닌 사람의 에너지를 실제로 느낄 수 있다. 그는 특별한 종류의 영향력을 갖고서 우리를 받아들인다. 그의 시선은 우리를 감싸고, 그의 귀는 주의 깊게 우리의 말을 듣는다. 「그의」 문제와 걱정은 깔끔하게 정리해서 제쳐둔 상태다. 그는 우리가 가진 어려움에 심리적으로 자신을 조율한다. 어느 유명한 구절이 말하는 것처럼 말이다. "그 사람은 우리를 위해 그곳에 있다." 진정한 공감은 다른 사람에게 깊은 관심과 배려를 기울일 수 있는 열린 마음과 낮춰진 자아에서 비롯된다.

공감의 기원

공감은 자식의 요구에 부모가 애정 어린 반응을 보이는 관계를 통해 발전한다. 스스로를 소중하게 여기는 아이는 타인을 공감하며 대할 수 있다. 공감은 엄마와 아빠가 아기를 처음 안는 순간 시작된다. 어쩌면 그것은 그보다 먼저, 자궁 속에서 시작되는 것일지도 모른다. 엄마 몸속에 누워있는 태아는 엄마의 심장 박동을 들으면서 자신이 사랑받는다는 것을 알고 있을까? 엄마가 아기를 쓰다듬고, 말하고, 시선을 마주치는 방식은 매우 중요하다. 엄마는 아기에게 부드럽고 온화한가, 아니면 거칠고 무심하고 차가운가?

공감의 가능성은 우리 내부에서부터 시작된다. 어떤 사람들은 천성적으로 더욱 민감하여 처음부터 다른 사람들의 감정을 내면화할 수 있는 능력을 지녔다. 공감능력의 공유는 맨 처음 자신을 돌봐주는 사람, 즉 엄마, 아빠, 친척, 또는 부모를 대신하는 사람과의 관계에서 시작된다. 엄마의 손길과 냄새, 말투와 시선은 아기의 몸과 마음, 신경계, 장기, 가장 작은 세포 하나까지 빠지지 않고 영원히 기록된다. 우리가 경험할 수 있는 가장 아름다운 것 중에 하나는 사랑하는 아기를 안고 있는 젊은 엄마를 바라보는 것이다. 다른 일을 하는 동안에도 그녀의 시선은 아기에게 집중되어 있다. 말하든 말하지 않든, 두 사람 사이에는 끊임없는 대화가 이어진다. 그들의 자주 서로의 눈을 바라본다. 엄마와 아기는 그들만의 친밀한 방식으로 서로에게 반응한다. 아기가 엄마에게 다가가면 엄마는 팔로 아기를 감싸 안고 부드럽게 속삭여준다. 아기가 신체적으로 또는 정서적으로 스트레스를 받을 때, 엄마는 아기를 어떻게 위로해야 하는지 안다. 엄마는 아기를 다정하게 안고 흔들면서 잔잔한 목소리와 리듬으로 예민해진 아기를 달랜다. 엄마 또는 아기를 돌봐주는 사람은 아기가 필요로 할 때마다 밤낮을 가리지 않고 기꺼이 아기를 돌보고 안심시켜준다. 이런 긍정적인 반응은 아기에게 내면화된다. 그는 자신이 필요로 할 때마다 누군가가 유일무이한 방식으로 자신에게 반응해주리라는 것을 알게 된다. 본질적 안도감이라는, 이 지워지지 않는 인식이 아기의 내면에서 자라나는 것이다.

수십 년 전, 위대한 정신과 의사 에릭 에릭슨(Erik Erikson)은 이런 지속적인 심리 상태를 아름답게 묘사했다. "건강한 인격의 제일 요소로 나는 「기본적인 신뢰감」을 꼽는다. 여기서 '신뢰'란 흔히 말하는 타인과의 관계에서 얻는 합당한 신임과 자신에 대한 스스로의 믿음을 뜻한다."[2] 「기본」이라는 말을 통해 에릭슨은 이런 자질들이 '특별하게 의식된 것'이 아니라는 것을 말하고 있다.[3] 아기와 꼬마는 엄마와의 상호작용과 보호를 통해 자신이 사랑받고 소중히 여겨진다는 사실을 알게 된다. 이런 토대는 내면에 천천히 세워진다. 이런 고유한 신뢰감이 결국 타인에 대한 공감의 씨앗으로 뿌려지고, 평생 만개하게 되는 것이다.

어린이는 자신이 우주의 중심이며, 어떤 상황에서건 자신의 요구가 충족되어져야 한다고 느낀다. 상점과 같은 공공장소에서 아장아장 걷는 아기가 특정 제품(사탕, 장난감, 또는 눈길을 끄는 물건들)을 갖겠다며 고집부리는 것을 얼마나 자주 목격했던가. 진정한 애정을 가진 부모라면 이렇게 말할 수 있다. "안 돼, 아가야, 세상에는 너만 있는 것이 아니란다." 부모와 아기 사이의 고리가 강하고 유연하다면, 이런 힘의 갈등은 훗날 인생의 교훈으로 작용할 것이다. 아이는 엄마나 아빠가 자신이 원하는 것을 거절할 수 있지만, 여전히 자신을 사랑한다는 것을 알게 된다.

공감은 자식이 사려 깊지 못하거나 못되게 굴 때 부모가 아이를 고쳐주지 않는 것을 의미하는 것이 아니다. 어떤 부모는 자식의 모든 바람과 요구를 들어주며 끝없는 물질 세례를 퍼붓는 애정 과다 현상을 보이기도 한다. 아이의 부적절한 행동에 보상하는 것은 공감이 아니다. 그것은 아이가 똑똑하고 조종에 능하기만 하면 언제나 제멋대로 행동해도 된다는 것을 가르쳐주는 것이나 마찬가지이다.

사람은 태어나서 죽을 때까지 평생 동안 자신을 향한 엄마의 (또는 최초의 돌봐주는 사람의) 기쁨과 혐오, 분노, 또는 무관심을 잊지 않는다. 아이들은 자신이 (부모가) 원하지 않는 존재라는 것을 알 수 있고, 자신을 미워하거나 자신이 죽었으면 좋겠다고 바라는 것을 분명하게 감지할 수 있다. 실제로 나는 한 번 이상 자식을 죽이려고 시도했던 엄마나 아빠를 둔 수많은 사람들을 알고 있다. 이런 잔인함과 공포의 희생자들은 평생 동안 가깝고 친밀한 관계를 형성하지 못한다. 그들은 심리적 고립감과 피해망상에 사로잡힌 채 상상의 공격으로부터 자신을 지키기 위해 선제공격을 한다.

엄마가 자신과 아기에게 느끼는 의식, 특히 무의식적인 감정들은 아기 존재의 중심에 각인된다. 신경계의 신경섬유들은 우리가 사랑받고 있는지 또는 사랑받고 있지 않는지를 그들만의 신비로운 방식으로 말해준다. 우리의 지성을 움직이게 하는 생각들은 처음부터 끝까지 우리가 소통하고 있는 말과 외모, 태도, 그리고 감정을 통해 공명한다. 우리가 타인을 대하는 방식-존경, 무시, 무관심, 온기-은 우리가 아기일 때부터 스스로에 대해 느끼는 방식을 반영한다. 대부분의 사람들은 그들이 사랑받고 보살핌을 받은 것처럼 행동하며 대처한다. 사실, 적절한 보살핌을 받으며 꾸준하게 심리적 안정감과 현실감, 좋은 기분을 느껴온 사람들은 많이 있다. 그러나 몇몇 사람들은 자신이 불편한 존재, 성가신 것, 위협이 되는 것, 나중에야 생각난 사람이라는 것을 알고서 겪게 된 심리적 상처를 원상회복하는데 인생의 많은 시간을 보내고 있다.

허위 – 공감

얼핏 보기에, 자기도취자의 공감은 진짜인 것으로 보인다. 사회적 품위를 통달하고 인간의 본성을 빠르게 습득한 중증 자기도취자는 우리의 가장 깊고 내밀한 생각과 느낌에 관심을 기울이는 것처럼 보인다. 그는 이런 능력을 존경과 칭찬, 인식, 그리고 권력을 추구하는 다른 자기도취자의 요구에 다가가기 위해 사용한다. 거짓 배려와 눈에 띄는 걱정 뒤에는 차가운 계산이 깔려 있다. 허위-공감은 자기도취자가 다른 사람들을 조종하여 결국 「자신」의 자기도취적 욕구를 충족시키기 위해 정교히 계획된 것이다.

허위-공감은 섬세하게 준비된 연기, 대부분의 사람들을 설득시키는 행동으로 포장되어 있다. 자기도취자는 자신의 모든 관심을 레이저 광선처럼 당신에게 집중시킨다. 그는 당신의 옆에 있으면서 당신의 문제를 해결해주고, 당신이 필요로 하는 것을 미리 알아차림으로써 당신이 혼자가 아니라는 느낌을 갖게 한다. 그는 당신을 기분 좋게 만든다. 그는 당신을 당신이 상상할 수 있는 것보다 더 아름답고(잘생기고), 자신감 있고, 똑똑하고, 더 많은 자격을 갖고 있고, 섹시한 사람이라고 추켜세운다. 기량이 뛰어난 자기도취자의 품에 안긴 우리는 쉽게 착각에 빠진다.

우리는 가장 높은 봉우리에 서서 팔을 넓게 벌리고 세상의 모든 것을 전부 내 것인 양 바라본다. 그의 저항할 수 없는 주문 아래 우리는 얼마나 거창한 존재가 될 수 있는지 모른다.

자기도취자는 자신의 마법의 거미줄에 걸린 사람들에 대한 수많은 시나리오를 항상 머릿속에 갖고 있다. 그는 그런 사람들이 자신에게 제공할 수 있는 것들, 돈과 권력, 그리고 그로 인한 특권, 자기 옆에 있을 굉장히 멋진 이성, 충동적 성행위, 유쾌한 술친구를 원한다. 여느 위대한 포식동물-전나무의 가장 높은 가지 위에 앉아 전체를 조망하는 독수리, 8자 모양을 이루며 열린 하늘 속을 나는 붉은 꼬리의 매, 기다란 황금 잔디 속을 활보하는 치타-처럼 그는 자신의 먹잇감을 선별하고 무너뜨리는 방법을 안다.

중증 자기도취자는 자신이 원하는 순간에 강렬한 매력을 방사할 수 있는 재능을 지녔다. 이런 자석과도 같은, 정의하기 힘든 능력은 모든 인간에게 매우 유용한 것이다. 매력은 에너지이고, 진동이며, 전염되는 낙관적 의식 상태이다. 그것은 우리를 구슬러서 그 어떤 것이든 하도록 꾀어낸다. 「매력을 쏟아내는」이라는 표현은 신뢰의 반지를 갖고 있다. 그것은 우리를 날아오르게 만드는 마법의 묘약이다. 우리는 위대한 지도자의 인격적 공명이나 멋진 영화배우의 성적 에너지를 감싸 안은 매력을 느낀다. 어린 아기들 역시 매력을 갖고 있다. 그것은 백열등처럼 그들에게서 발생한다. 매혹될 때, 우리는 도취된다. 우리의 불안과 의심, 걱정은 사라진다. 우리는 보통 세상의 중력 법칙에서 벗어나 참으로 아름다운 비행을 하고 있다는 아찔한 느낌에 사로잡힌다. 완벽하게 매혹당하면, 전지전능하고 불멸의 신이 된 것 같은 느낌을 갖게 된다. 아기의 매력과 달리 자기도취자의 매력은 의도되고 학습된 것이다. 그는 자신의 접근과 칭찬에 당신이 어떻게 반응하는지를 지켜보고 있다. 그의 행동 방식은 만개한 상태이다. 그는 자신의 그물에 당신을 잡을 준비를 완료시켜 놨다. 당신은 잠에서 깨어 몸을 움직여 탈출할 수 있을 것인가, 아니면 그의 허위-공감의 또 다른 희생물이 될 것인가?

아인 랜드 : 자기 강박적 거장

대담한 철학자이자 베스트셀러 파운틴헤드(The Fountainhead)와 아틀라스(Atlas Shrugged)의 작가인 아인 랜드는 전형적인 초(超)자기도취자로서 주목하지 않을 수 없는 삶을 살았다. 너무 거창하고, 병적으로 자신에게 몰두하고, 교활하고, 앙심을 품은 랜드는 자신의 정교한 왕좌를 향해 예배하는 추종자들로 이뤄진 지적 광신자 집단을 만들어냈다. 남동부와 서부 해안의 지식인과 기업가, 학자, 대학생들로 이뤄진 충성스러운 무리의 총아였던 랜드는, 객관주의라 불리는 새로운 철학 체계의 설계자로 50년대와 60년대에 이름을 날렸다. 객관주의는 인간 행동의 필수 요건으로 추론 과정을 선택한다. 여기서 불합리함과 감정을 자연스럽게 표현하는 것은 열등한 속성으로 거부된다. 무리의 이익에 군림하는 것은 개인의 욕구와 욕망이다. 행동은 반드시 개인의 이익에 따라 추진되어야 한다. 경제학에서 자본주의와 자유 시장은 정부보다 우위에 있다.

19년 동안 랜드의 가까운 친구이자 추종자였던 바바라 브랜든(Barbara Branden)이 쓴 「아인 랜드의 열정」(The Passion of Ayn

Rand)은 공감 능력을 갖지 못한 여성의 소름끼치는 초상화를 제공한다. 브랜든은 그들의 첫 만남을 이야기하면서 랜드의 꿰뚫어보는 것 같은 눈과, 그것이 지성과 순진함, 잔인함, 냉정함, 절망감, 복수심, 격노, 비판 등 폭넓은 감정을 표현하는 것에 매우 강렬한 인상을 받았다고 했다. 그러나 브랜든에게는 랜드와 함께 승리와 배신, 비극을 거치며 보낸 그 모든 세월 동안 이해할 수 없었던 것이 있다고 말했다. "아인 랜드의 눈에서는 내가 결코 보지 못했던 것이 있다. 그녀의 시선은 한 번도 자신의 마음속을 향한 적이 없었다. 즉, 그녀에게는 자신의 영혼과 의식을 알기 위해 내부로 향하는 시선이 없었다. 그녀의 시선은 오로지, 항상 외부를 향했다."[4]

1905년 2월 2일, 러시아 상트페테르부르크에서 알리사 지노비에브나 로젠바움(Alissa Zinovienvna Rosenbaum)이 태어났다. 알리사는 아인 랜드라는 이름으로 유명해졌다. 처음부터 앨리스(알리사)는 엄마 애나(Anna)와 매우 껄끄러운 관계였다. 그들 사이에 사랑이나 진정한 애정이 존재했다는 기미는 전혀 찾아볼 수 없었다. 애나는 자식들에게 자신이 그들을 낳고 싶어 하지 않았고, 그저 의무감으로 그들을 돌볼 뿐이라고 대놓고 말했다. 엄마와 딸은 극과 극이었다. 애나는 사교활동으로 부산했고, 지적이지 못했으며, 바쁜 일이 끊이지 않았다. 애나는 심각하고 사람을 싫어하는 딸을 뛰어난 지적능력과 학업성취 때문에 인정했다. 자수성가형 화학자인 아빠와의 관계는 형식적이고 멀기는 해도 참을 만했다. 앨리스가 십대가 되자 그들은 지적인 대화를 나누기 시작했다. 앨리스는 외톨이였다. 학교 아이들은 그녀를 기이하고 별나게 여겨 회피했고, 그녀는 정상적인 사회적 환경에서 멀어졌다. '부모의 사랑과, 그녀가 만난 다른 어른들로부터의 사랑은 그녀의 우수한 머리로 사들인 것이었다.'⁵ 아인 랜드는 황제가 몰락하고 폭력적인 볼셰비키가 등장했던 격동의 시기에 성장했다. 상트페테르부르크의 안락한 환경에서 쫓겨난 로젠바움 가족은 크림 반도로 달아났고, 그곳에서 간신히 생계를 유지했다. 이곳에서 랜드는 하루도 빠짐없이 굶주림과 추위, 두려움을 투여 받았다. 공산주의의 참담한 굴레 아래에서 보낸 어린 시절은 절망감과 수치심을 가져다주었다. 그 당시, 그리고 평생 아인과 함께 하게 된 심리적 고통은 먹을 것이 부족해서 생긴 것이 아니었다. 그것은 음울함, 희망의 부재, 쉴 새 없이 펼쳐지는 험악한 일상이 야기한 것이었다. 그것은 존재 자체를 완전히 무가치한 것으로 여기게 만드는 것이었다.

랜드는 다른 사람들과 특히 자신에게서 나온 자신의 어릴 적 기억들을 숨겼다. 그녀는 자신의 강인한 남자 주인공의 대사를 통해 그녀의 어린 시절에 대한 자신의 태도를 반항적으로 요약해 놓았다. "내 가족, 내 어린 시절, 내 친구, 내 감정에 대해 묻지 마. 내가 생각하는 것에 대해서만 물어…… 내 사생활에서 벌어진 특정한 사건들은 그것이 무엇이든 전혀 중요하지 않아."⁶

앨리스 로젠바움의 마음속에서 자기도취자의 핵심적인 자아가 태어났다는 사실은 전혀 놀랍지 않다. 그녀는 자신의 진짜 자아를 한 번도 받아들이지 않았다. 너무나 외로웠던 어린 소녀, 의식하지 못하고 표현되지 않는 불안감과 수치심, 나약한 마음, 의존감, 분노, 절망감에 압도된 진짜 자신을 말이다. 엄마는 앨리스를 부담스럽게 여기며 자신의 딸을 대놓고 미워했다. 부모 모두가 딸의 지적 능력에만 집중하고 그것만 인정했다. 그녀는 가족들 사이에서 머리 좋은 아이, 학교에서는 똑똑한 학생이었다. 자신에게 진실해지려면 앨리스는 자신이 어릴 적 받은 감정적 고통을 인정해야만 했다. 그러나 그것은 불가능한 일이었다. 지적 능력 하나로 부모와 타인의 숭배를 받았던 앨리스는 방어적 심리 생존 장치로서 가짜 자아를 무의식적으로 만들어냈기 때문이었다.

대학을 졸업하고 21세의 나이에, 앨리스 로젠바움은 비자를 취득하여 고모들과 살기 위해 시카고로 떠났다. 얼마 뒤 미국에 도착한 앨리스는 자신에게 새로운 이름을 선사했다. 그녀는 핀란드 작가의 이름인 아인을 선택했다. 그리고 자신의 레밍턴 랜드(Remington-Rand) 타자기를 보다가 문득 랜드라는 성을 떠올렸다. 그녀는 그 이름이 꽤 근사하게 들리는 것을 알았다. 시카고의 유대인 친척들과 사는 것은 그녀에게 매우 혼란스러운 일이었다. 그들은 따뜻하고, 종교적 관습에 충실한 사람들이었다. 그러나 이렇게 친밀하고, 사려 깊은 사람들의 틈에서 그녀는 어색함과 외로움을 느꼈다. 자신에게 몰두하는 것을 좋아하고 타인의 감정을 알아차리고 배려하는 능력이 전혀 없었던 그녀로서는 그들과의 삶이 매우 힘들었다. 아인은 할리우드로 떠나, 단지 살아남기 위해 자신이 경멸했던 하류 직업을 전전했다. 이 시기에 그녀는 D. W. 그리피스(Griffith)의 「왕들의 왕」(Kings of Kings) 촬영장에서 프랭크 오코너(Frank O'Connor)를 만났다. 거기에서 그녀는 엑스트라였고, 그는 단역이었다. 그들은 서로에게 빠르게 반해버렸다. 아인은 자신이 프랭크를 매우 깊이 사랑한다고 항상 주장했다. 프랭크 역시 아인을 좋아했고, 그녀의 지성을 경외했다. 그들의 친구들은 그들의 결혼이 아인의 문제 많은 이민자 신분 때문은 아니었을까 항상 궁금해 했다. 그녀는 곧 러시아로 떠나야만 했던 형편이었고, 프랭크와의 결혼이 이 문제를 해결해주었다. 즉, 친절하고 자기희생적이며 여성에게 정중한 프랭크의 성격과 무관하게, 그녀는 결혼이라는 결합을 통해 구제를 받은 것이었다. 할리우드 촬영장에서 일한 경험을 토대로 그녀는 두 번째 소설 「파운틴헤드」를 출간했고, 이는 운명적으로 엄청난 성공을 거두었다.

그녀의 야심작 「아틀라스」를 집필하던 시기에 아인은 젊은 부부인 바바라 와이드만(Barbara Weidman)과 나다니엘 브랜든(Nathaniel Branden)을 만났다. 몇 년 뒤, 아인과 프랭크는 그들의 결혼을 자축했다. 브랜든 부부는 콜렉티브(Collective, 공동 집단이란 뜻을 갖고 있다-옮긴이)라는 이름의, 아인 랜드를 신성시하고 경배하는 사람들의 핵심멤버가 되었다. 수 년 동안 철학 운동을 함께 하면서 아인과 그녀의 25세 연하 심리학과 학생 나다니엘이 서로에게 성적 매력을 갖게 된 것이 분명했다. 둘의 관계가 시작되면서, 아인은 프랭크와 그녀의 두 「친한 친구들」 나다니엘과 바바라를 불렀다. 어떤 감정도 팡파르도 없이, 그녀는 자신과 나다니엘이 그 어떤 예외 없이 매주 낮과 저녁에 한 번씩 만날 것이라고 선언했다. 얼마 지나지 않아 그녀는 그들의 결합이 -성적으로, 지적으로, 낭만적으로- 완벽하다는 결론을 내렸다. 그녀는 상대 배우자들에게 두 결혼에 지장을 주는 일은 없을 것이라고 안심시켰다. 그녀와 나다니엘의 결합은 필연적이었고, 존중되었다. 아인은 훼손될 수 없는 규칙을 주장했다. 그것은 그녀와 나다니엘의 협의가 영원히 비밀로 유지되어야 한다는 것이었다. 또한 아인은 정사의 기간은 정확히 일 년으로, 그 이상을 넘기면 안 된다고 태연하게 설명했다. 그녀는 배우자들을 안심시켰다. "나다니엘과 내가 동년배였다면, 이야기는 달라졌을 것입니다…… 우리 두 사람의 관계는 그저 일시적인 수밖에 없습니다."[7]

최면에 빠진 사람들처럼, 바바라와 프랭크는 아인의 요구에 굴복했다. 그러나, 그후 나다니엘에 대한 열정과 그와의 심리적 결합에 집착했던 아인은 단기간 정사 조건을 철회하고 이 낭만적이고 성적인 결합을 영원한 것으로 만들 것을 주장했다. 그녀는 자신의 젊고 영웅적인 연인을 완벽하게 자신의 것으로 소유해야 했고, 충분히 그럴 만한 자격이 있었다.

아인은 이 은밀한 관계에 관련된 다른 세 사람에게 자신의 의지를 수용할 것을 강요했다. 그녀는 다른 대안을 제공하지 않았다. 중년의 아인은 나다니엘을 자신이 소설 속 주인공들을 통해 품어오고 살려놓은 환상들을 실현시켜줄 젊은 연인으로 선택했다. 이 비밀연합에 관련된 사람들은 모두 각자의 방식으로 충격을 받고 황폐해진 인생을 살았다. 조용히 이 약속을 묵인했던 프랭크는 일주일에 두 번, 낮과 저녁에 젊고 잘생기고 정력 넘치는 나다니엘이 자신의 집에 와서 아내와 사랑을 나눌 수 있도록 집을 비워주었다. 프랭크는 고통을 속으로 삼켰다. 그가 갈 수 있는 유일한 곳은 잠시나마 아픔을 잊을 수 있는 술집이었다. 그곳에서 그는 술과 친구들과 어울리면서 일부러 주의를 산만하게 만들었고, 이런 파괴적 양상이 반복되면서 그는 다루기 힘든 알코올 중독에 빠졌다. 그는 건강을 잃었고, 그의 영혼은 파괴되었다.

아인의 잔인한 이기심의 또 다른 피해자인 바바라는 수 년 동안 공황발작에 빠져 고통스러워했다. 이런 끔찍한 사건들이 일상이 되면서 그녀는 견딜 수 없는 스트레스와 공포, 한계, 엄청난 불안감을 겪게 되었다. 바바라의 심리적 고통에 대한 대응으로, 아인은 바바라의 극심한 감정적 반응을 다룬 논문을 작성했다. 나다니엘과 함께 했던 어느 날, 아인은 잔인함의 새로운 단계에 도달했다. 정말로 견디기 힘든 불안감의 엄습을 받은 바바라는 전화를 걸어 아인과 나다니엘에게 개인적으로 통화를 요청했다. 간절히 애원하는 바바라에게 아인은 이렇게 쏘아댔다, "감히 나다니엘과 함께 하는 시간을 방해해?…… 넌 내 글의 문맥을 제대로 읽기나 한 거니?…… 내가 간절히 원할 때, 나를 도와준 사람은 아무도 없었어!"[8]

나다니엘은 이 유명한 네 사람들 중에 덜 순수한 편이었고, 깨어있는 상태의 고조된 자아를 갖고서도 이 정사에 열렬히 참가한 사람이었다. 하지만 아인은 자신이 필요로 하는 열정을 그가 보여주지 않는다며 자주 호되게 나무랐다. 그들의 학생-제자, 연인-적수 관계는 18년에 걸쳐 이어졌다. 둘이 함께 있는 시간 내내, 아인은 끊임없이 나다니엘의 심리적 장애와 결점을 분석했다. 그녀의 난폭한 꼬챙이를 피해간 사람은 아무도 없었다. 운명적인 로맨틱한 사랑에 집착하면서 동정심이라고는 눈곱만큼도 보이지 않았던 아인을 나다니엘은 이렇게 요약했다, "나는 아인이 바바라이 간정에 대해 진지하게 걱정했을 거라 믿지 않는다. 그녀는 내게 두 개의 결혼과 나이 차이, 모든 관습적 장애물을 무시하기를 바랐다. 그리고 나는 그녀가 원하는 대로 해주었다."[9]

콜렉티브에서, 아인은 자신이 철학적으로 도전을 받을 때마다 곧장 공격 태세에 돌입했다. 그녀의 공격은 잔인하고 가차 없었다. 그녀는 굴욕감으로 무력해진 희생자들의 개인적인 정신세계를 발가벗겼다. 한번은 나다니엘에게 더러운 짓을 시켰고, 바바라 브랜든은 그것을 지켜보았다. "그날 저녁, 아인은 자신에게 경악스러울 정도로 인간적 공감이 부재하다는 사실을 보여주었다." 나다니엘이 젊은 여성의 성격적 결함을 지적할 때, 아인이 보인 반응은 예견할 수 있는 것이었다. "아인은 공감의 미소를 지어보였고, 결국에는 박수를 치기까지 했다."[10]

자칭 도덕성과 이성의 여사제, 아인 랜드는 이런 자신의 성향을 한 번도 고찰하지 않은 채 이기적이고 개인적 삶을 살았다. 격정적이고, 앙심을 품고 있고, 사디스트적인 아인은 자신의 신선한 사냥물을 쩝쩝거리며 먹어대는 수컷 사자처럼 자신의 정부와 추종자들을 갈가리 찢어댔다. 아인은 자신이 신(神)인 논리를 찬양하면서, 다른 사람들이 받게 될 상처는 조금도 신경 쓰지 않은 채 자신의 환상을 강박적이고 무자비하게 시연해 보였다. 아인은 맹목적인 복종만 수용했다. 그녀의 철학적 교리에 이의를 제기하는 사람들은 곧바로 맹공격을 당했고, 결국 몸을 낮췄다. 그녀는 실수를 받아들이지 못했다. 아인의 자기도취자적 공감 불능과 반사적 비난 능력은 강철처럼 그녀를 꽁꽁 묶었다. "그녀가 평생을 살며 구축한 완벽한 자아 이미지에 대한 환상은 결코 무너지지 않았다. 나다니엘과의 관계가 파멸에 이른 것도 그의 실수, 그의 책임회피, 그의 죄일 수밖에 없었다."[11]

아인 랜드 오페라의 마지막 장면들은 멜로드라마틱하고 꼴사납기 그지없다. 나다니엘이 나다니엘 브랜든 협회의 젊은 회원 패트리샤 걸리슨(Patrecia Gullison)과 비밀스럽게 관계를 맺고 있는 것을 발견한 아인은, 자신이 그 사실을 알고 있다는 것을 숨긴 상태에서 복수심을 불태웠고 폭력적이 되었다. 추한 말싸움 끝에 그녀는 나다니엘을 마구 비난하고 철썩철썩 때리기까지 했다. 아인은 악을 쓰며 끝없는 장광설을 펼쳐댔다. "너는 더 이상 아무 행동도 할 수 없어! 너를 창조한 사람은 나고, 이제 나는 너를 파괴할 거야." "너는 나 없이는 아무것도 아니었어. 이제 나와의 관계가 끝났으니 너는 아무것도 아닌 게 될 거야!"[12] 아인은 객관주의자 소식지를 받는 회원들 모두에게 나다니엘의 도덕적 타락을 조목조목 설명하는 공개서한을 보냈다. 그녀는 바바라와 나다니엘 부부와의 동맹관계에 영원한 종지부를 찍었다고 언명했고, 이 잡지에 대한 나다니엘의 모든 관심을 회수할 권리가 자신에게 있다고 주장했다. 아인과 나다니엘, 바바라의 관계는 돌이킬 수 없을 정도로 심각해졌다.

소설가이자 철학자로서 아인 랜드의 명성은 끊임없이 성장했다. 그녀의 소설 판매는 가속도가 붙었고 성공의 가능성을 보였다. 등장인물들의 철학과 사고방식은 수많은 사람들에게 엄청난 중요성을 갖게 되었다. 이와는 극명한 대조를 이루며, 랜드의 지난 몇 년간의 삶은 정서적 공허감으로 점철되어 있었다. 그녀를 위해 자신의 삶을 기꺼이 희생했던 남편 프랭크가 세상을 떠난 것이다. 완벽한 흠모를 바쳤던 파트너가 그녀를 혼자 남겨두고 떠났다. 폐 수술은 성공적이었지만, 그녀의 건강은 꾸준히 악화되었다. 심장이 심각하게 약해졌고, 동맥경화증으로 몸이 피폐해졌다.

마치 계획이라도 한 것처럼, 아인은 자신의 가장 충성스러운 친구들과도 멀어졌다. 그녀를 옹호하고 한편이 되어주었던 오랜 동지들에 대한 그녀의 태도는 불안정하고 험악해졌다. 그녀는 사람들에게 그녀의 모습 그대로를 믿을 것을 요구했다. 그녀의 배타적 무리 밖의 사람들과 친하게 지냈던 사람들은 비난을 받고 쫓겨났다. 아인은 사람들을 싫어했고, 점점 더 고립되었다. 그녀는 혼자 스크래블(철자가 적힌 플라스틱 조각들로 글자 만들기를 하는 보드 게임의 한 종류-옮긴이)을 하면서 시간을 보냈다. 1982년 3월의 어느 운명적인 아침, 「위대한」 아인 랜드의 창조자, 알리사 지노베브나 로젠바움이 사망했다. 그녀의 열려 있는 장식장 옆에는 그녀의 전형적 상징인 6피트 길이의 달러 표시가 있었다. 그녀는 이제 조용했고, 완전히 혼자였다. 그녀는 한 번도 사랑한 적 없었고, 한 번도 사랑받은 적 없었다. 그녀는 그녀가 살아온 대로, 동정도 공감도 할 수 없는 궁극의 자기도취자로서 세상을 떠났다.

심장의 중심

　심장은 특별한 지능을 지녔다. 그 안에는 우리 존재의 모든 인생 경험들이 담겨져 있다－그들 각각은 우리의 느낌과 생각, 공포, 버려짐, 기쁨, 분노, 후회, 비밀 등을 감지한다. 감정적, 심리적 수준에서 우리의 심장을 열 때, 우리는 더욱 완벽한 인간이 된다.

　지난 수천 년 동안, 인도에서 시작되고 발전을 거듭한 하타 요가는 몸을 치유하고, 정신을 회복시키고, 영혼을 깨우기 위해 일련의 특별한 몸동작들을 이용한다. 집중된 호흡과 결합된 수많은 동작들은 내면의 의식을 확장하고, 건강을 증진시키는 심장 에너지를 열기 위해 고안된 것이다.

　천 년 동안, 인도의 요가수행자들과 성인들은 의식을 확장시키는 더 깊이 있는 방법을 찾기 위해 분투했다. 그들이 추구하는 것에는 몸과 마음, 정신과 영혼을 통합하고 치유하는 체계가 존재했다. 그들은 탐색 과정에서 역동적인 에너지의 중심(산스크리트어로 차크라라 부른다)을 발견했다. 요가 체계에 따르면, 에너지의 중심이 막히지 않았을 때 여러 호흡 기법과 특별한 몸동작과 자세를 취함으로써 치유가 일어난다. 이때 몸의 긴장이 이완되고 에너지는 더욱 자유롭게 몸 전체를 흐른다. 몸이 평화로울 때, 의식과 감정은 안정되고 고요해진다. 많은 요가수련생들은 이 수련이 선사하는 또 다른 선물로 공감을 주고받을 수 있는 능력에 대한 더 큰 인식을 말한다.

몇 년 전에 나는 한 수도승을 방문했다. 그의 80세 생일을 축하하기 위해서였다. 소규모 무리가 레이스 같은 나무와 만개한 관목, 지저귀는 새들로 둘러싸인 골짜기에 모여 있었다. 수도승과의 첫 만남에서 나는, 그가 마음에서 우러나온 기쁨과 친절을 매우 아름답게 결합시킨 것을 보고 강한 충격을 받았다. 그의 겸손함과 놀라울 정도의 진실함을 한눈에 알아볼 수 있었다. 그날 그는 우리와 차례대로 말을 나누면서 직접적이고 개인적인 시선을 건넸다. 그에게서는 그 어떤 불안이나 에고의 흔적을 느낄 수 없었다. 수도승은 그곳에 있는 사람들과 완벽하게 조율했다. 우리 모두의 삶을 이전부터 알고 있기라도 했던 것 같았다. 햇살을 가득 받고 빛나는 꽃처럼, 어느 미묘하고 강력한 에너지가 그로부터 진동했다. 그의 심장은 넘쳐흐르는 사랑과 소박함, 다정함, 그리고 뛰어난 유머로 자연스럽게 그득해졌다.

자기도취자는 감정적으로 막혀있고 냉정하다. 마치 오랫동안 버려진 무덤에 깊게 파인 구멍과 같다. 생명의 따뜻하고 지속적인 호흡은 이곳에서 살지 못한다. 그 어떤 새들의 지저귐도, 부드러운 바람도 이 얼어버린 공허 속으로 들어오지 못한다. 심리적으로, 자기도취자의 심장은 수축되어 있고, 감각이 없고, 기력이 없다. 그것은 인생의 리듬을 따라 움직이지 않는다. 그것은 활짝 웃으면서 축하할 줄 모른다. 그것은 어느 누구의 손도 타지 않았고, 만질 수도 없다. 그것은 슬픔과 기쁨, 용서의 진정한 눈물을 흘릴 줄 모른다. 이 심장은 가까운 친척이나 친구가 심각한 병에 걸렸거나 비극적 환경에 처했을 때에도 흔들리지 않는다. 자기도취자로부터 자비를 구하는 사람들은 문간에 그대로 버려진다. 자기도취자는 사회적으로 수용될 수 있는 온갖 예의바른 말을 할 수 있지만, 절망스러운 순간이 찾아왔을 때, 그는 이미 사라진 지 오래다. 타인의 고통은 그를 흔들지 못한다. 그는 자선을 베풀 수 있지만, 그것은 그의 관대함과 선행이 사람들에게 알려져 박수를 받고 팡파르가 울려 퍼진다는 조건에서만 이뤄지는 일이다. 삶과 죽음의 문제를 접하면 자기도취자는 나약해지고 도망을 간다. 인간이 되는 것은 그에게 요원한 일이다.

의식적 고통이 공감을 깨운다

    부처는 우리에게 인간이 필연적으로 겪게 되는 현실은 고통이라고 수차례에 걸쳐 말했다. 태어나는 것으로 시작되는 인생의 순환은 초기 어린 시절부터 파릇파릇하고 신선한 유년기와 청년기, 성인기의 빛나는 꿈들을 지나 절정의 중년기, 북소리가 천천히 잦아드는 노년기, 그리고 마침내 죽음까지 이어진다. 몸과 마음의 궁극적 해체를 바라보고 경험하는 동안, 우리는 이 피할 수 없는 과정을 홀로 지나야 한다는 사실에 고통스러워한다. 이런 인간의 진실을 다루기 위해서는 현실의 실체가 덧없다는 것을 인식해야 한다. 삶을 살면서 내면의 평화를 이루기 위해 우리는 어떤 식으로든 이 진실을 받아들여야 한다.

    순수한 아이들은 부모의 학대와 냉정한 태도, 심리적 불안정, 감정적 무관심으로 인해 고통을 받는다. 경우에 따라 잔인함과 무시의 치명적 패턴이 확고해지면서 수많은 세대에 걸쳐 아이에게 전해지는 부모의 유산이 되었다. 이런 상황에서 어떤 아이들은 아예 살아남지를 못한다. 그들은 심각한 증오와 무시, 학대의 희생양이다. 어린 나이에 그들은 고통의 무게에 짓눌려 심리적 질병 또는 자살이라는 「사건」으로 생을 마감한다.

사람들은 자신의 고통을 다루는 저마다의 방법을 발견한다. 대부분의 사람들은 고통을 부정하거나 방어하고, 때로는 다른 사람에게 투사한다. 그들은 자신이 정상적인 부모 또는 최소한 견딜 수 있는 부모를 둔 좋은 집안 출신이라는 가족 동화를 믿는다. 동화 속에서는 그들이 기억할 수 있는 끔찍하게 잘못된 일이 벌어지지 않는다. 이런 사람들은 그들 인생의 대본을 받아들인다. 대부분의 사람들은 극도의 위기나 비극으로 치닫지 않는 한, 자신의 어릴 적이 결코 목가적이 아니었다는 말에 방어적이 되고 화를 낸다. 우리 중 일부는, 실제로는 정반대임에도 불구하고 행복한 가족 이야기에 애착을 갖는다. 진실을 인정하는 것이 너무 고통스럽기 때문이다. 몇몇 사람들에게 억눌린 기억의 저장소는 비밀로 감춰진다.

부모가 공감을 잘 하든 못 하든, 우리 모두는 박탈과 상처, 상실감의 잔해를 안고 살아간다. 어떤 아이들은 까다로운 성격을 물려받았거나, 태어날 당시의 환경 때문에 부모가 아무리 애를 써도 충족시킬 수 없는 요구들을 갖게 된다. 쾌활하고 정치적으로 올바른 가족 역사의 표면 아래에는, 감정의 만성적 마비현상이 다루기 힘든 바이러스처럼 자라고 있다. 심리적 무감각증 때문에, 우리는 고통과 가장 깊은 감정에 접근하지 못한다. 그렇게 우리는 엄청난 고통, 엄청난 기쁨, 엄청난 사랑을 경험하지 못하게 된다.

나는 많은 사람들이 항상 「괜찮은」 것을 보아왔다. 그들은 건조하고 지극히 평범한 보편성으로 당신에게 대답한다. "내 직업이 마음에 들어요. 애들은 학교를 잘 다니고 있죠." "우리는 시간이 오래 걸리는 주택 개조 작업을 하고 있어요." "십대인 우리 딸들은 '참 착해요'". 이런 사람들은 예측 가능한 안무에 따라 행동한다. 그들이 오랜 세월 세워놓은 심리적 바리케이드는 완벽하게 강화되어 있다. 만약 "마음에 들지 않거나," "좋지 않다면" 또는 더 심각하게 "끔찍한 상태"이거나, "불안정하게 허물어진다면", 그들은 심리적으로 매우 당혹스러워한다. 그들은 힘겹게 호흡을 들이마시고, 예의바른 자세를 잃지 않은 상태에서 당신의 말을 듣는 척한다. 그리고 조금 뒤, 그들은 급하게 변명을 늘어놓는다. "하던 일이 있어서 가봐야겠어요." "개를 산책시켜야 할 시간이 되었어요." "집에 해야 할 일들이 있어요." "미팅에 참석해야 해요." 어떤 사람들은 당신이 "괜찮지 않다"는 말을 하는 도중에 자리에서 일어나기도 한다. 당신이 "좋지 못하다"는 사실이 그들의 기분을 편치 못하고 당황스럽게 만들기 때문에 그들은 이런 멜로드라마 같은, 그들의 상식에 맞지 않는 상황으로부터 반드시 벗어나야만 한다. 이 경우 너무나 무감각한 이들은 종종 극도의 혐오심이 내재된 회피와 짜증을 보이기도 한다.

많은 사람들은 고통을 억누르기 위해 탈출 기제를 사용한다. 그들은 술을 많이 마시거나, 약물 또는 도박에 빠지거나, 성에 탐닉하거나, 강박적으로 일한다. 너무 열심히 일하는 것이 현대인의 삶의 최고 덕목 중 하나가 되었다. 우리 사회는 자식에게 관심을 기울이는 것보다 일에 들인 시간과 생산성에 더 많은 가치를 둔다. 편리하게도, 우리는 직장에서 일하는 동안 아이를 탁아소나 유모, 베이비시터, 다양한 보육프로그램에

맡길 수 있다.

어떤 사람들은 고통에서 벗어나기 위해 정기적으로 술을 마시고 만취한다. 술을 쫓아서 고통에 대한 감각을 잃는 것은 효과가 있는 것처럼 보인다. 우와, 그런 해결책이 있었다니! 그것은 너무나 따뜻하고, 너무나 괜찮고, 너무나 옳은 것처럼 느껴진다. 그러나 고통은 다시 찾아오고, 위안을 얻기 위해서는 또다시 마셔야 한다. 반복되는 음주는, 고통이 그러하듯 끝나지 않는다. 탈출은 언제나 일시적인 것일 뿐이다. 그것은 우리의 고통이 사라졌고, 되풀이되는 악몽처럼 다시 돌아올 일 없을 것이라고 착각하게 만든다. 술의 관능적이고 모호한 방법으로 고통에서 탈출하는 효과를 거뒀다고 느끼는 순간, 우리는 고통이 완전히 사라져버리는 소망이 실현된 꿈을 믿게 된다.

고통은 그것의 근원을 쫓고, 우리의 삶의 진실을 찾을 때 탈바꿈한다. 상처의 핵심-아무도 자신을 원하지 않거나, 사랑받지 못하는 것, 버려지는 것, 학대당하는 것 은 의식적인 과정을 통해 다시 경험되어야 한다. 상처는 지적으로 인식되는 것이 아니라, 감정적으로 느껴져야 하는 것이다. 이는 유능한 전문가와 함께 하는 심리치료과정을 통해 이뤄질 수 있다. 적절하고 올바른 치료법을 주의 깊고 심도 있게 찾아내는 것은 매우 가치 있는 일이다.

치료사들 스스로가 노련하지 못하고 제대로 기능을 발휘하지 못해서 자신의 심리적 문제는커녕 의뢰인의 심리적 문제를 밝혀내지 못하는 경우가 많이 있다. 과도한 금액을 지불할 수 있는 의뢰인들만 치료하는 심리치료사들도 있다. (고도의 훈련을 받았고 요령을 잘 부렸던) 한 치료사는 시간당 금액을 계속 올려서, 나는 그에게 조금 있으면 부자들만 상대하겠다고 말한 적도 있었다. 치료사로서의 재능에도 불구하고, 그의 관심은 금전적인 방향에만 편향된 것일까?

자신의 핵심적인 심리문제를 다루다가 진정한 공감을 할 수 있게 된 어느 치료사는 환자들에게 감춰진 심리적 고통을 밝혀내고 치유하는 일을 돕고 있다. 좋은 심리치료(매우 드물다)는 어릴 적의 중요한 문제들을 해결하는데 도움을 줄 수 있다. 그러나 중요한 것은 치료를 경험함으로써 전보다 훨씬 넓은 시야를 갖게 된다는 것이다. 그것은 매우 복잡하고, 평생에 걸쳐 진행되는 일이다. 우리는 결코 결과물로 끝나는 것이 아니다. 우리는 역동적인 인간으로 계속해서 성장하고 있는 것이다.

자신의 진실을 감사히 여기면서 사는 법을 배울 때, 우리는 타인에게 더 자비로워지고 그 결과 더욱 깊은 공감을 할 수 있게 된다. 대부분의 사람들은 심리적 고통을 경험하지 않으려고 발버둥 친다. 가장 어릴 적의 상처들이 가장 깊게 남아있다. 그것은 우리가 가장 나약하고 무력할 때 튀어나온다. 신체적 위협과 심리적 고문, 주기적인 구타로 공포에 떠는 세 살짜리 어린아이는 평생 어마어마한 상처를 짊어지고 살아가게 된다. 어떤 아이들은 유전적으로 물려받은 기질과 가족 내에서의 위치, 민감성의 정도 덕분에 가혹한 스트레스와 학대, 또는 무시에 대해 빠른 회복력을 보이기도 한다. 일부 치료사들은 이런 아이들을 「상처받지 않는 아이들」이라고 부른다. 그러나 정말로 상처받지 않는 사람은 없다. 가장 강력하고 정서적으로 적응력이 뛰어난 아이조차 그가 지금 견디고 있는, 그에게 가해지는 학대나 부주의한 무시에 대한 대가를 치르고 있다.

가장 「정상적」으로 보이는 사람들 역시 자신의 좌절과 공허, 분노를 깊은 곳에 숨기고 있는 경우가 자주 있다. 겉으로 보이는 것-세상에서의 성취, 금전적 성공, 야망, 추진력, 외모, 사교술-은 매우 기만적인 경우가 많다. 우리는 개개인의 가장 중심에 나타나는 심리적으로 거대하게 갈라진 틈을 보기 위해 먼 곳까지 시선을 둘 필요가 없다. 고통은 바로 거기에 있다. 우리는 빛을 내지 못하는 죽은 눈과 단조로운 어조의 공허한 목소리, 경직된 자세, 차가운 태도에서 그것을 볼 수 있다. 깊고 단단하게 얼어붙은 곳에서 고통을 끌어내는 것, 의도적인 인식을 통해 고통을 녹여내는 것, 가장 아픈 어릴 적 문제들을 통과하는 것이 최고의 열매, 즉 온전한 인간이 되는 열매를 맺을 수 있다.

저항하는 심장을 부드럽게 만들기

공감을 개발하는 다른 길은 (개인에 따라 다른 형태로 안내되는) 영적인 길을 통과하는 것이다. 영적인 길은 결코 쉽거나, 빠르거나, 매끄럽지 않다. 너무나 강력한 정신적 이상 또는 더 이상 견딜 수 없는 고통이 평생 누적된 결과 어쩔 수 없이 이 길에 들어선 사람들도 있다. 우리는 죽고 싶어 하고, 심지어 자살을 하기도 한다. 지금까지 우리는 다른 모든 것을 시도해 보았다. 중독성이 있는 활동, 강박적 성행위, 지식 쌓기, 수차례에 걸친 결혼, 과도한 지출, 일련의 직업들에 자신을 파묻기 등등. 훌륭한 심리치료가 이 모든 정신적 질병을 치료하는 것은 아니다. 그것은 심리적 통찰과 진솔한 정서적 경험을 가능하게 한다. 심리치료는 대단히 큰 가치를 갖고 있지만, 치료 자체에는 한계가 있다.

인생은 하나의 역동적인 사건이다. 인생은 최고조에 달했다가 어느 순간 방향을 바꾸는 거대한 강처럼, 그것이 품고 있는 지형의 모양과 불어오는 바람, 그 위로 떴다 지는 해와 달, 그 물 속에서 헤엄치는 물고기들, 그것의 형세를 결정하는 계절을 따라 굽이쳐 흐른다. 영혼의 물에는 경계가 없다. 영적인 연결은 개인적이고, 변함없이 존재한다. 여기에는 수평선이 존재하지 않고, 오직 가장 깊은 푸름만이 있을 뿐이다. 어떤 이들에게 영원은 더없이 행복한 미래이고, 또 어떤 이들에게 그것은 지금 이 순간 밝게 빛나는 것이다.

영혼의 길을 쫓다 보면 자주 낙담하게 되고, 자신의 초라함을 느끼게 되고, 싫증을 내게 되고, 지루해 하고, 혼란을 겪게 된다. 영혼의 길은 우리에게 아무 방어도 하지 말고 자신의 약점과 실수를 인식할 것을 요구한다. 그것은 우리에게 자신 앞에서 벌거숭이가 되어 궁극적으로 투명해질 것을 요구한다. 투명한 영적 자질을 가진 사람은 만나는 사람이나 환경의 차이에도 불구하고 항상 변함이 없다. 그는 고요하고 우아하게, 평정심을 잃지 않고 인생을 통과한다. 그는 모든 사람들을 존경으로 대하고, 다른 사람의 정신적 부담을 내려준다. 그의 심장은 강하고도 부드럽고, 단호하면서도 유연하다.

49세의 도서 연구원인 로잘리는 좋은 교육을 받은 여성이었다. 어렸을 때부터 그녀는 무엇보다도 자신의 감정을 잘 다스리고 싶어 했다. 그녀의 어머니 클레오는 냉정하고 까다로운 여성이었다. 그녀에게는 그 어떤 것도-심지어 완벽-도 만족스럽지 않았다. 그녀와는 반대 성향이었던 로잘리의 아버지 레이몬드는 몽상가에 거의 아이 같았다. 공무원으로 복무했던 레이몬드는 아내에게 복종하는 아이 역할을 연기했다. 클레오는 전사처럼 가족의 가계를 책임졌다. 로잘리의 형제자매들은 엄마 등 뒤에서 그녀를 작은 장군이라고 불렀다. 큰딸이었던 로잘리는, 클레오가 바라지도 않았고, 충족시킬 수도 없었던 엄마의 역할을 자신이 대신하기를 기대했다. 클레오는 자식과 엄마의 두 가지 일을 맡았다. 그녀는 수많은 아이들과 함께 온종일 집에 있으면서 정돈하는 것을 좋아했다. 로잘리는 너무나 능숙하게 자신의 감정을 완벽한 통제 아래 두게 되면서, 자신에게는 감정이 없다고 느낄 정도가 되었다.

머리가 좋았던 로잘린은 경영학과 영문학에서 석사 학위를 취득했다. 그녀는 저명한 논픽션 작가의 연구자로 일했다. 로잘리는 대학원에서 마크를 만났고, 짧은 연애기간을 거쳐 그들은 결혼을 했다. 2년 반 만에 그들은, 연년생인 두 딸을 갖게 되었다. 로잘리는 아기들을 따뜻하게 대해주는 것이 무척이나 힘들었다. 각각의 아이들이 3개월이 되었을 때마다, 그녀는 일터로 돌아갔다. 연구원이라는 직업은 성취감에 대한 그녀의 열망을 충족시켜주었다. 그녀는 결혼 생활을 하는 동안 몇 차례 흔들림을 겪었고, 마크를 자주 무시했다. 그녀는 일에 자신의 대부분을 쏟아 부었다.

로잘리와 마크는 25년째 결혼생활을 했고, 자식들도 대학생이 되어 집을 떠났다. 어느 날 저녁, 마크는 로잘린에게 이혼을 요구했다. 자식들이 모두 성장했으니 이제는 자신의 삶에 따뜻함과 관심을 주고 싶다는 것이 그가 요구하는 이혼의 근거였다. 로잘리는 이 갑작스런 발표에 어찌할 바를 몰랐다. 머리 위로 폭탄이 떨어진 것만 같았다. 몇 주 동안, 그녀는 마크가 자신을 떠난다는 사실을 믿을 수 없었다. 농담을 하는 거겠지? 그저 지나가는 일에 불과할 거야. 그의 마음을 돌려놓을 수 있을까? 그가 없으면 내게는 무슨 일이 일어날까? 마크는 매우 짧은 편지를 남기고 집을 나갔고, 변호사를 선임했다. 로잘리 역시 충격 상태임에도 불구하고 법률 상담을 구해야 했다. 신랄한 비난이 오간 뒤, 합의가 이뤄졌다.

이혼 후 6개월 만에, 로잘리는 복부에 공격적으로 자라고 있는 림프종을 발견했다. 수술과 화학 요법을 권고 받은 로잘리는 치료 과정을 준수했다. 이 긴 시간 동안 로잘리는 감정적으로 무너지기 시작했다. 평소와는 다르게 그녀는 울음을 멈추지 못했고, 자신을 압도하는 상실감과 후회를 맛보았다. 수술과 화학요법을 거치는 동안, 그녀는 그녀에게 감정적으로 도움을 준 소수의 친구들과 함께 했다. 인생의 바닥을 쳤고 더 이상 살고 싶지 않았던 그녀는 전문 치료사의 도움을 구했다. 집중적인 심리치료를 통해 로잘리는 그녀가 살면서 한 번도 인식하지 않았던 감정들-절망감, 분노, 불안, 수치심, 자신이 그 자리에 어울리지 않는다는 느낌, 짙은 절망-을 경험하기 시작했다. 때때로 그녀는 의학 요법이 효과를 거두지 못해 죽게 되는 것은 아닐까 두려움에 떨기도 했다. 또 어떤 때에는 죽음을 몹시도 갈망하다가 말도 안 되게 느껴지는 상황에서 재빨리 도망쳐 나오기도 했다.

로잘리는 생전 처음 감정을 열기 시작했다. 죽음과 직면했던 그녀는 어릴 적 견뎌내야 했던 정신적 고통을 마침내 인정할 수 있게 되었다. 로잘리는 영적 공동체에 손을 내밀었고, 일상적으로 명상과 기도를 하기 시작했다. 그녀는 영적 훈련의 결과로 커다란 위로를 받고 소중한 통찰력을 갖게 되었다.

시간이 흐르면서 맹렬했던 암의 기세가 누그러졌고, 로잘리는 새로운 사람이 되어있었다. 과거의 그녀라면 절대 인정하지 않았을 사람이었다. 이제 그녀는 자신의 감정을 불안이나 수치심 없이 표현할 수 있게 되었다. 그녀는 다른 사람들, 특히 아이들을 사랑하기 시작했다. 이런 삶과 죽음의 상황들에서 벗어나, 로잘리는 다시 태어났다.

03 흠모하는 관객

7장 매혹된 사람들 : 근원에게 예배하기
8장 친밀한 적 : 그림자 속에 사는 사람들

7장

매혹된 사람들 : 근원에게 예배하기

> 으스대기 좋아하는 라이트에게, 그들(그의 견습생)은
> 그의 손에 달린 손가락에 불과했다.
> 그리고 그들에게 그것은 …… 일종의 생존방식이었다.
> 라이트가 살아있는 한 그들은 각 개인으로서가 아니라
> 한 위대한 사람의 견습생으로만 판단되었다.
> ─브랜든 길(Brendan Gill), 수많은 가면들: 프랭크 로이드의 삶 [1]

자기도취자는 자신의 주변에 마법의 황금 테두리를 친다. 그는 자신의 추종자들에게 이 공간이 비밀의 정원 또는 숨겨진 협곡이라고 확신시킨다. 바로 이곳에서 사람들은 마법에 빠진다. 여기에서는 무엇이든 가능하다. 세상의 나머지 사람들에게 작동하는 규칙과 제약이 이곳에서는 적용되지 않는다. 이 안의 선택된 소수자들은 특권을 갖는다. 그들은 위대한 남자(또는 여자)의 호흡을 마시고, 그의 발자국을 따라 걷는다. 이 엘리트 그룹의 멤버들은 자기도취자를 밝게 비춰주는 빛이 자신에게도 반사되어 비춰질 거라 믿는다. 눈부시게 밝은 빛이 그들 각각을 따뜻하게 해주리라고 믿는 것이다. 자기도취자의 발치에 앉아있는 사람들은 그를 자신의 삶의 중심으로 만든다. 그는 중심이자 근원, 그들이 살아가는 이

유이다. 자기도취자는 자신에게 끊임없는 존경과 칭찬, 봉사를 제공할 사람들을 주의 깊게 선택한다. 자기도취자와 그를 흠모하는 관객들은 바다 생물과 그 껍질처럼 뒤얽혀있다.

권력과 부, 개인적이고 직업적인 위상, 이것들은 자기도취자가 그의 집단의 멤버가 되고자 하는 작은 물고기들을 낚기 위한 미끼이다. 약삭빠른 조종자인 그는 추종자들의 에고가 필요로 하는 것을 잘 알고 있다. 배타적이 되고, 물질적으로 안락하고, 그와 똑같아지는 것. 자기도취자는 자신의 심리적 움직임에 대한 통찰력은 갖고 있지 못하면서, 자신을 둘러싼 사람들의 비밀스러운 갈망을 알아차리는 데는 탁월한 재능을 지녔다. 그의 제안은 솔깃하고, 자주 저항할 수 없는 힘을 지녔다. 자기도취자의 제자들은 원하는 것이 무엇이든-물질적 소유, 무제한 접근, 충성스러운 헌신자의 복종- 모두 가질 수 있는 그의 능력에 도취된다. 그는 그 모든 것을 갖고 싶어 하는 우리 내부의 요구 많은 아이에게 다가간다. 그는 우리의 눈을 바라보고, 엄청난 카리스마로 우리를 어루만지면서, 우리의 비밀스러운 열망을 충족시켜주겠다고 약속한다.

**프랭크 로이드 라이트 :
그의 마법에 걸린 추종자들**

건축가이자 우상, 프랭크 로이드 라이트는 평생 동안 추종자와 숭배자들의 무리를 매혹시켰다. 오늘날에도 그의 왕좌에서 몸을 엎드린 채 그의 반지에 키스하기를 기다리는 수많은 신도들이 있다. 재능 있고, 추진력 있고, 전형적인 자기도취자였던 라이트는 항상 새로운 정상에 올라,

잘 디자인 된 수도꼭지처럼 틀었다 잠갔다 하는 에너지와 매력으로 수많은 사람들의 마음을 사로잡았다.

라이트가 자신의 정교한 특권 그룹을 영속화시킬 수 있었던 수많은 방법 중 하나는 탤리에신 회원제도(Taliesin Fellowship)을 통해서였다. 그는 탤리에신 북쪽과 탤리에신 서쪽에서 건축과 예술분야에서 자신과 함께 일할 견습생들을 초대했다. 그들은 막대한 학비를 낸 대가로 작업에 투입되었다. 이 희망에 찬 젊은이들은 역사적인 위대한 건축가를 보조하게 될 것이라고 믿었다. 그러나 그들은 길고 힘겨운 노동에 투입되었고, 「말을 타고, 빠른 차를 몰고, 국제적 유명 인사들을 접대하는 고급 귀족」[2]인 라이트에 대비되는 저임금 하인(제도사부터 농장 노동자를 아우르는)의 역할을 했다. 라이트는 견습생 임금 지불과 관련해 노골적으로 종잡을 수 없는 행동을 취했다. 심지어 그는 견습생들에게 돈을 빌려달라고 요구하기까지 했다. 회원제도의 발명은 그의 파벌을 확장시키는 것뿐만 아니라 그의 꿈에 대한 지금을 미런히는 데 매우 현명한 방법이었다. 회원제도가 시행되었던 시기에 독자적으로 직업적 칭송을 받은 견습생은 거의 없었다. 그들의 고된 노동과 창조적인 공헌에도 불구하고, 라이트는 모든 공을 항상 자신이 차지했다.

여자들과 관계를 늦게 가진 편임에도 불구하고(첫 번째 아내 캐서린과 결혼할 때 그는 동정남이었다), 라이트의 주변에는 말 그대로나 비유적으로나 그를 몹시 흠모하는 수많은 여성들이 있었다. 캐서린과의 첫 번째 결혼은 진정한 사랑의 결합이나 영혼의 발견이 아닌, 두 사람의 시기가 맞아떨어져 이뤄진 현실적 결합이었다. 캐서린은 연달아서 여섯 명의 아이들을 낳았다. 결혼 생활 내내 라이트의 호기심 많고 탐욕스러운 시선은 이곳저곳을 쉴 새 없이 돌아다녔다. 자신이 집을 설계하고 있던 고객이나 이웃의 아내와 함께 멜로드라마 같은 스캔들에 돌입하는 데는 오랜 시간이 걸리지 않았다. 라이트와 마마(마사) 보스윅 체니는 격정에 찬 연애를 시작했다. 마마는 라이트를 흠모했다. 그녀는 남편과 자식, 그리고 그로 인한 명성을 기꺼이 포기할 수 있었다. 이들의 결합은 라이트의 여섯 명의 자식과 돈 한 푼 없는 아내가 버려지는 결과를 나았다. 그는 열정의 바람을 타고 대륙으로 입성했고, 그곳에서 자신의 정부와 함께 전원시적인 삶을 살았다. 2년 뒤, 그는 상처 입은 가족에게 돌아왔다. 비참하게도, 마마는 탤리에신에서 라이트의 가족 직원 중 어느 미친 사람이 고의적으로 지른 불에 타 죽었다.

불행한 삶의 선택 속에서, 라이트는 처음에는 정부로 삼았었던 40대의 여류 조각가 미리엄 노엘(Miriam Noel)과 결혼했다. 서로 기질적으로 맞지 않았던 두 사람의 결혼 생활은 숱한 감정싸움과 심지어는 육탄전으로 점철되었다. 이 결합은 재앙 그 자체였다. 미리엄은 히스테리를 지녔고, 절망적일 정도로 피해망상에 젖어 있었다. 그녀는 자주 짜증을 냈고, 라이트가 바람을 피우고 있다며 비난을 퍼부었다. 때때로 미리엄은 라이트를 흠모하는 추종자의 역할을 연기하기도 했다. 그녀는 라이트의 건축 프로젝트에 어마어마한 자금을 대기도 했다. 초기에 미리암은 심각한 정신병 징후들을 보였었다. 그녀는 기분이 좋았다가 나빴다가, 정신이 들어왔다 나갔다를 반복했다.

미리엄과의 결혼이 악화되면서, 라이트는 매우 젊고, 조각 같은 미모를 지닌 검은 머리의 올가 이바노프나 밀라노프 힌젠버그[Olga Ivanovna Milanov Hizenberg, 올기반나(Olgivanna)라고 불렸다]와 온 마음을 사로잡는 연애에 빠졌다. 그녀는 그보다 36살이 어렸다. 그들은 저녁 발레 공연에서 처음 만났고, 그는 첫 눈에 그녀에게 반해버렸다. 몬테네그로 태생인 올기반나는 어린 시절을 러시아와 터키에서 보냈다. 첫 번째 결혼이 실패한 뒤, 그녀는 프랑스의 퐁텐블로로 이사를 와서 한편으로는 신비주의자이면서 한편으로는 부랑배였던 철학자 게오르기 구르지예프(Georgi Gurdjieff)의 가르침에 푹 빠져있었다. 올기반나는 그 추종집단의 충실한 추종자가 되었다. 라이트는 올기반나에게서 특권집단 내부에 존재하는 가장 진실한 신도의 모습을 발견했다. 이 여인은 프랭크를 위한 시간을 항상 마련하고 있었다. 그녀는 그에게 엄마의 역할과 조종자의 역할을 노련하게 수행했다. 그녀는 라이트가 주도하는 활동에 참가하기 위해 병상에서 몸을 일으키기도 했다. "아내로서 그 이상의 헌신과 공감은 있을 수 없었다. 그녀는 자신의 존재 이유를 새롭게 발견했다."[3]

노골적인 시각 예술은 올기반나를 라이트의 최고 숭배자로 그려냈다. 그들이 결혼 초기에 찍은 측면 사진은 똑같은 머리스타일을 하고 똑같이 기울어진 각도로 모자를 쓴, 쌍둥이 같은 두 사람의 모습을 보여준다. 라이트와 올기반나는 흠 잡을 데 없는 대칭을 이루며 서로를 바라보고 있다.

평생 라이트를 보살핀 추종집단은 그가 사망한 이후에도 올기반나의 주도 아래 더 큰 가속도를 내며 영구화되었다. 그녀는 스승인 구르지예프에게 보였던 것과 똑같은 강박과 열정을 끌어 모으며 이 일을 했다. 탤리에신의 신성한 의식이, 마치 라이트가 아직도 살아있는 것처럼 계속되었다. 라이트의 성공한 전기 작가이자 친구인 브랜든 길은 인생의 종말을 앞둔 올기반나를 이렇게 묘사했다. "그녀는 자신의 신(神)이 수 년에 걸쳐 큰 세력을 행사한 성지의 여성 사제로 봉사했다. 이제 그녀는 저물고 있다…… 하지만 그의 신은 여전히 남아있다."[4]

강력한 유혹

강력한 인물의 주변에는 성적에너지와 다르지 않은 독특한 에너지가 감돈다. 강력한 남성이나 여성이 방에 들어서면, 바다가 반쪽으로 갈라진다. 모두들 조용히 그의 말을 경청하고, 그의 다음 행동을 주시한다. 많은 사람들이 그의 존재 하나만으로도 얼어붙는다. 권력을 행사하는 사람과 사귀는 것은, 강력한 음료나 마약을 마신 것 같이, 또는 저항할 수 없는 성적 매력에 집요하게 이끌리는 것 같이 흥분되는 일이다. 강력한 사람은 다른 차원의 대우를 받는다. 그들은 왕족이고, 쓸데없이 과분한 존경을 받는다.

중증 자기도취자들은 한계도, 불안도 갖지 않은 것처럼 보인다. 장래의 추종자는 자기도취자의 날개 아래에서 안전하게 느끼고, 그의 마법 파우더가 자신에게도 옮겨질 거라 믿는다. 조종의 명수인 자기도취자는 자신을 둘러싼 사람들에게 그들이 자기와 있을 때에만 안전하다고 확신시킨다. 많은 추종자들은 이런 관계가 어릴 적 수치심과 무력감을 씻어줄 것이라 잘못 믿어버린다. 심리적으로, 그들은 자신의 삶을 결코 책임질 수 없는 의존적이고 복종적인 아이들이다. 비극적으로, 그들은 자신의 개성을 작동시키지 못하고, 그 결과 자신만의 타고난 재능과 능력을 발휘하지 못한다. 그들은 자기도취적 장인에게 경의를 표하며, 자신의 인생에 주어진 시간을 매우 정교하게 감금시키고 허비한다.

부자의 보호 방패

수많은 부자들이 특별 클럽에 속해 있다. 그들은 특권적이고 안락한 삶을 영위하고, 매일의 평범한 고생들-돈 걱정, 지루한 일상, 제한된 여가-로부터 안전하게 벗어난다. 분명, 자기도취적이지 않은 부자들도 있다. 그리고 모든 자기도취자들이 부자인 것은 아니다. 그러나 일부 자기도취자들은 자신이 부과한 이미지를 영구히 하기 위해 부를 추구하기도 한다. 부유함에서 흘러나오는, 한 사람을 돋보이게 만드는 물질적 축복은 자신을 과장되게 바라보는 자기도취자들에게 매력적으로 다가온다.

황금테두리의 멤버들은 자기도취자의 자석처럼 끌어당기는 매력뿐만 아니라, 그들의 부가 제공하는 보호 방패에도 유혹된다. 풍부하고 따뜻한 빛 속에서 소중한 보살핌을 받은 그들은 자기도취자의 특권의식을 나눠 갖는다. 오해하고 망상에 빠진 그들은 그들의 지도자가 수여하는 특전과 소유물로 마음을 달랜다. 아첨하는 역할의 유혹 이면에는 자신을 무가치하게 여기는 정서와 자기증오감이 깔려있다.

자기도취자는 필연적으로 자신이 만들어내는 인상에 사로잡혀 있다. 자신의 고유한 성격적 특징보다, 다른 사람이 자신을 어떻게 인식하느냐가 그에게는 가장 중요한 문제이다. 중증 자기도취자들은 자신을 위해 많은 돈을 사용하는 경향이 있다. 그들은 최고의 것만 요구한다. 그들의 환경을 구성하는 모든 것들-집, 자동차, 외모, 옷-은 (타인에게 비치는) 무결점 상태의 자신의 모습을 반영해야만 한다. 그들의 집을 걷다보면, 이곳에 사람이 사는 게 맞나 싶은 생각이 든다. 그곳에는 사람이 살고 있다는 흔적, 카펫 위의 발자국, 가구나 거울 위의 손가락 자국, 요리한 냄새, 훅 풍기는 향수 냄새, 삐뚜름히 걸린 수건, 움푹 들어간 쿠션, 얼룩, 먼지, 흠집, 자국이 하나도 없다. 그들의 외적 환경의 면면-개인적 소유물, 옷, 집, 차, 비행기-은 항상 완벽하게 새 것의 상태로 유지되어 있다. 내가 아는 한 자기도취자는 새 자동차를 너무 자주 구입해서 재떨이가 반쯤 차는 일은 차치하고라도 번호판을 받는 것조차 기다리지 못했었다.

그런 자기도취자의 헌신적인 추종자들은 그의 세상이 반드시 완벽한 질서의 상태를 유지하도록 한다. 그들은 자신의 어마어마한 시간과 에너지를 자기도취자의 세부적인 삶에 집중시킨다. 저메인은 15년 동안 리처드를 위해 가정부로 일했다. 그녀는 유럽에서 훈련을 받았고, 몇몇 고급 호텔에 채용되었다. 아내가 죽자 리처드는 저메인과 결혼했다. 그는 그녀의 외모에 반했고, 그녀가 자신에게 완전히 굴종할 것이라는 것을 알았다. 저메인의 관리 아래 그들의 집은 꼼꼼하게 유지되었다. 현미경으로 아무리 샅샅이 그 집을 살펴본다 해도 머리카락 하나, 죽어있는 자그마한 벌레 한 마리, 작은 먼지 얼룩, 심지어 물을 흘린 자국 하나 발견하지 못할 것이었다. 리처드의 옷은 그의 수많은 옷장들에 정확히 7.5센티 간격으로 걸려 있었다. 그의 신발은 정확하게 분류되어 있었고, 각각의 드레스 셔츠는 주문 설계된 서랍 안에 놓여있었다. 청결에 대한 리처드의 요구와 명령은 병적인 것이었다. 아주 작은 실수에도 리처드는 저메인에게 폭언을 일삼았다. 그런 일을 겪을 때마다 울음을 터뜨리고 히스테리를 일으켰던 저메인은 공포와 수치심에 몸을 떨었다. 절망스러운 그녀는 떠나고 싶은 마음이 굴뚝같았지만, 그럴 때마다 이 훌륭한 집에서 리처드의 사람이 된 자신을 떠올렸다. 그녀는 아주 오래 전에 자신의 자유와 위엄을 포기했다. 애초에 저메인은 리처드를 자신의 잔혹한 경호원으로서 받아들였다. 흥정의 과정에서 그녀는 자신 인생의 가치를 저버렸다. 굴종을 맹세하는 대신, 저메인은 리처드의 재정적 보장의 보호를 받게 된 것이었다.

저항할 수 없는 라이프스타일

마법에 걸린 무리의 멤버들은 그들이 자기도취자와 공유하는 라이프스타일에 매혹된다. 거기에는 수많은 집과 가구, 수없이 일어나는 1등석 국제여행, 유명 인사들과의 교류, 고가의 컨트리클럽 멤버십, 부유층이 애용하는 파티로의 초대, 고급 요리 레스토랑의 최고급 좌석이 있다. 이것은 유망한 추종자들에게 제공되는 특전이다. 배우자, 정부, 연인들은 호화로운 라이프스타일의 화려한 용품들에 쉽게 매혹된다. 밑도 끝도 없는 물질적 욕구를 충족하는 것은 그 자체로 최음제이다.

자기도취자와 친밀한 관계를 맺고 있는 사람들은 충성이라는 높은 비용을 지불한다. 그들은 성도들 사이에서 정식적으로 인정받기 위해 심리적 학대, 때로는 신체적 학대, 셀 수 없는 혼외정사와 사생아, 심지어 성병이 전염되는 것을 견뎌야 한다. 씀씀이가 헤픈 종교지도자에게 들러붙은 숭배자들처럼, 그들은 자신의 운명과 미래를 그들이 잘못 약속받은 특권과 안락에 편승시키려 한다. 바다 속 괴물 레비아단과 결합해서 그의 몸을 청소하는 기생 물고기처럼, 열성신자들은 그들의 주인과 떼려야 뗄 수 없는 사이가 된다.

33세의 이혼녀 캐틀린은 76세 미디어 거물 토머스를 만났다. 짧은 데이트 기간을 거친 뒤, 캐틀린과 토머스는 결혼을 했다. 맘껏 사용할 수 있는 무한 시간과 재원을 가진 토머스는 낭비하고 사치하는 삶에 익숙했다. 캐틀린은 이런 라이프스타일의 혜택을 공유했다. 사치여행과 좋은 집을 받은 대가로, 그녀는 토머스의 강박적인 성행위를 상대해야 했다. 캐틀린은 결혼생활을 지키기 위해 토머스에게 치료를 받자고 애원했지만, 그는 거절했다. 그녀는 그에게 변하지 않으면 떠날 것이라고 협박하기도 했다. 그러나 그때마다 캐틀린은 항복했다. 그녀는 토머스를 진정으로 사랑하므로 그에게 충성을 지킬 것을 스스로에게 다짐했다. 그녀는 그들이 소울메이트라고 확신했다.

특히 수치스러웠던 어느 시기에, 토머스는 동업자인 친구와 함께 협상을 이유로 유럽에서 몇 주를 보냈다. 돌아온 그는 기나긴 심문 끝에 마침내 「고백」을 했다. 캐틀린은 이 두 남자가 콜걸이나 거리의 창녀들과 함께 매우 위험한 관계를 하며 그 많은 시간을 보낸 것을 알게 되었다. 이 사실을 알고 혼란에 빠져 제정신이 아니게 된 캐틀린은 공개 장소에서 울음을 터뜨렸고, 이 지저분한 이야기를 친구들과 지인들에게 들려주었다. 캐틀린은 이것이 끝이고 마지막 수치라고 맹세했다. 그녀는 토머스에게 그의 강박적 섹스관광 때문에 자신이 성병에 걸릴 수도 있다며 버럭 화를 냈다. 그녀는 아무 때나 이웃의 문을 두드렸고, 아무한테나 울음을 터뜨렸고, 자신이 바람을 피우는 남편의 희생자라면서 불평을 쏟아냈다. 그녀는 잘 모르는 사람들에게도 남편의 범죄적 성행위를 낱낱이 반복해서 들려주었다. 그녀는 씩씩대면서 친구들과 이웃들에게 자신이 그를 얼마나 그를 혐오하는지 모른다고 말했다. 캐틀린은 즉각 이혼할 수 있게 해줄 최고로 공격적인 변호사를 고용할 것이라고 사람들에게 말하고 다녔다.

이런 드라마가 전개되고 수 주 뒤, 캐틀린은 밝은 모습으로 나타나 그녀와 토머스, 그리고 그들의 친한 친구들이 두 달 동안 사파리 여행을 떠날 것이라고 발표했다. 이에 사람들 모두가 깜짝 놀랐다. 캐틀린은 결혼 기념일에 떠나는 이 여행은 특별한 의미가 있다고 강조했다. 그녀는 아프리카에서 결혼서약을 다시 할 계획이었다. 남편이 벌인 엄청난 배신과 위험한 행동을 겪고도 어떻게 캐틀린은 이런 놀라운 반전을 보일 수 있었을까? 모두들 크게 놀랐다. 그러나 캐틀린이 학대의 수치스러운 시기를 견뎌내고 절대 토머스를 떠나지 않는 이유는 전혀 불가사의한 것이 아니다. 그녀에게 더 두려운 것은 부유하고 화려한 라이프스타일을 잃게 되는 것이었다. 반짝거리는 「토머스 패키지」가 없는 그녀는 아무 것도 아니었다. 캐틀린은 특권적 삶을 위해 남편의 수많은 부정으로 인한 수치와 망신을 모두 견뎌낼 것이다. 심지어 성병에 걸릴 가능성도 참아낼 것이다. 토머스는 성적 충족을 위해 자신이 아무리 강박적인 성행위를 해도, 캐틀린은 자신을 떠나지 않을 것이라는 것을 알고 있었다. 캐틀린은 계속 한 배에 미물렀다. 토머스의 아내라는 사실은 어찌되었든 그리 나쁜 일은 아니었으니까 말이다.

조연배우, 단역배우, 그리고 엑스트라

    자기도취자와의 삶은 단순하지도, 쉽지도 않다. 그것은 올바른 무대장치와 대본, 그리고 배우를 필요로 하는 복잡한 제품이다. 자기도취자는 조연배우와 단역배우, 엑스트라들에게 둘러싸여 있다. 좋은 조연배우들은 그에게 매우 유용하다. 자신의 역할을 솜씨 있게 연기하는 그들은 드라마를 더욱 밀도 있게 만들고, 스타에 대한 관심을 끌어 모은다. 「커다란 영화」 속 조연배우들-배우자, 정부, 동업자-은 주연배우의 연기를 증폭시킨다. 조연배우들은 자주 자기 인생의 운명을 자기도취자에게 내준다. 그들의 심장은 자기도취자 심장박동에 리듬을 맞추며 고동친다.

일레인은 텔레비전 배우 루크와 30년 넘게 결혼생활을 해왔다. 루크가 연예계에서 명성을 확고하게 쌓았던 그 모든 시간 동안 일레인은 일을 하고 아이들을 키웠다. 결혼 시작부터 항상 루크의 희망과 요구를 들어주는 것이 가정에서 지켜야 할 최우선과제였다. 때로는 억울한 적도 있었지만, 일레인은 루크의 자기중심주의를 창조적 기질에서 비롯된 것이라 여기고 모두 받아주었다. 루크를 향한 일레인의 감정은 존경을 넘어서는 것이었다. (그녀에게) 그는 위대한 예술가였다. 그가 방음스튜디오에서 쇼를 녹화할 때, 그녀는 어두운 곳에 앉아 그의 연기가 보이는 미묘한 차이들에 박수를 쳤다. 수 년 넘게 루크는 수없이 많은 바람을 피웠다. 그러나 일레인은 그를 항상 받아들였다. 그녀는 루크의 심각한 무신경함과 배신을 항상 용서하고, 모른 척해주었다. 일레인은 이것이 성공한 배우와 결혼한 대가라며 합리화시켰다. 자기도취적 남편의 그늘 아래 수 년을 산 뒤, 일레인은 스타를 충실하게 추종하는 고정 조연배우로서 자신의 역할을 창조하고 자신의 인생을 정의 내렸다.

좋은 단역배우는 다재다능하고 융통성이 있으며, 스타 연기자가 필요로 할 때마다 항상 이용가능한 사람이다. 믿을 수 있고 예측할 수 있는 그들은 이야기 전개에 양념을 더한다. 자신의 역할을 아무리 재능 있게 소화해도, 단역배우는 스타가 되기 힘들다. 매우 조심스러운 그 (또는 그녀)는 항상 그 어떤 요청도 만족시킬 수 있는 방법을 찾는다. 개인 비행사이자 일반 잡역부인 댄은 소프트웨어 거물인 오스틴을 위해 10년 넘게 일해 왔다. 댄은 팔방미인이었다. 오스틴은 자신의 다양한 임무들-즉석 호화시찰 처리하기, 매력적인 젊은 여성 알선하기, 부인과 정부들에게 꽃과 선물 보내기 등-을 수행하는 일에 밤이고 낮이고 댄에게 의지할 수 있었다. 사건이 터지면 댄은 개인 탐정 역할을 했다. 그는 오스틴의 적에게 죄를 뒤집어씌울 수 있는 비밀 정보들을 찾아 나섰고, 이는 협박과 절묘한 공갈에 이용되었다. 이런 기능은 오스틴에게 특별히 중요한 가치를 지녔다. 그는 자신이 직접 개입했다가 흔적을 남기는 대신, 댄을 통해 「더러운 것」을 떨쳐낼 수 있었다. 댄은 오스틴 인생의 붙박이, 세련되고 충실한 단역배우였다.

영화 촬영장에서 엑스트라는 소모품이다. 그들은 얼마든지 다른 사람으로 바꿀 수 있다. 엑스트라는 그들이 단지 거기 있었기 때문에 고용된 것이다. 그들은 그들의 재능이나 인격, 또는 일반적인 매력 때문에 선택된 것이 아니다. 숲을 우르르 몰려다니며 지나가는 영양처럼, 그들은 무리의 일부이다. 덩어리로 뭉쳐진 그들은 자주 분위기라고 불린다. 엑스트라는 자기도취자의 필요나 변덕에 따라 그의 세상을 들어왔다 나갔다 한다. 그들은 극장 뒷문에서 가수를 따라다니는 소녀, 주위를 어슬렁거리는 사람들이다. 자기도취자들은 자신의 강력함이나 유명세에 걸맞은 수행단을 몰고 다닌다. 자기도취자에게 푹 빠진 일부 엑스트라들은 그를 위해 기꺼이 수많은 역할을 맡고자 한다. 그들은 그를 위해 이런저런 일들을 다한다. 하룻밤 정사 상대가 되고, 감정적, 신체적 학대를 견뎌낸다. 그들은 그의 황금 무리의 일부분으로 머무르기 위해서라면 무슨 일이든 할 수 있다. 안마사인 실라는 주말 스파를 찾아온 영화제작자 롭을 만났다. 실라는 롭에게 반해버렸다. 그녀는 그가 제작한 영화를 다 본 상태였다. 실라는 롭을 위해 일하는 것이 매우 영광스러웠고, 가능할 때마다 그를 만나기 위해 애를 썼다. 매우 짧은 만남이 있은 뒤, 실라와 롭은 가까운 사이가 되었다. 롭과의 성적 접촉은 그녀의 인생에 최고점이 되었다. 길고 험악한 결혼생활, 수많은 정부와 여자 친구들이 있었음에도 불구하고 롭은 위험할 정도로 흥분되는, 충동적인 정사에 자주 빠져들었다. 실라는 한밤중에 롭이 전화를 하거나 초대도 받지 않고 갑자기 들를 때마다 그와 섹스를 했다. 그녀는 항상 예스라고 대답했고, 자신은 롭의 인생의 중요한 부분이라고 스스로에게 말했다. 실라는 롭의 무모하고 제한 없는 행동을 위한 수단으로 자신을 제공한, 전형적인 엑스트라였다.

멈추지 않는 찬사의 샘

쏟아지는 폭포수처럼, 자기도취자에게는 칭찬과 환호가 항상 흘러내려야 한다. 그는 이런 찬사를 생명줄로 기대하고 의지한다. 그는 자신의 승리에 대해 끝없이 이야기하고, 다른 사람들이 자신에게 "당신 정말 멋지군요"라고 반응해주기를 기대한다. 여기에 조금이라도 기대하지 못했던 일이 벌어지면 자기도취자는 당황스러워하고 충격을 받는다. 그가 보이는 반응은 무시당했다고 느끼는 것부터 통제할 수 없는 분노까지 다양한 모습을 띤다.

황금테두리의 멤버들은 언제나, 영원히 봉사해야 한다. 자기도취자는 당신이 지금 당장 간절히 원해왔던 휴가를 떠나기 위해 비행기를 타야 한다는 사실을 전혀 신경 쓰지 않다. 당신의 아이가 아파서 병원에 가야 한다는 사실도 그에게는 중요치 않다. 딸의 결혼, 특별 기념일, 심지어 가족의 죽음마저도 자기도취자의 「절대적」 특권의식 앞에서는 아주 작은 부분만 차지할 뿐이다.

헌신적인 추종자들은 자기도취자의 주변에서 정교한 거미줄을 돌리며 황금빛 기운을 자아낸다. 그들은 아양을 떨고, 상기되어 있고, 숨을 쉬지 못한다. 자기도취자가 있는 쪽으로 고개를 기울이는 그들의 눈에서는 빛이 난다. 가볍든, 무겁든 무아지경에 빠진 추종자들은 자기도취자의 매력에 혼을 내놓는다. 광고 이사인 세실리아는 다이앤을 관리보조원으로 채용했다. 세실리아는 다이앤에게 사업상의 파트너가 될 수 있게 해주겠다고 약속했다. 능숙하고 열성적이었던 다이앤은 깨어있는 시간 대부분을 세실리아를 위해 보냈다. 그녀의 상관은 절망스러울 정도로 요구가 많았고, 언제 폭발하게 될지 한 치 앞도 예측하기 힘든 사람이었다. 다이앤은 세실리아에게 찬사의 샘을 반복해서 제공하는 것이 자신의 주요 업무라는 것을 재빨리 눈치 챘다. 다이앤의 충성은 맹목적이었고, 의심할 수 없는 것이었다. 그녀는 세실리아를 통해 자신이 인생을 경험했다. 록스타를 따라다니는 십대 소녀처럼, 다이앤은 세실리아의 역겨운 팬클럽의 창립 멤버로서 자신의 권리를 기꺼이 포기했다.

자기도취자의 추종자들, 특히 그와 가장 가까운 사람들-배우자, 정부, 연인, 자식, 파트너-은 잠재력을 지닌 자신의 인생을 허비한다. 그들은 결정권을 지닌, 냉담하고 자주 폭발하는 부모 같은 인물에게 자신을 맡긴다. 그들의 임무는 그에게 복종하고 그를 흠모하는 것이다. 그리고 그에게 어떤 의문도 제기해서는 안 된다.

표면상, 이런 엘리트 그룹의 멤버들은 잘 결합된 것처럼 보인다. 심미적으로나, 정신적으로, 또 심리적으로 말이다. 그러나 이 얄팍하고, 자주 매력적으로 보이는 외층 밑에는 강렬하고 원초적인 억울함과 격노, 절망감이 깔려 있다. 자신의 기회를 계속 침식시키면서, 오로지 오만하고 건방진 자기도취자의 비위를 맞춰주고 요구를 들어주기 위해 살던 헌신적 추종자들은 결국 증오심으로 똘똘 뭉친 적으로 변신한다.

8장

친밀한 적 : 그림자 속에 사는 사람들

> 충실함은 친구의 상처이다. 그러나 적의 키스는 기만이다.
> —잠언 27:5-6 [1]

모조 인생

자기도취자와 가깝게 사는 사람들-특히 아내, 남편, 파트너, 자식-은 스스로에게 거짓으로 살아갈 것을 요구한다. 그들은 아주 어릴 적에 자신의 감정을 모두 느끼고 표현하는 것이 위험하다고 배웠다. 심지어 자신만의 생각을 하는 것조차도 그들에게는 위험한 일이었다. 자신의 운명을 자기도취자에게 던져버린 사람들은 자신에 대한 진짜 감각을 결코 개발하지 못한다. 아주 깊은 곳에서, 그들은 자신이 부적절하고 무가치하다고 느낀다. 그들은 자신의 감정을 표현하는 사람들에게 기질적으로 나약하다는 꼬리표를 붙여버린다.

깊이 느끼기 위해서는 기본적으로 심리적 안정감과 현실감을 갖춰야 한다. 자유롭게 울고, 마음을 다해 웃고, 타당하게 화를 낼 수 있을 때, 그 사람은 인생을 완전하게 사는 것이다. 왜냐하면 그는 자신의 인간성을 안을 수 있기 때문이다. 그는 타인이 자신에 대해 갖는 인식이나 판단에 좌우되어 움츠러들지 않는다. 그의 감정은 명쾌하다. 그들은 부끄럽지 않은 자연스러움을 마음껏 드러낸다.

표현되지 않고, 기억되지 않은 채 묻히는 감정은 없다. 그것은 우리의 생각, 꿈, 느낌, 행동, 몸의 기능 속에서 자기 목소리를 낸다. 많은 사람들이 감정을 쌓아놓다가 병에 걸린다. 의절된 감정들은 미래의 자가 면역 질병, 정신장애, 암, 심장혈관 질환의 원료가 된다. 몸은 항상 진실을 말한다. 우리는 우리의 마음을 속일 수 있고 우리의 가슴을 닫을 수 있지만, 몸은 우리의 비밀을 드러낸다. 몸은 슬픔, 분노, 두려움, 증오, 질투, 죄책감, 억울함, 상실감, 자포자기의 언어를 말한다. 이런 감정들은 우리 몸을 통과하면서 주요 장기, 호르몬, 뇌, 골격근계, 중추 신경계를 완전히 바꿔놓는다.

이타적 하인

심리적, 신체적 건강이 위협을 받는 것 말고도, 자기도취자와 사는 사람들, 특히 배우자들은 자신만의 독특한 창조적 재능을 개발시킬 기회를 도둑맞는다. 그들은 자신의 재능과 욕구, 꿈은 제쳐둔 채, 기업의 아내나 남편, 또는 강박적인 기업가가 되어 수많은 시간과 에너지를 허비한다. 회의, 만찬, 대규모 학회, 세미나, 출장 등 기업의 문화는 모두 소비적이다. 어떤 이는 참가자 자신이「사업적 대화」의 끊임없는 불협화음과 치명적인 경쟁, 지독한 파워게임의 중심에서 어떤 가치를 구할 수 있을지 의아해 할 것이다. 기나긴 한 주와 늦은 저녁 내내 기다려야 하는 수많은 남편과 아내, 자식들에게 일이「최우선」이라는 자기도취자의 생활양식은 싫증나는 것, 낙담케 하는 것, 정말 짜증나는 것이다. 기업의 사다리 위에 길게 서 있는 자기도취자는 자신의 직업과 정체성을 탯줄로 꽁꽁 묶어놓은 것 같다. 그들은 더 많은 권력과 갈채를 구하는 과정에서 자신이 저지르는 감정적 상처를 보지 못한다. 장애가 생길 때마다, 그들은 미리 준비해 놓은 구실을 읊조린다, "이걸 처리할 수 있는 사람은 나밖에 없어." "내가 가족을 위해 그 일을 하겠어." 또는 매우 친근하게 말하기도 한다. "이 일에 내가 없어서는 안 되죠."

수백 년 동안 영국에서는, 대저택과 시골집에서 귀족을 위해 평생을 봉사하며 헌신하는 사람들이 고귀한 전통의 일부분으로 여겨졌었다. 낮은 계급에서 태어난 하인은, 단지 출생신분이 이유만으로 많은 재산과 자산을 소유한 사람들을 수행하면서 살아야 하는 운명을 갖게 되었다. 하인들은 일정 기간 가질 수 있고 또 간단히 버릴 수 있는 단순한 소유물이었다. 그들은 음울하고 앞이 뻔히 보이는 삶을 살았다. 그들은 재정적으로 독립해서 자유로워질 수 있을 정도의 충분한 돈을 벌 수 없었다. 그들이 노동으로 흘린 땀은 귀족 주인들의 사회적, 경제적 지위를 유지하는 일에 곧바로 흘러들어갔다. 모든 결정은 지주나 사유지의 귀족이 내렸다. 그들의 의무는 분명하고 간결하게 설명되었다. 충성과 고된 노동이 요구되었고, 쥐꼬리만 한 보상이 주어졌다. 규칙을 위반하면 가혹한 벌이 내려졌다. 서구 사회에서 이런 체제는 이제 형식적으로 사라졌다.

그러나 놀랍게도, 자기도취자와 인생을 함께 하는 사람들은 봉사라는 이름의, 시대착오적 삶의 수많은 잔해 속에 제 발로 걸어 들어가고 있다.

아버지로부터 물려받은 부동산 개발 회사의 소유주이자 CEO인 메레디스는 최근 제임스와 다섯 번째 결혼식을 올렸다. 그녀가 CEO가 되기 전부터 회사는 매우 높은 수익을 올렸는데, 메레디스는 그 성공을 자기가 만들어낸 양 모든 공을 차지했다. 제임스는 잘 생기고, 멋지고, 당당했다. 처음에 그는 이렇게 성공한 여성의 관심을 받는 것이 자기가 잘나서인 줄 알고 좋아했다. 그는 재능 있는 예술가였지만, 게으름과 야망의 부족으로 자신의 뜻한 바를 결코 이루지 못했다. 결혼 초기, 그는 기꺼이 심부름 소년이 되었다-메레디스를 기쁘게 해줄 수 있는 일이라면 무엇이든 할 준비가 되어 있었다. 그는 메레디스의 그 유명한 괴팍한 감정 폭발과 피해망상적 비난, 비이성적 요구들을 못 들은 척 했다. 메레디스는 자신의 공적인 삶과 사적인 삶의 모든 세부사항과 결정을 통제했다. 아주 작은 움직임마저도 그녀의 허락 없이는 이뤄질 수 없었다. 제임스는 그녀의 지시를 그대로 따랐지만 때로 다른 누군가가 저지른 실수 때문에 그는 사람들이 보는 앞에서 비난과 호된 질책을 받았다. 그는 수 년 동안 이런 수모에 고개를 숙였다. 그러나 마침내 화가 머리끝까지 난 제임스는 메레디스와 함께 있다는 사실마저도 참을 수 없게 되었다. 제임스는 계속해서 그녀를 떠날 계획을 세웠지만, 그때마다 자기 힘으로 힘겹게 벌어먹어야만 했던 지난날의 공포가 그를 압도했다. 그는 자신의 나약함이 싫었지만, 그는 이미 덫에 걸렸고 무력했다. 시간이 흐르면서 메레디스와의 삶을 참아내는 감정적 피로가 그를 마모시켰다. 그의 역할은 흠모하는 이타적 하인에서 친밀한 적으로 바뀌었다.

심리 용어 중에 수많은 납치 희생자와 죄수들이 경험하는 신드롬으로 언급되는 침입자와의 일체감(identification with the aggressor)이 있다. 사느냐-죽느냐의 상황에 놓였을 때, 자신이 언제고 살해될 수 있다는 사실을 깨달은 희생자는 납치범에게 호의적으로 행동하기 시작한다. 납치되었다는 충격 속에서, 그는 자신의 정체성을 잃고 자신의 믿음과 가치는 내면화시킨 상태로 생명을 구하기 위해 죄인과 융합된다. 자기도취자에게 자신의 운명을 던진 사람들은 감정적으로 그에게 완전히 사로잡힌다. 그들은 자신을 침입한 사람에게 자신을 동화시킨다.

자기도취자와 밀접한 관계를 맺은 사람들은 복종하는 아이의 역할에 갇힌다. 그들은 개별적이고 결정권을 가진 인간으로서 자신을 경험하는, 즉 자신의 인생에 책임을 지는 성인으로 충분히 성장하지 못한다. 그들은 자신의 개성을 살리는 것을 불편해 하고, 적극적으로 움직이거나 주도권을 잡는 것을 두려워한다. 「안전」(대체로 경제적인 것)을 보장받는 대가로, 그들은 자신에게 적절한 것이 무엇인지를 생각하고, 행동하고, 느끼는 본능적 권리를 포기한다. 규칙에 복종하지 않았을 때 엄마의 노여움을 사게 될까 두려워하는 아이처럼, 자기도취자의 충실한 하인들은 끊임없이 자신의 행동을 모니터하고 규정된 프로그램을 따른다. 그들은 자신이 옛날 세상의 하인들처럼 보호되고 보살핌을 받는다는 망상에 빠져있다. 이런 공생 관계에 갇혀 있는 한, 심리적으로 그들은 절대 성장하지 않는 아이로 남는다. 자기도취자는 자신과 친밀한 관계의 사람들로부터 더 좋은 봉사를 제공받을 수 있도록 그들을 위한 특별 배역을 준비한다. 그의 아내는 세련되고 아름다운 사업가, 놀라울 정도로 자선을 베푸는 사교계 명사, 자식에게 정중한 어머니 역할을 맡는다. 자기도취자는 자신의 드라마의 작가이자 감독, 제작자, 배역 결정 책임자이다. 모든 역할들은 지워질 수 없는 것으로, 대본과 한 치의 오차도 없이 연기되어야 한다. 기분이 좋다고 애드리브나 즉흥 연기, 또는 자연스럽게 자신을 연기했다가는 이 제작물에서 남아날 수 없다.

무력감과 분노

자기도취자는 자기만 진짜 생각을 할 수 있다고 믿는다. 그는 부끄러운 줄도 모르고 다른 사람의 창의적인 생각을 자신의 것으로 만든다. 심지어「빈틈없는」계약서도 자기도취자가 다른 사람의 창조물을 선취하는 것을 막지 못할 것이다.

첨단기술의 귀재 콜린은 상상력과 글쓰기 능력이 부족한데도 불구하고 자신을 항상 작가라고 생각해 왔다. 그는 심리학자인 로레인과 6개월 동안 데이트를 했다. 그 시기에 콜린은 로레인이 사무실의 남녀 관계를 다룬 도발적인 책을 집필하는 계획에 상당한 흥미를 보였다. 콜린은 그녀에 대한 관심인 양, 로레인의 말을 주의 깊게 들으면서 이야기를 메모했다. 로레인에 대한 환상이 깨지기 시작한 그는 그녀를 육체적으로 평범하고, 예측이 가능한 지루한 여자라고 여기게 되었다. 금세 이 커플은 갈라졌고, 그는 재능 있는 협력자의 도움으로 로레인의 책 줄거리를 자신의 아이디어인 것처럼 문학 에이전트에게 제출했다. 그는 자신의 첫 번째 책이 출간되는 영예를 차지하고 기뻐했다. 그는 이전 여자 친구와 나눴던 모든 대화들을 오래 전에「잊었다」. 몇 년 뒤, 로레인은 콜린이 자신의 책 내용을 훔쳐갔다는 사실을 우연히 알게 되었지만, 그녀에게는 그와 싸울 돈도, 에너지도 없었다. 그녀는 심리적 폭행을 당한 기분이었고, 자신을 지키지 못하는 무력감에 빠졌다. 그녀는 콜린을 믿고 자신의 창의적 생각을 보여주었었다. 이런 사실이 밝혀지고 수개월 동안, 로레인은 자신을 괴롭히는 분노에 사로잡혔다.

어둠 속 삶의 어릴 적 기원

자기도취자가 파트너로 삼게 되는 사람들의 부모는 종종 오만하고, 까다로운 자기도취자인 경우가 많다. 아주 어릴 적부터 그들은 부모가 제멋대로 세운 규칙과 변덕에 길들여졌다. 자기도취적인 엄마나 아빠는 아무런 양심의 가책 없이, 외부의 권한에 구애받지 않고 독재자처럼 행동한다. 아주 어렸을 때부터, 이런 아이들은 자기도취적 부모의 기이한 요구들을 들어주는데 전문가가 되어 있다.

다른 경우로, 어둠 속에서 삶을 마치는 사람들 중에는 태만하고 무감정한 부모들에게 자라나는 경우가 많다. 그들의 심리적 상처 아래에는 무력감과 우울, 분노가 자리 잡고 있다. 이런 부정적인 감정이 감춰져 있는 것은, 그들이 입은 심리적 고통이 참을 수 없는 것이기 때문이다. 그것들은 「잊혀진」 상태로 무의식의 차가운 저장소에 버려져있다. 사랑받지 못했다고 느끼는 아이는 애정과 확인을 받고 싶은 자신의 요구를 채워주겠다고 약속하는 사람에게 필사적으로 의존하면서 만족을 구한다.

자신을 어둠 속에 내던지는 사람들은 심리적으로 허기져 있다. 그들 대다수가 물질적 소유를 강박적으로 추구하면서 자신의 욕구를 충족시키려 한다. 그들은 채워질 수 없는 내면의 공허를 채우기 위해 강박적으로 쇼핑을 하고 수집을 한다. 「반드시 필요한 것」을 찾아다니는 사람들의 몸속에는 아드레날린이 솟구친다. 「찾는 것」을 찾게 될 거라는 기대로 흥분하기 때문이다. 그러나 일단 물품 또는 전리품 한 바구니를 내 소유로 갖고 시간이 흐르면, 흥분과 광휘가 사라진다. 우리는 곧 「새롭고 가장 좋은 것」에 대한 또 다른 요구를 갖게 된다. 자기도취자는 주목하지 않을 수 없는 귀중한 것으로 자신을 드러내 보인다. 그는 세상보다 더-큰-그의-삶을 공유하게 될 거라는 솔깃한 약속을 한다. 그의 과장과 최고의 자신감은 자신을 가치 있는 존재로 느끼고 싶어 했던 추종자의 어릴 적 갈망을 부채질한다.

조안나는 열 살 이전의 삶을 거의 기억하지 못했다. 그녀는 자신의 생물학적 아버지에 대해서는 전혀 기억하지 못하지만, 그녀의 집을 드나드는 여러 남자들은 기억할 수 있었다. 그들 중 세 사람이 양아버지였고, 나머지는 엄마 시드니의 수많은 남자친구들이었다. 시드니는 항상 자신이 최근 포획한 남자와 관련된 인생 드라마에 푹 빠져 있었다. 조안나는 "엄마가 항상 사랑에 빠져 있었다"라고 아무렇지 않게 말했다. 시드니는 예측할 수 있는 일련의 「사랑」 주기에 따라 살았다. 그녀는 남자를 사냥하고, 사랑에 빠지고, 서로에게 적응하고 미래 계획을 세우는 신혼기를 지나, 필연적으로 발생하는 격렬한 불화를 겪은 뒤, 결국에는 서로를 버리는 꼴사나운 장면을 연출했다. 오로지 "내가 저 남자를 차지하고야 말았어"라는 에피소드에만 몰두했던 시드니는 딸에게 관심을 가질 생각조차 하지 않았다. 홀로 남겨진 조안나는 혼자 힘으로 살아가야 했다.

청소년기에 조안나는 20대 후반의 남성들과 데이트를 했다. 아르바이트를 하던 18세에는 대규모 백화점 소유주인 카일을 만났다. 두 번의 이혼 경력을 갖고 있는 카일에게는 네 명의 자식이 있었지만, 그는 아이들을 무시했고 자기 자식으로 생각하지도 않았다. 카일은 능란하고 에고로 가득 찬 사람이었다. 40세의 그는 자유분방한 독신남의 삶을 즐겼다. 조안나는 카일의 거친 외모와 나쁜 남자의 난폭한 매너에 반해버렸다. 카일은 조안나에게 대놓고 구애를 시작했고, 석 달도 지나지 않아 두 사람은 정기적으로 성관계를 갖게 되었다. 비밀스러운 정사는 그녀로 하여금 이 관계를 더욱 매혹적으로 느끼게 만들었다. 조안나는 임신을 했고, 다가올 엄마의 역할을 이용해 카일에게 결혼을 강요했다. 카일은 타인의 개성과 충실함에 관심을 기울이는 시간이 매우 짧은 사람이었다. 출산을 한 뒤에도 조안나는 신체적으로 여전히 매우 아름다웠지만, 카일은 그녀를 더 이상 매력적으로 느끼지 않았다. 2년 동안 조안나는 결혼을 유지하기 위해 필사적으로 노력했다. 그녀는 카일이 없는 삶을 상상조차 할 수 없었다. 그는 그녀 인생의 중심이었다. 수차례에 걸친 고통스러운 대립과 화해의 시도를 거친 뒤, 카일은 일말의 후회도 없이 조안나를 버렸다. 수그러들 줄 모르는 깊은 상처에 빠진 조안나는 정신적인 복수를 음모했다. 결국 이혼이 뒤따랐지만, 조안나는 카일에 대한 자신의 경멸을 결코 내려놓지 않았다. 카일은 그녀의 「적」이 되었다.

증오라는 수확물

증오의 씨앗은 잔인함과 평가절하, 학대가 조금씩 늘어나는 동안 천천히 심어진다. 그 작은 덩굴손은 통제와 수치, 비난의 환경 속에서 무성해진다. 처음에는 아무 노력을 기울이지 않아도 자기도취자와 그가 선택한 사람 사이에 육욕적 애정의 물이 마구 샘솟는다. 자기도취자는 유혹과 조종, 일념으로 자신이 원하는 사람과 사물을 얻는 것에 매우 능숙하다. 자신이 추구해온 재능 있는 사람에게 '노'라고 말하기란 무척이나 힘든 일일 것이다. 누군가를 가차 없이 추구하던 자기도취자는 그가 자신의 욕망을 충족시키지 못할 것이라는 사실만을 깨닫게 될 것이다. 그러면 그는 그 어떤 감성이나 양심도 없이 자신이 열정적으로 쫓아다니던 사람을 버리고 다음 희생자를 찾아 나선다. 증오는 다음의 과정을 거치면서 수확된다. 우상화, 달콤한 소유, 구유 깊이 빨아 마시기, 최종 환멸.

우상화

살아있는 신, 이집트의 파라오는 자신에게 복종하는 이들의 생과 사를 모두 지배했다. 그에게 그들은 인간 소유물이었기 때문에 그들의 세속적 운명을 결정할 수 있었던 것이다. 파라오는 노예 군대에게 자신의 신(神)적인 지위에 어울릴 만한 피라미드를 짓도록 명령했다. 지옥 같은 태양 아래에서 수십 년간 손으로 바위를 끌어올리는 노동을 하면서, 그들은 주인에 대한 영원한 존경의 표시를 만드는 일에 자신의 인생을 바쳤다. 죽은 파라오는 다음 세상에서의 부활을 확실하게 하기 위해 정교하게 미라로 만들어졌다. 전멸의 마지막 제스처로 파라오의 노예들은 아름다운 무덤을 봉인하는 최후의 커다란 돌이 되는, 아주 특별한 죽음을 강요당한다. 이집트의 파라오들처럼, 자기도취자들은 자신이 살아있는 신으로 대접받기를 바란다. 겉으로 보기에 그들의 배우자와 정부는 욕구를 충족시키며 사는 것 같지만, 결국에는 내재하는 재능을 억누르고, 소중한 시간을 허비하고, 한 개인으로 성장할 수 있는 기회를 봉쇄한 대가를 치르게 될 것이다. 맹목적인 추종자이자 숭배자로서, 끝까지 자기도취자에게 충성했던 그들은 파라오의 무덤을 봉인하기 위해 질식사에 처해질 것이다.

달콤한 소유

자기도취자에게 운명을 던졌다는 것은 당신의 인생이 더 이상 당신의 것이 아니라는 사실을 의미한다. 당신의 정신적 자유와 심리적 공간은 이미 침략 당했다. 모든 결정과 행동, 의견, 믿음은 그의 현미경 렌즈를 통해 걸러진다. 자기도취자는 자기와 친밀한 사람들 사이에 깨질 수 없는 결합을 만들어내고, 그들을 자신의 성격이 복잡하게 짜낸 직물인 것처럼 취급한다. 그들은 자기도취자의 완벽한 자아를 반영할 때에만 의미를 갖는다. 24세의 앨리슨은 세상에 영향력을 행사하고 어마어마한 돈을 버는 강력한 남자들에게 매력을 느꼈다. 그녀는 23세 때, 세 번의 결혼 경력이 있는 57세의 혈관 외과전문의 로이와 약혼을 했다. 조종에 능하고 기만적인, 전형적 자기도취자 로이는 오로지 앨리슨의 젊음이 지닌 아름다움, 성적 매력, 감정적 순응성에만 반해 있었다. 그는 그녀를 소유하고 조종하는데 자신 있었다. 그녀는 로이의 직업적 성공과 유능한 외과의로서 받는 세상의 찬사에 마음을 사로잡혔다. 그는 그녀가 지금까지 만나 본 남자들 중에 가장 역동적이고 수준 높은 남자였다. 소유는 관계의 초기 단계에 해당한다. 앨리슨은 정맥에 처음 마약을 넣을 때의 반가운 환각상태를 느끼는 외과 환자처럼, 순조롭고 완전하게 자신의 의지를 로이에게 복종시켰다.

구유 깊이 빨아 마시기

자기도취적 파트너의 소유물이 된 사람들은 어릴 적에 생긴 감정적 결손과 상처를 재연한다. 그들은 자신을 대신해 줄 다른 누군가를 찾는다. 그들은 자신의 인생을 책임지는 것을 두려워한다. 자기도취자의 저주 아래 떨어진 사람들은 가장 강력한, 최초의 심리적 요구들이 충족되기를 바라면서, 확신과 환상으로 가득한 그의 구유를 깊이 빨아 마신다. 그들은 스스로 애써 구하지도 않으면서, 사람들로부터 인정받기를 간절히 원한다. 그들은 인생을 완벽하게 지휘하는 것처럼 보이는 강력한 사람과 인생을 함께 하는 것으로 자신의 중요성과 특별함을 느낀다. 그들은 이 지배적인 인간의 보살핌과 보호를 받을 것이라 확신한다. 그들은 인생의 예기치 못한 폭풍우로부터 안전한 항구를 찾았다고 믿는다.

최종 환멸

자기도취자와의 관계는 항상 나쁘게 끝이 난다. 그것은 재정적 파탄이나 감정적 유린, 신체적 질병, 심지어 죽음으로 종종 막을 내린다. 관계는 그것이 시작된 지 얼마 지나지 않았든, 수십 년이 지속되었든 상관없이 급작스럽게 종료된다. 그 기간은 당신이 자기도취자에게 얼마나 유용한지, 또는 그의 심리적 학대를 당신이 얼마나 견뎌낼 수 있는지에 달려 있다. 몇몇 경우, 자기도취자의 파트너는 심리적 또는 신체적 고통을 견디지 못해 더 이상 이 결합을 지속시키지 못한다. 그러나 자기도취자는 어렵지 않게 이들의 자리를 신선한 얼굴, 눈을 반짝이며 자신을 흠모하는 신봉자로 채워놓는다.

자기도취자가 마음을 가장 열었을 때, 그는 재미있는 이야기꾼이 된다. 머리 위로 스포트라이트가 비출 때, 그는 자신을 쇼의 스타로 만드는 이야기에 또 다른 이야기를 포개놓는다. 그가 말하는 각각의 세부사항은 청중으로부터 최고의 반응을 끌어내기 위해 극적으로 윤색되거나 소설화된 것이다. 65세의 조지는 아내와 함께 여행하고 파티를 하며 인생의 대부분을 보냈다. 아버지의 건설 회사를 성공시킨 것을 기반으로, 조지는 은퇴 후 말년의 20년을 안락하게 보낼 수 있게 되었다. 그의 다섯 번째 아내 수잔은 자신이 조지의 모든 기벽에 단련이 되었다고 생각했다. 처음에 그녀는 그가 자신의 영웅적 비즈니스 투쟁담을 흥에 취해 말하는 동안 그를 흠모하듯이 바라보는 법을 익혔다. 수 년이 지난 뒤, 수잔은 그의 병적 자기중심주의와 터무니없는 요구들, 가슴을 찌르는 질책들을 더 이상 견딜 수 없게 되었다. 그녀는 조지가 같은 얘기를 나선을 이루듯 수천 번이나 반복하는 것에 메스꺼움을 느꼈다. 그녀는 조지의 멈추지 않는 「내가」 독백에 차가운 미소를 날렸다. 이제 수잔은 더 나아갈 자신이 없었다. 그녀는 자신의 결혼에 완벽한 환멸을 느꼈다. 매일 밤, 그녀는 조지를 떠날 결심을 했다. 그녀는 놓쳐버린 모든 기회들을 뼛속 깊이 후회했다. 그녀는 자신의 너무 많은 부분을 조지에게 내주었다. 어둠 속, 그의 옆에 누운 그녀는 이런 이기적이고 무정한 사람에게 매달렸던 자신을 혐오했다. 그러나 아침에 일어나면 자신이 누렸던 특권적 「신분」을 포기할 수 있을지 의심스러웠다. 한동안, 그녀는 자신의 임무를 수행했다. 표면의 깊숙한 곳에서는 공격을 감행하려고 하는 호랑이처럼 속을 부글거리고 쉭쉭거리면서 말이다.

04 대단한 연기자에게 대응하기

9장 관계의 규칙 : 자기도취자로부터 자신을 지키기
10장 자기도취를 넘어서

9장

관계의 규칙 : 자기도취자로부터 자신을 지키기

> 에고는 믿을 수 없는 것이다.
> 살아남기 위해서라면 그것은 어떤 짓이라도 할 수 있다.
> 우리가 그것을 꽉 붙잡지 않으면,
> 그것은 기뻐하며 우리의 영역에 지배자로 눌러 앉을 것이다.
> – 라마 수리아 다스, 내 안의 부처를 깨워라 [1]

지금까지 우리는 긴 시간 동안 자기도취적 성격의 내면과 외면 세계라는 깊고 복잡한 덤불숲을 여행해 왔다. 우리는 세 번째 줄에 앉아서, 그가 오만하게 발을 디디고 으스대는 모습, 무한한 특권의식, 원시적 분노의 극단적 발작, 계산된 잔인함으로 우리를 웃게도 했다가 간담이 서늘하게 만들기도 하는 것을 지켜보았다. 이제 당신은 그가 얼마나 많이, 그리고 어째서 그렇게 터무니없는 행동을 하고 결점이 많은 성격을 갖고 있는지 알게 되었으니, 당신의 유능한 손으로 중증 자기도취자와의 관계 규칙을 단호함과 확신을 갖고서 세워야 할 때가 되었다.

먼저 당신 자신과 당신에게 주어진, 그리고 당신이 만들어낸 인생에 대한 공명정대한 평가로부터 시작하자. 우리는 모두 힘겨운 시간을 거쳐 왔다. 우리 중 몇몇은 다른 사람들보다 훨씬 더 큰 비극과 상실, 정신적 외상, 박탈, 실망을 겪기도 했다. 빛나는 해안가의 상승 온난 기류를 타고 가는 우아한 새들이 매끄럽게 활공하듯, 수많은 사람들이 인생을 우아하고 순조롭게 통과하는 것처럼 보인다. 이렇게 겉으로 보이는 흠없이 멋진 모습은 자기도취자가 주의를 기울여 정교하게 만든 허울인 경우가 많다. 매끄러운 잡지 사진의 레이아웃처럼, 그것은 인간 경험의 진정한 본성을 드러내지 않는다. 어떤 사람이 자신에게는 모든 것이 훌륭하다고 말할 때, 그 사람은 자신이 갖고 있는 회의감을 숨기고 있는 것이다. 당신에게 이 세상 모든 것이 얼마나 훌륭하냐고 말할 때, 그는 자신의 회의를 보류하고 있는 것이다. 그들이 "엄마, 보세요, 손을 놓고도 탈 수 있어요." 또는 "난 한 번도 땀을 흘린 적이 없어요"라고 말하며 허세 떠는 것을 보면서, 당신은 위축되고 보잘 것 없는 존재라는 느낌을 갖게 된다. 이런 사람들이 당신을 기만하게 하거나 당신 스스로 자신을 결점 있는 사람으로 폄하하는 것을 용납하지 말라. 외면에서는 빛이 나지만, 그들은 정신 깊숙한 곳에 숨겨놓은 또는 몸속에 거주하는 심각한 수준의 고통과 싸우고 있다. 처리되지 않은 고통은 점차 악화되면서 몸, 의식, 정신의 전체 시스템에 침투한다.

중증 자기도취자와 함께 살거나 일하는 것은 일련의 심리적 투쟁 속으로 우리를 밀어 넣는다. 관계의 신혼기인 초반부터 미래에 벌어지게 될 치고받는 접전의 가능성을 의심하는 사람은 아무도 없다. 재능 있고 노련한 정신분석가나 정신과 의사, 심리학자들은 가장 저항적인 환자들의 공격과 못된 짓을 다 겪었음에도 불구하고, 자기도취자가 자신의 사무실에 걸어 들어오는 순간(매우 드문 일이다), 자신이 힘겨운 여정에 돌입했음을 알아차린다. 치료사들은 자기도취자들을 「치료하는」 동안 자신의 머리카락이 얼마나 가늘어졌는지, 빠졌는지 모른다며 푸념을 늘어놓는다. 하물며 단련된 전문가들도 이런 성격 장애를 다루는 일에 큰 어려움을 겪고 있으니, 그들에 의해 내동댕이쳐졌다고 해도 놀라지 말자. 삶과 죽음의 문제까지는 아니더라도, 자기도취자와 가깝게 만나는 것은 스트레스가 쌓이고 심리적으로 동요되는 경험을 준다. 한 마디로 말해, 그들은 어떻게 해도 「안 되는」 사람들이다.

관계의 규칙은 다양한 기술을 요구한다. 그들은 총력을 다해 신속하고 정확하게 행동하는, 고도의 훈련을 받은 게릴라 전사부터, 인간 행동의 가장 미묘한 심리적 신호를 분석할 수 있는, 영악하고 직관적인 지식 정보원에 이르기까지 다양하다. 자기도취자와의 갈등은 모두 독특한 전투 스타일을 요구한다. 고양이 쥐 다루듯 하기, 비밀과 의문으로 가득한 시나리오, 긴칩 대 억긴칩 게임, 또는 싱징적인 눈 대(vs) 눈, 땀과 피의 대치를 요구한다. 관계의 규칙을 숙달하는 데는 규율과 집중, 자기통제, 인내심이 필요하다. 올림픽 빙상 스케이트 선수처럼, 열심히 노력하면 목표를 달성하게 되리라는 믿음으로 지칠 줄 모르게 연습하며 수천 번을 기꺼이 넘어져야 한다. 중증 자기도취자에게 대등하게 반응하는 것은 우아함이나 행운이 아닌, 성격의 근원, 즉 집중과 두려움을 모르는 용기, 흔들리지 않는 의지를 통해 성취할 수 있는 것이다. 이길 수 있는 전투에 계속 머무를 것인지, 더 높은 목표를 위해 의식적으로 패배할 것인지, 또는 힘든 상황을 외면하기 위해 떠날 것인지를 결정하는 것은 순전히 당신자신에게 달려 있다. 이런 선택을 할 수 있는 사람들은 누구라도 존경

받을 만하다. 기억하자, 자기도취자의 관점에서, 그는 항상 이긴다(심지어 졌을 때도 그렇다). 이것은 그의 망상이지, 당신의 망상이 아니다.

 자기도취적 인간들과 관계를 맺는 사람들이 통찰을 통해서든 전문가의 개입을 통해서든 「자신의」 심적 문제를 깊이 인식하기 시작하면 자기도취자를 대할 때 힘을 갖게 된다. 이 정도로 자신을 이해하고 무장한 우리는, 인생의 심리적 시나리오가 자기도취자의 자아-주도적 관심과 엮이지 않는 방법을 배운다. 이로 인해 자기도취자와 관계를 맺은 사람들은, 자기도취자가 미리부터 계획한 그들에 대한 평가절하와 죄책감을 짊어지지 않는 자유를 갖게 된다. 자기도취자의 이런 계획은 잘 갈아놓은 칼처럼 날카롭다. 핵심을 베도록 만들어진 그의 칼날은 희생자에게 심리적 상처를 남긴다. 이것을 대면할 때의 압박감 속에서도, 자신에게 이렇게 말하는 것을 잊지 말자, "이것은 「그의」 문제이다. 나는 부당하게 내게 쏟아지는 비난에 아무 책임을 갖고 있지 않으며, 그것을 짊어지지 않을 것이다." 날카로운 말들로 고막이 멍들어갈 때, 당신의 귓가에는 잠자고 있던 부모의 목소리가 깨어나 울려 퍼질지도 모른다. "너는 한 번도 뭔가를 제대로 한 적이 없어." "어쩜 그렇게 멍청할 수가 있지?" "넌 항상 실수나 하고 다니지." "도대체 네 문제는 뭐냐?"

 「자신의」 심리적 문제만 인정하고 「자기도취자」의 것은 받아들이지 않는 것은 대단한 발전, 당신의 위대한 승리를 상징하는 것이다. 그것은 당신이 손상되지 않고 온전하게 존재하게 되었다는 것, 자기도취자의 병적인 앙심을 차단시키는 예방주사를 맞았다는 것을 의미한다.

지진에도 흔들리지 않기

자기도취자가 추하게 바뀔 때, 당신은 지구가 당신의 발밑에서 불안하게 움직이는 것을 느낀다. 그는 작은 문제에 분노한다. 그는 폭발 일보 직전이고, 당신은 당신의 직업, 결혼, 또는 우정이 깨질까 두려워한다. 갑자기 당신의 몸과 마음 전체에 경보음이 울리기 시작한다. 속이 뒤틀리고, 꼬인 장이 비명을 지른다. 당신은 침대 밑에 숨거나, 구석에 쭈그리고 앉거나, 혹은 어디론가 날아가서 모습을 감추기를 바란다. 자신 내면의 심리적 과정을 인식하지 못하고, 자기도취적 성격이 내면에서 어떻게 작동하는지 알지 못할 때, 우리는 자기도취자로부터 엄청난 영향을 받게 된다. 명심하라. 당신은 자기도취자가 자신을 아는 것보다 그를 더 잘 알아야 한다. 반드시 당신 자신을 이해하고 존중함으로써, 그가 제멋대로 당신에게 장황한 비난을 쏟아 부어도 흔들리지 않을 수 있어야 한다.

자아도취자의 성질과 에고의 폭발을 무사히 헤쳐 나가는 비결은 심리적으로 균형을 잃지 않는 것이다. 균형 잡힌 사람은 안전하고 고요하다. 그는 자신의 중심이 굳건함을 느낀다. 그는 가짜 이미지 뒤에 숨는 것보다 진짜가 되는 것에 가치를 둔다. 그는 자신의 실수와 약점을 인식한다. 그는 끊임없이 진실을 추구한다. 그 결과, 그는 자신을 꿰뚫어 볼 수 있는 통찰력을 갖게 된다. 균형 잡힌 사람은 자신이 다른 사람의 목적에 의해 자신이 착취당하는 것을 허용하지 않는다. 그는 사람들을 각각의 단일 개체로 바라본다. 그는 사람들을 수입이나 사회적 지위, 교육 정도, 외적 용모에 근거해서 차별하기를 꺼린다. 거리에 살든 대궐 같은 자기 집에서 살든, 그는 모든 인간의 삶을 인정한다. 확실하게 균형이 잡힌 사람은 재미있는 놀이기구를 타는 것처럼 인생을 살지 않는다. 그는 자신에게 주어진 상황 안에서 적응하고 성장하기 위해 항상 노력한다. 그는 부당하게 비난당할 때 자신을 책망하지 않고, 크든 작든 자신이 저지른 실수를 부정하지도 않는다. 모든 경우, 특히 가장 힘든 경우에 그는 스스로에게 정직하려고 노력한다. 실패했을 때, 그는 자신을 용서하고 지금까지의 방향을 바꿔 새롭게 노력을 기울인다. 인내와 꾸준함을 갖고서, 그는 자신의 진짜 토양 위에 굳건하게 서 있다.

 균형 잡힌 사람은 다른 사람들의 심리적 공간을 존중한다. 그는 모든 인간의 개성과 가치를 찬양한다. 자기도취적인 사람은 자신과 타인을 심리적으로 구분하지 못한다. 모두가 그의 일부이므로, 그는 모든 사람들을 자기 마음대로 대할 수 있다. 자기도취자는 자신과 함께 일하는 사람이 자기만의 생활을 가질 수 있다는 생각을 절대 하지 못한다. 그 결과, 자기도취자는 오로지 그를 위해서만 행동해야 하는 물건처럼 타인을 대한다.

 매우 성공한 기업가인 브루스는 기업 매각 및 매입 행위로 부유해졌다. 모든 회사의 모든 재정적 문제를 해결하고 위험요소를 진화하는 책임을 맡은 회사 부사장 케네스는 완벽주의자에 일 중독자였다. 브루스는 자신을 골치 아프게 만드는 문제나 좀 전에 떠오른 「훌륭한 아이디어」를 의논하기 위해 아무 때나 케네스를 불러댔다. 케네스는 휴가차 다른 대륙에 있을 때에도 브루스의 전화를 받았다. 케네스는 사적인 삶이 이런 식으로 방해 받는 것에 짜증이 나면서도, 브루스의 요구에 반드시 대답을 해야 한다고 느끼고 있었다. 케네스가 균형을 잡지 못하는 한, 이 문제는 결코 해결되지 않을 터였다. 자기도취적 성격을 지닌 브루스는 케네스를 자신의 확장자로 보았다. 그는 자신이 질문을 하면 곧바로 대답을 들을 자격이 있다고 생각했다.

이런 패턴을 바꾸는 것은 케네스에게 달려 있다. 그는 자신을 주의 깊게 검토하고, 한밤중에 또는 휴가 중에 자신이 마음의 평화를 가질 자격이 없는 이유에 대해 의문을 제기해야 한다. 케네스는 반드시 일정한 한도를 명확하게 설정해서 자신의 개인적 삶이 존중을 받고 상처받지 않게 해야 한다. 아무리 응급상황이라 해도 새벽 3시 이후에는 그 어떤 회사 전화도 받아서는 안 된다. 휴가는 방해받아서는 안 되는, 힘겹게 얻어낸, 반드시 필요한 시간으로 존중되어야 한다. 케네스는 그가 사무실을 비운 동안 그를 대신해줄 다른 임원을 브루스에게 알려줘야 한다. 케네스가 자신이 누려 마땅한 자유 시간과 휴식의 가치를 인정하지 않는 이상, 브루스와 미래의 자기도취적 고용주들은 계속해서 케네스의 취약성이 제공하는 이점을 만끽할 것이다.

다음에 제시되는 짧은 글은, 출세지향적인 임원이자 상관인, 전형적 자기도취자와의 관계를 성공적으로 해결한 사례를 담고 있다. 데브라는 무척이나 사랑스러운 자신의 외모가 아주 마음에 들었다. 그녀는 큰 키와 날씬한 몸매, 선명하게 빛나는 녹색 눈동자, 자연스럽고 숱이 풍성한 금발 머리의 소유자로, 일할 때나 놀 때나, 언제 어디서나 사람들의 시선을 끌었다. 어떤 남자들은 그녀에게 굉장히 매력적이라는 찬사를 보내면서 남몰래 그녀와의 동침을 꿈꿨다. 데브라는 저항할 수 없는 자신의 매력을 의식적으로 키워나갔다. 임상심리학 학위를 가진 데브라는 수 년 동안 자신의 사무실을 성공적으로 운영했다. 그녀는 자신이 쉽고 빠르게 많은 돈을 벌고 싶어 한다는 사실을 깨달았다. 수많은 사람들을 한 번에 다룰 수 있는 그녀에게 하루 종일 한 번에 단 한 사람의 환자만을 대해야 하는 것은 여간 답답한 일이 아니었다. 장기 휴가로 한 친구를 찾아간 데브라는 새로운 영성 코스에 강한 흥미를 느끼기 시작했다. 그녀는 그 행사가 매우 인기 있다는 사실에 주목했다. 엄청난 군중이 모여 있었고, 자아의 깨달음(self-enlightenment)에 모두 흥분한 상태였다. 그녀는 이것이 자신을 부자로 만드는 티켓이라는 사실을 직감했다. 그녀는 임상의들의 말을 표절하다시피 해서 세미나의 내용을 채웠고, 코스의 명칭을 바꾼 다음 공격적인 마케팅 작전에 돌입했다. 그녀의 세미나는 대단한 성공을 거두었고, 보조직원을 채용해야 할 정도가 되었다.

　데브라는 혁명적 영성을 가르치는 사람으로의 변화에 알맞은 새로운 이미지에 공을 들였다. 그녀는 다른 사람들이 생각하고 느끼는 것을 앎과 직관이라는 확실한 느낌으로 만들었다. 그녀는 참석자들에게 그녀의 코스를 밟으면 스스로를 치유할 수 있는 방법을 배우게 될 것이라고 강조했다. 그녀의 매혹적인 탐욕의 손아귀에 사로잡힌 사람들에게, 데브라는 미래의 영적 성장을 위해 반드시 필요하다고 설득하면서 (더 비싼 강의료를 벌기 위해) 그들이 고급 코스까지 마치도록 극도의 압력을 가했다.

　데브라는 겨우 이틀 과정의 세미나에 어마어마한 금액을 책정했다. 그에 비해 보조자들-개인 비서, 홍보담당자, 마케터-은 매우 적은 봉급을 받았다. 직원들의 월급은 자주 늦게 지불하면서도, 자신의 집과 차, 그리고 그녀가 영적 은둔이라 명명한 빈번한 휴가를 위해서는 돈을 펑펑 써댔다. 만약 그녀의 직원 중 한 사람이 고객들 사이에서 엄청난 인기를 끌거나 독자적인 사고를 하기 시작하면, 데브라는 자신을 불쾌하게 만든

당사자를 해고할 수 있는 방법을 강구했다. 제일 먼저 그녀는 그 사람에 대한 안 좋은 말들을 조심스럽게 흘려놓는다. 그런 다음 언어적 협박을 사용하여 교묘하게 나머지 직원들이 이 직원으로부터 등을 돌리게 만든다. 결국 도끼가 머리 위로 떨어지고, 이상한 낌새를 눈치 채지 못했던 희생자는 엄청난 충격과 수치심에 쌓인다. 두려움과 메스꺼움이 그녀의 사무실에서 파도치는데도 불구하고, 그녀의 주변에는 되풀이되는 모욕적 사건들을 기꺼이 견뎌내고자 하는 수많은 숭배자들이 항상 대기 상태였다. 데브라는 이중생활을 영위했다. 겉으로 보기에 그녀는 여성 예언가, 존경받는 스승, 귀중한 영성의 길을 발견해낸 사람이었다. 그러나 이런 이미지 아래 있는 그녀는 잔인하고, 차갑고, 자기도취적이고, 무자비했다.

임상 심리학자인 셸리는 데브라의 세미나에 수차례 참석했고, 예상대로 감동을 받았다. 데브라는 셸리의 지적 감각과 의사소통 능력을 마음에 들어 했다. 셸리는 그 자리에서 세미나 진행자로 채용되었다. 그녀는 빠르게 습득했고, 곧바로 데브라와 함께 세미나를 이끌게 되었다. 두 사람 사이의 허니문은 몇 달 가지 않았다. 데브라는 셸리를 매우 고되게 부렸다. 그녀는 터무니없는 요구들로 셸리의 시간과 정신적, 감정적 에너지를 소진시켰다. 맨 처음에, 셸리는 자신의 직업적 발전과 고객의 안녕을 위해 기꺼이 자신을 던질 준비가 되어 있었다. 그녀는 자신의 창의적 아이디어로 이 프로젝트에 공헌했다. 그녀가 자신의 생각을 거침없이 말하고 독립적이 될수록, 데브라는 분하고 화가 났다. 그녀는 자신을 추종하는 특권 그룹의 사람들에게 셸리의 성격적 결점에 대해 악의적으로 꾸며낸 이야기들을 퍼드렸다. 데브라는 가장 가까운 추종자들에게 셸리를 배척하도록 부추겼다. 어느 날 아침, 데브라는 셸리가 주도하기로 계획된 세미나가 시작되기 전에 나타나 그녀에게 해고되었다고 통고했다. 그녀는 입이 닳도록 사용했던 이유를 들었다. 그녀는 셸리가 너무 고집이 세고 비협조적이어서 팀원이 될 수 없다고 주장했다. (셸리의 부재에 대해) 질문하는 고객들에게는 셸리가 갑작스럽게 긴 안식기간을 갖기로 결정했다고 간단히 둘러댔다. 사실 데브라가 정말로 질투했던 것은, 셸리의 창의성과 그녀가 세미나 참가자들과 나눴던 따뜻한 인간적 교류였다.

셸리는 데브라의 행동에 충격을 받았다. 그녀는 진실을 알고 있었다. 그녀의 고객들은 그녀가 주도하고 있는 모임을 통해 많은 도움을 받고 있었다. 또한 그녀는 최고의 조력자로서 회사에 어마어마한 돈을 벌어다 주고 있었다. 데브라는 셸리가 이 일을 계속하고 싶다면, 세미나를 실질적으로 주도하는 일 말고 광고와 홍보 일에 대부분의 시간을 보내야 한다고 주장했다. 셸리는 자신이 쫓겨난 것처럼 느껴졌다.

셸리는 직업적으로나 개인적으로 독립적인 사람이었다. 개인 면담에서 그녀는 데브라에게 단도직입적으로 말했다. "나는 내 힘으로 세미나의 최고 조력자가 되었습니다. 그러니 내가 마땅히 누려야 할 자리를 돌려주십시오." 셸리는 이렇게 강조했다. "나는 고된 노동과 헌신으로 이 세미나의 성장과 성공을 가져오는데 큰 역할을 했습니다." 내적인 면에서, 셸리는 심리적 균형을 잃지 않는 사람이었다. 그녀는 주장했다. "나는 최고 조력자이자 세미나 리더로서 이 회사의 확장과 복지에 계속 기여하고 싶습니다." 셸리는 침착하고 긍정적인 태도로 자신의 생각을 펼쳤다. 그녀는 자신과 회사를 위한 비전과 목표를 말했고, 자신이 이 일의 적임자라는 의사표현을 적절하게 전달했다. 당황한 데브라는 셸리를 전격 해고했다.

 잠시 적응의 시간을 거치는 동안, 이 사건이 자신의 더 높은 소용을 위해 벌어진 일이라는 것을 깨달은 셸리는 대중적인 영성 안내서를 집필했고 자신의 세미나를 주도하기 시작했다. 그녀의 일은 날로 번창했다. 그녀는 직업적으로도 성공했고 자신에게도 진실할 수 있었다.

실천 규제

 행동을 금지하는 규제는 막강하다. 우리는 일어나는 모든 일에 반드시 즉각적으로 반응할 필요가 없다. 사실 행동의 생략은 우리에게 자연스러운 개념이 아니다. 대부분의 서구인들은 무수한 생각과 감정, 두려움, 감각, 욕망들로 인해 자신이 끊임없이 소용돌이치는 것을 의식한다. 불교에서는 이것을 원숭이의 마음이라고 부른다. 그것은 모든 정신적, 감정적, 행위적 사건에 반응하면서 이곳저곳을 쉴 새 없이 움직인다. 슬픔과 후회를 느끼다 말고, 몸을 들썩이며 불안해한다. 그리고 아주 잠시 강렬한 환상으로 하늘을 날기도 한다. 이 나무에서 저 나무로 옮겨가는 원숭이처럼, 광분한 듯 바쁘게 움직이는 마음은 이 생각에서 저 생각으로 옮겨간다. 우리 대부분은 우리가 정말로 무엇을 생각하고 느끼고 있는지 알려고 하지 않는다. 우리는 충동과 감정이 급변하는 파도를 타면서 정신적 혼란과 산만함을 견뎌내는 법을 익힌다.

 자기도취자를 상대해야 하는 사람은 반드시 습관적으로 혼자 조용히 앉아 정신적 휴식이나 창조적 시각화, 또는 명상을 수행하는 시간을 가져야 한다. 명상이 지속될 때, 우리는 자신을 더욱 객관적으로 볼 수 있는 충분한 통찰력을 갖게 된다. 고요함과 내면의 평화가 몸과 마음속에 스며들면서, 우리는 언제, 어떤 식으로 반응해야하는지를 아는 더 큰 기술을 발전시키게 된다. 그것 못지않게, 반응을 삼가는 방법과 그래야 하는 이유를 직관적으로 감지하는 것 또한 중요하다. 이것은 가만히 있지 못하고 금세 싸움이라도 벌일 태세의 자기도취자의 마음을 다루는 데 특히 유용하다. 한 활동에서 다음 활동으로 맹렬히 이동하는 자기도취자는, 이 꽃에 앉았다가 저 꽃에 앉으면서 꽃이란 꽃의 즙을 모두 빨아들이는 한 마리 나비를 닮았다. 그러나 이런 신기한 곤충과는 달리, 자기도취자는 그 이후에 아무 것도 생산하지 못한다. 그는 인생의 거미줄에 아무런 기여를 하지 않는다.

자기도취자가 미친 듯이 팔을 흔들고 발길질을 하면서 성질을 부려도, 자제력을 갖게 된 당신은 불안이나 분노, 또는 방어적 행동을 보이기보다 지금 정말로 무슨 일이 벌어지고 있는지를 숙고하면서 숨 쉴 공간을 가질 수 있다. 자기도취자는 자신의 장악능력을 확고히 하고 권위를 강화하기 위해 당신의 과장된 반응에 의지한다. 그의 도발에 대한 당신의 마음속 반응을 용납하라. 차분하게 인식하라. 당신은 스스로에 대한 확신과 자신감을 갖고서 그에게 대응하게 될 것이다.

도덕적, 윤리적 가치 지키기

오늘날 자기도취적 가치의 부상은 도덕적 상대주의의 성장과 궤를 같이 한다. 의식의 안내를 받고 있다고 주장하는 사람들은 자신이 존경하는 동시에 두려워하는 공격적인 사람들을 겁낸다. 많은 사람들은 자신보다 강한 성격의 소유자가 거침없이 추진하는 것이 껄끄럽기는 해도 더 수월하다고 느낀다. 완전무결한 자기도취자와 대면할 때 우리는 강을 밀고 나아가는 것 같은 느낌을 갖는다. 어떤 것에 대한 개인적 야망은 도덕적 가치의 양보를 야기하는, 최우선 문제이다. 자기도취자가 제시하는 최후의 유혹, 간교한 루시퍼의 음모는 아주 매력적으로 보인다. 그의 매력을 업고서 흘러나온 「거래」는 저항할 수 없다. 회사 이익의 건전한 분배, 기업주의 개인 소유물, 굉장한 직함, 넉넉한 스톡옵션 등. 우리는 예스라고 대답하고 싶은, 매우 강력한 충동에 휩싸인다. 그 끝에 지옥이 기다리고 있을지라도 상관없다. 궁극적으로 이런 약속들은 공허하거나, 지극히 과장되어 있으며, 사기 그 자체이다. 자기도취자의 프로그램을 함께 하는 사람들은 그의 망상적 세계를 공유하기로 동의한 것이다. 그들은 진실 대신 에고를 선택한 것이다. "무슨 수를 써서라도 이기고 말거야," "살아가려면 그렇게 해야 해"라는 태도는 서구인의 사고와 행동의 필수적 맥락이 되었다.

  오늘날, 제대로 된 의식을 지닌 사람들은 순진하고, 낙오되고, 너무나 종교적이고, 어리석고, 세련되지 못하다는 책망을 듣는다. 수천 년 넘게 세상이 문명화된 것은, 개인적 의식이라는 개념의 성장에서 비롯된 것이었다. 가족이 온전하고 세대를 아우를수록, 옳은 것과 그른 것에 대한 감각이 자식들에게 전해지고, 이는 이웃과 마을, 도시, 사회에 의해 강화된다. 수십 년 전에는 제대로 된 의식과 훌륭한 성품이 중요시 되었다. 그러나 오늘날, 물질주의와 욕망이 창궐하면서, 「갖고자」하는 충동이 목적지에 도착하는 과정보다 더 중시되고 있다. 이제 중요한 것은 「결과」다. 산에 오르고, 섬을 소유하고, 날이 갈수록 커지는 박수갈채를 받기 위해 우리가 얼마나 자신의 진실을 희생시켰는지는 중요치 않다. 오늘날, 우리는 옳고 그름에 대한 확고한 의식을 지닌 사람들을 만나면 기쁜 마음으로 놀라워한다. 그 정도로 의식은 급격하게 위협을 받고 있으며, 규칙이 아닌 예외가 되고 있다.

의식이 심각할 정도로 부재한 자기도취자는 자신의 도덕과 윤리를 얼마든지 바꿀 수 있고, 상황에 적응시킬 수 있다. 그의 삶의 규칙은 오로지 경기 종료 시 최종 손익 계산에 근거한다. 그에게 중요한 것은 법적, 또는 윤리적, 도덕적 경계를 넘느냐 마느냐가 아니라, 언제 넘을 것이냐이다. 당신은 그와 결탁하여 법률 조문을 따져야 하는 복잡한 춤을 출 것인가? 돈, 권력, 인센티브가 혼합된 과장된 제안에 기꺼이 팔릴 것인가? 그와 심리적으로나 재정적으로 계속 결합하기 위해 기꺼이 그의 칼에 스러지거나 지옥으로 행진하면서 인간성의 마지막 조각까지 포기해버리는 진짜 추종자들이 항상 존재한다. 그러나 남아 있는 우리는 우리의 도덕적, 윤리적 가치를 지키고, 자기도취자의 다양한 유혹의 공격을 막기 위해 투쟁할 것이다. 이 전투의 기반은 우리 내부에 있다.

수많은 팬들을 지닌 부동산 중개인 레이첼은 세심한 관리가 필요한 고객, 리디아와 키스 부부를 위해 수 년 동안 일해 왔다. 레이첼은 그들 부부를 위해 2백만 달러 저택 목록을 작성했다. 집은 좋은 자격의 구매자에게 조건부 날인 증서로 두었다. 레이첼은 조건부 날인이 끝날 때까지 자신의 몫인 6만 달러 수수료를 사용하지 않겠다고 다짐할 만큼 노련했지만, 이런 큰 거래로 벌어들일 돈에 대한 열망을 버릴 수는 없었다. 그런데 구매인의 조사관 중 한 사람이 이 집과 관련된 심각한 구조적 문제를 발견하게 되었고, 리디아와 키스는 이 문제를 해결하기 위해 수많은 컨설턴트들을 고용했다. 컨설턴트들은 두 개의 실질적으로 상이한 권고를 했다. 첫 번째 것은 비싸지는 않지만 궁극적으로는 부적절하고 일시적인 해법으로서, 소유주에게 1만 달러의 비용이 소요되었다. 두 번째 대안은 5만 달러가 예상되는 것으로, 구조적 문제를 완벽하게 해결하는, 분명 더욱 책임감 있는 처리방식이었다. 리디아와 키스는 돈이 덜 드는 쪽을 선택했다. 그런 식으로 그들은 삶의 다음 단계로 이동했고, 다음 집주인의 안녕에 대해서는 전혀 신경 쓰지 않았다. 그들은 가격대로 받기를 원했고, 아무 장애물 없이 그것을 갖기로 결정했다.

　레이첼은 컨설턴트들이 두 가지 선택 사항을 제시했고 비용이 덜 소요되는 방식으로 결정했다는 사실을 공개해야 한다며 부부에게 법을 들어가며 설명했다. 레이첼의 경고에 리디아와 키스는 이렇게 대응했다. "우리는 당신 이야기를 듣고 싶지 않습니다. 우리는 문제를 해결했습니다. 당신만 이 사실을 새 구매자에게 말하지 않으면 됩니다. 이건 어느 누구도 관여할 일이 아닙니다. 당신은 더더욱 아닙니다." 수 시간의 열띤 논쟁 끝에, 레이첼은 자신의 오랜 고객들이 이 문제에 대해 한 발짝도 움직이지 않으리라는 것을 깨달았다. 그녀는 이 거래로 6만 달러의 수수료를 잃는 것뿐만 아니라, 이들 고객과 가망 고객들로부터 미래의 사업까지 잃을 위기에 처했다. 그녀는 전문가적인 태도로 말했다. "저는 불법적이고 비윤리적인 행위에 공모하는 것이 명백한 이 거래에서 손을 떼겠습니다." 레이첼은 엄청난 수수료와 고객들로부터 발걸음을 돌렸다. 그녀는 자신의 도덕적, 윤리적, 법적 기준을 지켰다는 것을 알고 있었다. 그녀 개인에게 무엇보다 중요한 것은, 자신의 진실을 손상시키지 않고 자신의 양심을 깨끗하게 지켰다는 사실이었다.

의식

의식은 자기도취적인 사람들과 성공적으로 관계를 맺을 수 있는 열쇠이다. 그것은 지금 이 순간을 완전하게 사는 예술이다. 의식의 상태에서 당신은 과거를 후회하거나 미래를 걱정하지 않는다. 이 원칙은 불교 가르침의 토대로서, 자기도취자를 다룰 때 이루 말할 수 없는 도움을 제공할 것이다. 지금 당장 일어나고 있는 일에 주의를 빼앗기지 않고 의식할 때, 우리는 언제나 사용가능한 내면의 고유한 힘을 끌어낼 수 있다. 판단하거나 선호하지 않고 지켜보는 것–좋아하거나 싫어하는 것, 또는 두려워하는 것으로부터 도망치지 않은 상태에서–을 배움으로써 우리는 의식을 집중시킨다. 이런 집중은 고요하고 안정된 의식을 만들어낸다. 의식이 차분해질수록, 집중은 더욱 강해진다.

의식적이 되는 것은 지속적인 동기와 노력이 요구되는, 점진적으로 발전하는 과정이다. 첫 단계는 우리의 들썩이는 의식을 자각하는 것이다. 쏟아지는 생각과 기억, 감정, 감각, 커져가는 육체적 흥분으로 인해 지금 이 순간 우리의 주의가 침식되는 것을 깨닫는 것이다. 우리는 구불구불한 우회로로–환상, 갈망, 불안과 분노의 고리–로 끌려들어간다. 우리는 현재의 문제들에서부터 어릴 적 심리적 문제들까지를 왔다 갔다 한다. 대부분의 사람들에게 이 과정은 무의식의 신비로운 동굴 속에 갇힌 채, 비밀스럽게 진행된다.

더욱 커진 의식은 우리의 존재에 안정감을 가져다준다. 그것은 우리에게 어떤 것이 중요하고 어떤 것이 중요하지 않은지를 아는 통찰력을 제공한다. 더욱 깊어진 침착함이 커져간다. 이 과정을 통해 당신의 내부에는 더 큰 공간과 안전한 내면세계가 만들어진다. 이런 여유로운 상태에

이르면 당신은 자기도취자보다 더 유리한 위치를 점하게 된다. 그가 최근 활동을 계획하느라 정신없이 바쁜 사이, 의식하는 자는 그 순간에 당당히 서게 되고 그날 벌어진 사건에 동요하지 않는다. 실제 경험을 거치면서, 우리는 유혹하고 위협하고 조종하려고 하는 자기도취자의 시도에 면역력을 갖게 된다. 의식을 통해 얻은 자신에 대한 더욱 깊은 이해와 통찰로, 우리는 자기도취자의 파괴적 움직임으로부터 자신을 지킬 수 있다. 이제 우리는 정교하게 조각된 의식의 프리즘을 통해 자기도취자를 본다.

자기도취자와의 관계를 통해 우리는 심리적 체력을 향상시킬 수 있다. 우리는 일관된 전투태세로 그에게 대응하거나, 계속 변함없이 상호작용을 하거나, 덜 감정적인 반응을 할 수 있다. 이런 종류의 만남은 의식의 근육을 유연하게 만든다. 이때 자기도취자는 우리로 하여금 더욱 깨어나게 되는 계기를 제공하는 「선물」이 된다.

상사와 중역회의실

대부분의 중역회의실에서 우리는 경이로운 성공을 거둔 중증 자기도취자를 발견할 수 있다. 그 또는 그녀는 회장이나 부회장, 재무담당자, COO(업무최고책임자), 또는 다국적 기업의 CEO, 일류 로펌의 사장, 비즈니스 제국의 대표이다. 전통적인 자기도취자는 그가 지시하는 곳이 어디든 갈 수 있는 마법의 운송수단으로 여행한다. 고속도로의 가장 빠른 차선만 찾아다니는 그는 이 차선에서 저 차선으로 걸신들린 듯이 길을 집어삼키며 사람들을 위협하는 도로의 무법자를 떠올리게 한다.

매일, 매년, 전형적인 자기도취자와 일하는 건 어떤 느낌일까? 그것은 화려하고 흥미진진한 것처럼 보인다. 우리는 생각한다. "운명은 내게 친절했다. 그가 적절한 순간에 내 인생으로 들어왔으니 말이다." 자아도취자를 처음 만났을 때, 우리는 그가 모든 대답을 갖고 있다고 믿는다. 그는 똑똑하고 현명하며, 일종의 문예부흥기적 사람이다. 그러나 이것은 환상이다. 그것은 우리가 보고 싶어 하는 것만 보여주는 왜곡된 거울을 통해 세상을 보는 것과 같은 것이다. 결국, 자기도취자는 자기를 위해 일했던 사람들을 가차 없이 적지로 내몬다. 자아도취자와의 만남은 매우 흥분되고 에고를 도취시키는 경험일 수 있다. 하지만 대부분의 경우, 그것은 불안을 유발하고, 사람을 기진맥진하게 만들고, 굴욕을 불러일으키는 경험이다.

자기도취자를 위해 일하는 동안, 당신의 인생은 더 이상 당신의 것이 아니다. 당신과 그는 밤낮없이 붙어 있다. 자기도취자를 위해 수 년을 변함없이 일했다 하더라도-헌신을 다해, 봉변을 감수하면서- 그는 100만 분의 일초 만에 당신을 쫓아낼 수 있다. 자기도취자에게 진정한 관계는 결코 존재하지 않는다. 수 년의 유대와 동지애, 미칠 듯이 연료를 공급했던 꿈들은 암흑 속으로 사라져버린다. 함께 나눴던 개인적 역사와 오래된 전쟁 무용담, 마티니 한두 잔을 기울이며 털어놓았던 비밀들이 팔팔 끓는 물에 던져진 각설탕처럼 자취도 없이 녹아버린다.

자기도취자는 개인적으로나 직업적으로 충실할 수 없는 사람들이다. 그의 인생에는 진정한 친밀감이나 사랑이 결코 존재하지 않는다. 그의 모든 인간관계는 유용성, 즉 자신이 원하는 것을 얻는 것, 자신의 비전을 실현하는 것, 자신의 권력적 위치를 확고하게 만드는 것에 근거한다. 자신의 성벽을 바라보는 왕처럼, 그는 자신의 영토를 갈망하며 살펴보고, 자신의 소유지와 소유물의 깊이와 너비를 찬양한다. 그것은 그가 자신의 가치와 자격에 대한 느낌을 측정하는 수단이다. 그렇게 바라보는 동안, 왕은 숲속에 덤불 너머에 있는 적을 경계한다. 자기도취자는 피해망상적인 왕의 역할을 연기한다. 권력의 칼을 휘두르는 일에 취해 있으면서도, 그는 항상 경계를 늦추지 않는다. 그의 눈과 의식은 그를 파멸시키고자 계획하고 있는 사람들에 대해 끊임없이 자세를 바꾸며 대비한다.

자기도취자는 조건 없는 충성을 요구한다. 그것은 의식 통제 또는 세뇌에 버금가는 것이다. 자기도취자를 위해 또는 자기도취자와 함께 일할 때, 독립적 사고는 금지된다. 당신이 특별히 창조적인 아이디어나 개념을 떠올리면, 그는 그것을 자기 것으로 선취한다. 자기도취자는 탐욕스럽고 게걸스럽다. 침입자로부터 자신의 장난감을 뺏기지 않으려는 두 살짜리 아이처럼, 자기도취자들은 나눠 갖지 않는다.

자기도취자는 그 어떤 관계-배우자든, 연인이든, 사업 파트너든-도 끝까지 가져가고 싶어 하지 않는다. 자기도취자는 비즈니스 파트너와 동료를 선택하는데 매우 변덕스럽고 까다롭다. 영원한 책략가인 그는 자신을 목표에 곧바로 데려다줄 수 있는 정교한 계획을 고안한다. 그의 눈은 세속적인 성배, 그를 궁극적인 권력으로 이끌어줄 황금 포도주잔에 집중되어 있다. 그의 길에 서 있는 사람은 재빠르게 망각 속으로 사라진다. 막강한 자연의 힘-허리케인, 토네이도, 쓰나미-처럼 그는 절대 멈출 수 없을 것처럼 보인다.

자기도취자를 추종할 정도로 최면에 걸린 사람들이 흠모에서 불안, 격분, 유기를 망라하는 감정적 경험을 하게 되리라는 것은 자명한 사실이다. 자기도취자와 매우 가깝게 일했던 사람 중에 긁힌 자국이나 흉터, 치명타 없이 그로부터 탈출한 사람은 거의 없다. 그들의 부정적인 영향은 엄청나다. 그것은 급성 또는 만성 질병, 정신병, 감정적 위기, 수많은 스트레스와 같은 반작용, 가족 내 갈등과 변화 등 다양한 결과를 일으킬 수 있다. 그 누구도 자신이 순진한 희생자가 되어 이런 위험하고 불길한 결과가 기다리고 있는 문을 통과하고 있다고 상상하지 않을 것이다. 이런 예측 가능한 패턴을 나는 「사랑하고 버리기」의 반복이라고 말한다.

자기도취자는 「유혹」하면서 「관계」를 시작한다. 그는 강렬한 매력을 발산하며 당신에게 관심을 집중한다. 이제 그는 자신의 숙제를 마쳤다. 당신의 모든 것을 알게 된 것이다. 그는 사적인 대화를 나누기 위해 당신을 사무실로 초대하여, 당신의 지갑을 두껍게 만들고 주식 포트폴리오를 향상시켜 결국에는 재정적 자유를 향한 당신의 열망을 충족시켜줄 수 있는 방법을 보여준다. 갑자기 사고 능력이 떨어지고 어질어질해진 당신은, 너무나 중요한 사람이 당신을 갈망한다는 사실에 취해버린다. 얼굴이 붉어지는 「결합」의 첫 단계에서, 당신은 구애를 받는다. 중증 자기도취자의 구애에 넘어가지 않기란 매우 힘든 일이다. 이 단계에서, 그의 매력은 그의 모든 모공에서 향수처럼 발산하여 아름다운 여인의 몸에 오랫동안 머무른다. 자기도취자는 우리의 에고가 요구하고 갈망하는 것-자신이 독특하고, 재능 있고, 사랑스럽고, 매력적이고, 똑똑하다고 느끼고 싶은 가장 깊은 욕망-에 호소한다. 그는 헌신적인 서퍼가 항상 기다려왔던 완벽한 파도이다. 그것은 발광하는 푸른색과 장관을 이루는 높이, 우아한 모양, 무적의 힘을 가진 파도로 인생의 멋진 파도타기를 약속한다. 자기도취자에게 유혹을 당할 때, 우리는 자신이 정말 멋지다고 생각되는 아주 매끄러운 가면을 보게 된다. 그렇게 해서 우리 역시 신이 된다. 이 첫 단계에서 우리는, 파도 밑에서 기다리고 있는 강한 역류의 가차 없는 끌어당김에 대항할 준비가 되어 있지 않다.

다음 단계에서, 자기도취자는 자신이 선택한 것을 「이상화」한다. 잃어버린 조각을 찾고 나니 자신이 완벽해진 것 같다고 말하면서 말이다. 자기도취자는 우리의 피부 속에 들어와 있다. 그는 무시할 수 없는 존재가 되었다. 그는 당신이 자신의 미래 계획에 얼마나 잘 들어맞는지를 언어로 그려낸다. 자기도취자는 정말로 「자신」을 훌륭한 사람처럼 보이게 만드는 재능 있는 사람을 선택한다. 당신은 다른 사람들을 제치고 이 평범하지 않은 사람과 무대 중앙을 나눠 갖기 위해 선택된 것이다. 대부분의 사람들은 이상화에 도취된다. 그것은 에고를 달래고 한껏 부풀린다. 그것은 자신이 무가치하고 부적절하다고 느끼는 사람들에게 토닉을 건넨다. 그것은 특권의식과 개인의 가치에 대해 건전한 의식을 키우지 못한 완벽주의자에게 아필한다. 순식간에, 이상화는 "너는 최고 수준으로 성공하기에는 훌륭하지도, 똑똑하지도, 힘이 세지도 못해"라고 속삭였던 어린 시절의 상처들을 어루만져준다.

다음 단계는 엄청난 제안, 즉 「악마와의 거래」다. 자기도취자는 권력과 부, 그리고 그의 마법 테두리에 속할 수 있는 특권을 제공한다. 그 대가로, 그는 상대방의 인생을 전적으로 장악하려고 할 것이다. 거래가 봉인되는 순간, 순진한 사람은 완전히 넋이 나간 채 그가 한 정교한 약속들을 그대로 믿어버린다. 자기도취자는 영리하게도 상대의 가능성을 주의 깊게 읽어낼 수 있고, 무엇으로 그를 낚아 올릴 수 있는지도 금세 파악한다. 약삭빠른 낚시꾼처럼 자기도취자는 상당한 가치의 물고기를 잡는데 사용되어야 할 미끼의 크기와 색깔, 형태를 안다. 거래는 항상 너무 좋기 때문에 현실이 될 수 없다. 그것은 절대 이뤄질 수 없는 일이다. 이제, 아무 의심하지 않는 사람은 자기도취자의 망상적 세계로 입장한다.

모든 자기도취자와의 관계는 궁극적으로 끝이 나야만 한다. 그가 당신을 더 이상 가치 없다고 결론내리는 순간, 「평가절하」가 시작된다. 그는 이미 더 매력적이고, 순응적인 대체물을 찾았을 것이다. 결국, 그에게 사람들은 모두 소모품이다. 이런 잔인한 과정은 몇 주, 몇 달, 몇 년, 몇 십 년이 걸릴 수 있다. 어떻게 해서든 그 순간은 찾아오게 되어 있다. 그 신호는 땅 위에 소리 없이 떨어지는 깃털만큼이나 미묘하다. 자기도취자는 자신이 만든 완벽한 결합에 구멍을 낸다. 그는 갑자기 당신이 실수를 저질렀다고 비난한다. 당신의 잘못된 행동이 회사의 이익에 손해를 입혔다면서 말이다. 그는 당신이 고객들을 소원하게 만들거나 쫓아냈다며 비아냥거린다. 자기도취자의 풍부한 상상력이 만들어낸 나쁜 사례들은 예외 없이 효과를 거둘 것이다. 그것은 당신의 자신감을 무너뜨리고 당신을 쫓아내는 것을 정당화하기 위해 만들어진 것이다. 평가절하의 과정에서 자기도취자는 거짓말, 수치심 자극하기, 배척, 빈정거림이 동원된 더러운 술책을 사용한다. 그는 자신의 지시에 따라 당신에게 등을 돌릴 공범자들을 소집한다. 마지막 단계에서, 당신은 나쁜 영향을 미치는 사람, 발전에 장애가 되는 사람, 반드시 제거되어야 할 걸림돌로 인식된다. 자기도취자가 당신을 제거하기로 결정하면, 다음 생각은 존재하지 않는다.

「해고」는 천둥 뒤의 번개처럼 반드시 찾아온다. 자기도취자는 자기 대신 마지막 일격을 날릴 심복을 이용한다. 이 무렵이면 당신은 그의 마음에 흔적조차 남아있지 않게 된다. 그의 마음은 이미 눈부시게 멋진 다음 손님에게 이동한 상태이다. 해고의 진짜 이유는 밝혀지지 않는다. 유일무이한 존재로 찬사를 받았던 기억은 빙빙 도는 먼지 입자들처럼, 마치 한 번도 존재하지 않았던 것처럼 공기 속으로 사라진다.

「사랑하고 버리기」에 무릎을 꿇은 사람들은 자기도취자에 의해 배신을 당하는 동시에 스스로를 배반한다. 싸움에서 지는 것은 자기도취자에게 매우 실망스러운 일이다. 그러나 그보다 더 불행한 것은 자신을 실망시키는 것이다. 자기도취자와 함께 장거리 여행을 한 사람이라면 그 과정에서 일어난 수많은 비도덕적이고, 비윤리적이고, 심지어 불법적인 행동들을 목격하거나 동참했을 것이다. 제대로 된 양심을 갖고 있다면, 당신은 자기도취자를 도왔던 자신의 좋지 못한 행동들 때문에 죄책감을 갖게 될 것이다. 때때로 자기도취자는 자신이 저지른 비정상적인 행동들을 당신이 저지른 것이라고 주장할 것이다. 궁지에 몰리고 폭로될 위기에 처했을 때, 자기도취자는 모든 비난을 당신에게 돌릴 것이다.

여우보다 한 수 앞서기

여우는 본능적으로 자신의 먹잇감에게 접근해서 잡을 줄 아는 대단한 동물이다. 그것은 네 발을 모두 세우고 허공에 몸을 던져 단번에 먹잇감을 처형한다. 닭장을 습격하기로 단호하게 마음먹은 여우에게 끝까지 열리지 않는 울타리는 없다. 그것은 땅 위에 뻔뻔하게 누워 신선한 달걀들을 게걸스럽게 먹어치울 것이다. 자기도취자는 여우의 많은 특성들을 소유한 사람이다. 여우를 닮은 자기도취자의 행동은 자기보호에서 비롯된 자연스러운 힘에 불과하다. 자기도취자의 공격적이고 무자비한 행동은 아주 어릴 때 익힌 것으로 그의 성격 구조의 내핵을 형성한다.

자기도취자를 위해 일하는 사람들이 자기도취자의 턱에 갇혔거나 그 스스로가 양심이나 동정심이 없는 사람이 아닌 한, 그들은 자기도취자가 자신의 설득력과 매력, 자기 확신을 얼마나 잘 활성화시키는지를 관찰하는 과정에서 자기도취자가 세상을 조종하는 정보가 은닉된 곳을 알게 될 것이다.

능력 있고 독립적인 영화 제작자 로렌은 밑바닥부터 시작해서 전문 엔터테인먼트 세계의 정상에 올랐다. 그녀는 사환에서 시작해서 수 년 동안 매일 20시간씩 다양한 역할을 수행하며 힘겹게 전진했다. 그녀는 남자고 여자고 할 것 없이 엄청난 권력을 행사하고, 아무 망설임 없이 동료와 직원을 신체적, 감정적 한계로 몰아넣는 전형적인 자기도취자들과의 매트 위 한 판을 수도 없이 벌였다. 로렌은 이 시기에 자신에게 자주 가해졌던 언어적 공격에 구애받지 않았고, 사람들을 읽는 직관적 기술과 대화 기술을 연마했으며, 자신의 전문성을 세심하게 관리하여 자리를 지키는 방법을 익혔다. 대본 관리자부터 부제작자까지, 로렌은 자신의 커져가는 입지가 위협당할 때 그녀의 옆에서 도와줄 수 있는, 그녀가 선택한 소수의 신뢰할 수 있는 사람들과의 관계를 빠르게 발전시켰다.

그 몇 년 동안, 로렌은 그녀를 죽이고 싶어 안달 난, 수많은 굶주린 여우들에 항상 둘러싸여 있었다. 그녀는 전형적인 자기도취적 성격이 지닌 심각한 병적 측면을 상대해야 했다. 자신은 결코 틀리지 않았고, 모든 잘못은 다른 사람들이 저지른 것이며, 의욕 넘치는 경쟁자를 파괴시키는 계획에 집착하는 자기도취자들의 행태 말이다. 예산회의에서, 로렌은 자신이 저지른 실수와 결점을 책임지기는커녕, 그녀의 판단에 의문을 제기하는 상사들과 대면했다. 로렌은 우수한 학생이었다. 그녀는 사실들을 항상 완벽하게 통제해 왔다. 그녀는 자신이 관리하는 프로젝트의 모든 세세한 면들을 머릿속에서 사진처럼 그려낼 수도 있었다. 전문 훈련을 받은 치료사가 아니면서도, 로렌은 상사와 동료들의 행동이 지닌 무의식적 동기를 영악하게 분석할 줄 알았다. 그녀는 그들의 에고를 어떻게 구슬리고, 언제 브레이크를 밟아야하는지 알았다. 곤혹스러운 입장에 처했을 때, 로렌은「자기가」저지른 엄청난 실수를 감추려고 그녀를 맹렬히 비난하는 자기도취자를 차분하게 상대할 수 있는 전문가가 되어 있었다.

긴장감 넘치는 중역회의에서, 로렌은 모두가 극심한 압박감 아래 있다는 것을 알아차렸다. 그녀는 예산 프로그램을 해결할 수 있는 일련의 특별한 대안들을 제시했다. 이것으로 그녀는 비난의 꼬리표를 피했다. 비록 부당하게 비난을 받았지만 그녀는 혼자 힘으로, 강하고 확신에 찬 목소리로 말했다. "여러분이 지금 엄청난 스트레스를 받고 있고, 어떤 상황에 처해 있는지 잘 알고 있습니다. 저는 이 문제를 해결하기를 바라고, 긍정적인 결과를 내기 위해 수많은 방법을 제시했습니다. 이제는 이 대안 해법들에 우리의 에너지를 집중해야 할 때입니다. 우리는 한 팀으로 일하면서 이 문제들을 효과적으로 해결할 수 있습니다."

요약하자면, 로렌은 이 문제를 손바닥에 올려놓은 것처럼 잘 알고 있었다. 그녀는 그들에게 정확하고 실행 가능한 행동 계획을 제시했고, 자신감을 보여주었으며, 화합하여 일하는 것의 가치를 강조했다. 그녀는 자신을 둘러싼 자기도취자들보다 한 수 앞서서 자신의 영향력을 한 차원 더 높일 줄 아는 능숙하고, 균형 잡힌 사람의 훌륭한 본보기였다.

참호 속에서 인내하기

사적으로 또는 일적으로 자기도취자를 대할 때 가장 강력한 도구 중의 하나는 바로 자기-인식이다. 자신에 대한 이해는 평생에 걸쳐 이뤄지는 것이다. 어느 면에서, 자기도취자는 우리에게 자신을 통찰하고 자기-규율을 발달시킬 수 있는 무수한 기회를 제공하는 호의를 베풀고 있다. 그는 우리의 심리적 상처를 빠르게 알아차리고 공격한다. 그는 가장 아픈 부분을 쿡쿡 찔러댄다. 정서적 장애로 인한 고통 때문이든, 자기-발견을 향한 욕구 때문이든, 이유를 막론하고 전문 치료-명상, 세미나, 은둔, 혁신적 이완(progressive relaxation), 몸의 활동 등등-를 받는 것은 전형적인 자기도취자와 난타전을 벌이고 있는 당신에게 도움이 될 것이다.

당신의 적을 샅샅이 공부하는 것부터 시작하라. 이 책을 읽는 것은 전형적인 자기도취자가 어떻게 가동되는지를 이해하고 인식하는데 도움이 될 것이다. 그의 독특한 성격적 특성, 그의 정신병의 근원이 되는 어린 시절, 그가 지닌 핵심적 갈등, 숨겨놓은 갈망, 오페라처럼 극적인 격노, 사디스트적인 공격 계획 등등에 대해서 정확히 알게 될 것이다.

문제를 간단명료하게 말하라. 개인적으로 받아들여 앙심을 품지 말라. 유독성 투사 공격을 받았을 때에는 말로 자신을 방어하라. 명료하고 차분하게 그에게 동의하지 않는 법을 익혀라. 자신의 관점을 이야기할 때에는 세부사항을 구체적으로 말하고, 자신의 감정을 드러내지 말라. 예를 들면 이런 식이다. "당신이 말하는 것을 이해하고, 인정합니다." "저는 그것을 이런 방식으로 봅니다." "우리는 정중하게 합의를 볼 수 있습니다." 대부분의 자기도취자들은 자기비하를 하지 못하지만, 작은 유머

조각들은 그들의 독이 흐르는 것을 차단하고 감미로운 스튜 위에 띄워놓은 허브 잎처럼 제 역할을 할 수 있다. 개방적이고 유연한 자세를 유지하고, 항상 자신에 대한 깊은 통찰에 근거해서 행동하라.

세계 최정상급 경쟁에 준비되어 있는 훌륭한 운동선수처럼, 피할 수 없는 전투를 위해 몸과 마음을 대비시켜라. 우리 대부분은 스스로 얼마나 긴장하고 불안해하는지 알아차리지 못한다. 어떤 사람들은 무의식적으로 높은 수준의 스트레스와 불안을 받아들인다. 깊은 호흡 수련을 한결같이 하다보면 몸속에서 여유로운 감정과 안정감이 세워진다. 덩굴손 같은 불안이 급습할 때, 깊은 호흡에 숙련된 사람은 자신을 느긋한 상태로 변화시킬 수 있다. 혁신적 이완은 생체 자기제어 전문가의 도움으로 향상될 수 있다. 하타 요가는 내면의 평화와 안정을 몸으로 쉽게 느낄 수 있는 다양한 자세들을 취하는 과정에서 일어나는 부드러운 움직임과 호흡을 강조하는 수행이다.

우리는 지기도취지의 얼마나 멀리까지 갈 것인지를 자문해야 한다. 자기도취자는 일말의 양심도 갖고 있지 않기 때문에, 그가 자신을 희생하면서 「올바르게 행동하는 것」은 절대 기대해서는 안 된다. 자기도취자들과 가깝게 일하는 사람들 중에는 자신이 특별한 일을 하는 것 마냥 자기도취자의 대외적 양심이 되어 결국 엄청난 법적 문제에 휘말리는 경우가 종종 있다. 자기도취자에게 머무르느냐 아니면 그에게서 떠나느냐의 판단은 개인의 선택에 달려있다.

자기도취자를 위해 일할 때에는 머릿속에 명백한 B안과 C안(비상 탈출구)을 갖고 있는 것이 바람직하다. 일적으로 다른 관계를 만들고 발전시키는 것은 해고를 당하거나 압박을 받는 위기 상황에 처했을 때 실질적인 도움이 될 것이다. 새로운 단계의 개인적 성장을 이끌 도전으로 가득한 미래를 위해 청사진을 만들고, 차분하고 단호하게 공격을 받아들이라.

애슐리와 타이(전형적인 중증 자기도취자이다)는 레지던트 시절에 만났다. 애슐리는 처음 몇 번의 데이트로 자신이 타이와 결혼할 운명임을 알았다. 그녀는 깊고 빠르게 사랑에 빠졌다. 애슐리는 의학 연구원이 되었고, 타이는 안과 외과 전문의로 개업을 했다. 그의 병원은 빠르게 성장했다. 몇 년도 지나지 않아 그와 그의 몇몇 동업자들은 그들 소유의 의료 건물을 매입했다. 애슐리는 자신의 연구를 좋아했지만, 결혼생활이 10년을 넘기자 자신이 얼마나 아기를 갖고 싶어 하는지 깨달았다. 타이는 모든 문제에 대해 항상 미적지근했지만, 그녀가 임신을 하자 마지못해 그녀의 뜻을 따랐다. 타이는 애슐리가 직접 아기를 돌보거나 유모를 고용할 것이라고 생각했었다. 아기를 낳자마자, 타이는 아내에게 성적으로 무관심해졌다. 그에게는 병원이 인생의 중심이었지만, 아내가 아기와 잠자는 것을 볼 때면 질투가 느껴졌다. 타이는 그럭저럭 아빠 행세를 하기는 했지만, 아들 숀과 감정적으로 분리되어 있었다. 아기가 3개월이 되었을 때, 애슐리는 유모를 고용하고 일터로 돌아갈 생각이었다. 그러나 이런 계획을 진행하다보면, 숀이 그녀에게 얼마나 소중한 존재인지, 그리고 그녀의 보살핌이 그의 정신적, 정서적 성장과 행복에 얼마나 필수적인지에 대한 애슐리의 심오한 깨달음이 폐기되어야 했다. 가까운 미래에 일터로 돌아가겠다던 생각은 점차 희미해졌다. 그녀는 3년 동안 가사에 집중하기로 결심했다. 타이는 아내의 결정에 차가운 분노로 반응했다. 그는 직접적으로 자신의 감정을 표현하지 않았지만, 그들 사이의 뚜렷한 긴장감은 커져만 갔다. 타이는 애슐리가 가족의 수입에 더 이상 공헌하지 않을 것이라는 사실에 몹시 화가 나 있었다. 그는 혼잣말을 했다. "저 암캐가 거저 얻으려고 하고 있어." 그는 애슐리가 말도 하지 못하는 아기와 집에 있으려고 하는 이유를 상상조차 하지 못했다. 그의 눈에 애슐리는 자신의 경력을 엉망으로 만들고 미래의 상당한 수익 능력을 감소시켜, 결국 그들의 삶의 기준을 떨어뜨리고 있다. 아기 하나가 생기면서 이제 그들의 삶은 어수선해졌고 족쇄로 채워졌다. 애슐리는 타이가 결국에는 돌아와 아들과 함께 있는 것을 좋아하게 될 것이라고 스스로를 안심시켰다. 이 일은 잠시일 뿐이다, 아기가 걷고 말하기 시작하면 달라질 것이다. 그러나 그런 일은 결코 일어나지 않았다.

  타이는 일하는데 더 많은 시간을 들였고, 아들이 잠든 뒤에야 늦게 귀가하기 시작했다. 그는 주말에도 집에서 나올 변명거리들을 찾아냈다. 그는 따라잡아야 할 일들이 많다며 거짓말을 했지만, 친구들과 함께 술집이나 그들의 집에서 스포츠 경기를 보면서 시간을 보내기 일쑤였다. 술집에서 만난 젊은 여성들과 대놓고 시시덕거리다가 곧바로 동침에 들어가는 일 역시 허다했다. 그는 그것을 술 탓이라고 했다. 타이는 애슐리가 자신을 더 이상 좋아하지 않기 때문에 그런 행동을 하는 것이라고 합리화했다. 그녀는 모든 시간을 아기와 보내고 있었고, 그렇지 않으면 기진맥진한 상태로 있었다. 1년간의 평탄치 않은 결혼 생활 끝에, 타이는 애슐리에게 의학 연구원으로 돌아갈 것인지 정확히 알려 달라고 요구했다. 그녀는 손이 아기의 발달에 중요한 시기인 세 살이 될 때까지 계속 손을 돌볼 것이라고 했다. 타이는 폭발하고 말았다. 그는 자신의 인생에서 벌어진 온갖 끔찍한 일들이 모두 애슐리 탓이라며 비난을 쏟아 부었다. 그리고 아주 잠시, 집안이 조용해졌다. 애슐리는 깨져버릴 것만 같지만 한동안 휴전을 해야겠다고 생각했다.

몇개월 뒤 어느 월요일 아침, 타이는 평소처럼 일터로 향했다. 그는 저녁 식사 이후, 그리고 다음 날에도 전화를 하지 않았다. 애슐리는 타이의 병원에 연락했다. 직원들은 그가 병원에 있었음에도 불구하고 항상 회의 중이라고 전했다. 경찰은 아무 도움이 되지 않았다. 그들은 가정사에 끼어들고 싶어 하지 않았다. 애슐리는 히스테리를 일으켰다. 일주일 뒤, 그녀는 타이가 집에 오지 않을 것이라는 것을 깨달았다. 그녀는 충격에 빠졌다. 처음에는 자신이 오랫동안 알아왔고 믿어왔고 함께 아들까지 둔 이 남자가 아무 경고도 없이 자신을 버릴 거란 사실을 상상조차 할 수 없었다. 결국, 애슐리는 서로를 잘 아는 친구를 통해 타이가 아파트를 구한 상태에서 매일 일을 나갔고, 매일 저녁 친구들과 어울렸다는 사실을 알게 되었다. 애슐리는 몇 주일을 울었다-버려졌다는 깊은 상실감은 떨쳐지지 않는 불안감이 되었다.

어느 날 불쑥, 타이의 변호사가 그녀의 남편이 이혼을 신청했고 애슐리가 협조하기를 바란다는 의사를 전해왔다. 그녀는 반복해서 두들겨 맞는 기분이 들었다. 그녀는 심각한 편두통을 앓기 시작했고, 아기를 돌보는 것이 힘들다고 느꼈다. 하루하루를 보내는 것이 그녀에게는 고역이었다. 친정식구와 소원했던 그녀에게는 그녀를 지탱하고 도와줄 피붙이가 한 사람도 없었다. 몇몇 친구들에게 도움을 청할 수도 있었지만, 그들은 자신의 삶을 사는 것도 바빴다.

타이는 빠르게 이혼을 밀어붙였다. 교활하게도 양육비는 최소한만 지불하려고 협상을 진행시켰다. 판사에 따르면, 과거 높은 보수를 받았던 애슐리는 이혼 수당을 받을 자격이 없었다. 아들 숀의 양육비는 항상 기한보다 늦게 지불되었고, 잦은 언쟁으로 몇 달 동안 지연되기도 했다. 애슐리는 자녀 양육을 위한 법정 싸움을 위해 계속해서 변호사들을 고용해야 했다. 그러나 그녀는 그것이 궁극적으로 아무 가치가 없다는 결론을 내렸다. 그녀는 이 책임을 홀로 짊어지기로 했다.

그녀는 집 밖에서 시간제로 일하는 것을 시도했지만, 이는 매우 힘든 일이었다. 결국 집을 팔았고, 그 돈을 타이와 공평하게 나눴다. 과거 이 커플은 사치품에 엄청난 돈을 쓰면서 저축을 하지 않았기 때문에, 엄청난 대출을 받아 산 집을 팔고 남은 돈은 기껏해야 얼마 되지 않았다.

애슐리는 아들과 함께 작은 아파트로 이사를 했다. 그녀는 살기 위해서는 일을 시작해야만 한다는 사실을 깨달았다. 그녀는 장시간 일하면서 월급은 몇 푼 되지 않는 개인 의료회사에 취직했다. 임신으로 휴직을 했고, 아기를 키우기 위해 추가로 1년 반을 일하지 않은 관계로, 애슐리는 과거 탄력을 받으며 전진했던 경력을 잃었다.

타이는 애슐리와 직접 연락하지 않았다. 그와의 의사소통은 이혼 변호사들을 통해 이뤄졌다. 애슐리는 그가 갑작스럽게 떠나고 2년이 지난 후에도 여전히 충격 상태에 있었다. 그러나 얼마만큼의 비용이 들어도 아기는 자신이 책임지고 키우겠다는 생각은 확고했다.

애슐리는 강력한 심리 치료를 받으며 2년을 보냈다. 유능한 치료사의 도움을 받으며 그녀는 남편을 잃은 슬픔을 받아들일 수 있게 되었고, 타이가 자신을 결코 사랑하지 않았다는 사실을 똑바로 알 수 있게 되었다. 치료 기간 동안, 애슐리는 자신이 어쩌다 이렇게 냉정하고 자기도취적인 남자, 매력적인 조종자, 자신을 완벽하게 바보로 만든 남자에게 그토록

끌렸었는지를 알게 되었다. 강력한 치료법들의 효과로, 애슐리는 자신으로 하여금 운명적으로 타이를 선택하게 만든 어릴 적의 치명적인 심리적 문제들을 완전히 이해할 수 있게 되었다. 가끔, 그녀는 감정적인 고통들을 참기 힘들었다. 포기하고 누워서 영원히 잠들고 싶었다. 그러나 그럴 때마다 그녀는 마음속에 새긴 자신의 임무들을 떠올렸다. 아들을 신체적, 정서적으로 행복하게 하고 그녀 자신의 삶을 온전하게 다시 세우는 것.

처음으로 애슐리는 어린 시절 자신이 만성 우울증에 걸린 엄마와, 다른 여자 때문에 가족을 버린 아빠로부터 감정적 무시를 당했다는 사실을 받아들였다. 8살짜리 아이였던 애슐리는 어느 순간 두 어린 동생의 엄마, 아빠가 되어 있었다. 밤이면 동생들을 침대에 눕혔고, 학교 갈 준비를 확실히 시켰고, 냉동 저녁을 데워주었고, 집을 상당히 깨끗하게 유지했다. 엄마가 회복할 수 없을 정도로 깊은 절망에 빠지고 정상 생활이 불가능해질수록, 애슐리는 집의 「어른」역할에 한 발짝 더 가까이 다가갔다. 돈이 있었던 적은 한 번도 없었다. 애슐리는 집에 있는 것들을 긁어모아 가장 값싼 음식을 샀고, 채소를 키워 늘어진 부분을 따 먹었다. 아이들은 저녁으로 상한 음식을 먹어야 할 때도 있었다.

지적 능력과 강인한 의지로, 애슐리는 학교에서 두각을 나타냈다. 그녀는 어린 시절 대부분을 엄마가 여러 정신병원을 들락날락거리는 것을 지켜보며 자랐다. 결국, 엄마는 평생을 정신병원에서 보내게 되었다. 실제로 애슐리는 인생의 대부분을 엄마, 아빠 없이 보낸 것이나 다름없었다.

그녀의 강인함과 경직되어 보일 정도의 자립심 아래에는 누군가가 그녀를 감정적으로 보살펴주기를 바라는 욕구가 내재되어 있었다. 어린 시절의 투쟁을 뒤로 한 그녀는 항상 재정 상태를 걱정했고, 어느 날 갑자기 거리로 내쫓길지도 모른다는 두려움에 사로잡혀 있었다. 그녀는 거지처럼 보이는 자신의 모습이 수치스러웠다. 그녀는 경제적으로 성공한, 단호하고 강인한 남자와 결혼하기를 원했다. 그녀는 타이의 엄청난 추진력을 그런 성격과 헌신의 증거로 오해했다.

치료를 종료한 뒤에도 애슐리는 계속해서 심리 과정을 밟았다. 무엇보다, 그녀는 자신에게 솔직해지는 법을 배웠다. 강한 사람이 되어 가족 모두를 돌보기 위해 그녀에게 강요되었던 역할은 그녀의 진짜 본질에 가장 가까운 모습인 것처럼 되어있었다. 그녀는 이제 자신이 의존적일 수도 있고, 나약할 수도 있고, 감정을 표현할 수도 있고, 심지어 자신의 감정적 요구를 인정할 수도 있다는 사실을 깨달았다. 애슐리는 타이와의 결혼과 배신을 과거의 일로 떠나보냈다. 그녀를 돌봐줄 영향력 있는 인물과 결혼하는 것은 더 이상 중요하지 않았다. 애슐리에게는 자신의 인생을 잘 살아갈 수 있다는 믿음과 확신이 생겼다.

수 년 동안 많은 일들을 자기 방식대로 처리하면서, 애슐리는 현재와 과거의 심리적 공격과 정신적 침해로 감정이 흔들릴 때마다 굳건함을 유지하는 법을 익혔다. 그녀는 자신의 심리 과정을 도표화했다. 부풀어 오르는 닻과 함께, 이제 그녀는 자신의 배로 거칠고 고요한 바다를 유유히 헤쳐 나갈 수 있게 되었다. 애슐리는 의학 연구 일뿐만 아니라, 별거와 이혼으로 힘들어하는 여성들을 상담하면서 그들이 독립적이고 적극적인 인간으로 변모할 수 있도록 힘이 되어주었다.

사실 가족 안에서 자기도취자를 만날 수 있다. 그런 난감한 사람이 친척, 친구, 사돈 중에 있다는 것을 알게 되면 깜짝 놀랄 것이다. 허나 우리 중 몇몇은 완벽한 자기도취자 부모와 산 경험을 갖고 있다. 댄은 아버지를 지구상에서 가장 강력한 사람이라고 생각하며 성장했다. 어린 댄은 아버지 조지를 숭배했다. 조지는 자신에게 동기를 부여하는 일을 모두 성취해낼 수 있는 것처럼 보였다. 그는 잘 생겼고, 똑똑했고, 정력적이었다. 또한 그는 자신이 완벽하게 해낼 수 없는 일은 없다고 믿었다. 전형적인 중증 자기도취자였던 조지는 승리에 사로잡혀 있었다. 어릴 적부터 그는 운동과 학업 모두에서 탁월했다. 조지는 대학 골프 챔피언이었고, 한때 프로가 되기를 바란 적도 있었다. 그러나 그는 비즈니스 세계로 뛰어들었고, 곧 창의적인 기업가에게 주어지는 지위와 돈을 누리게 되었다. 그의 아내 카트리나는 지나친 야망과 극도의 경쟁심을 지닌 남편과는 정반대의 사람이었다. 심리적 경계장애를 앓고 있었던 카트리나는 자신의 창조적 재능과 감정을 깊숙이 감추고, 항상 남편만을 따랐다. 그녀는 아들에게 친절했지만, 감정적으로 멀리 있었다. 무엇보다 그녀가 가장 두려워했던 것은 남편에게 복종하지 않으면 남편을 잃을 수도 있다는 사실이었다. 조지는 개인적, 사회적 관계를 모두 장악했다. 카트리나는 세 아이들을 사랑했지만, 일상적인 양육에 미치는 공헌은 미비했다. 조지는 규율, 학교, 자식들의 미래에 대한 결정을 내렸다. 그리고 수표장까지, 가정의 모든 것을 통제했다. 논의는 전무했다. 그는 군사령관이자 왕, 궁극적인 통치자였다.

조지에게는 두 명의 어린 딸 그웬과 앤이 있었지만, 그는 그들을 무시했다. 그들은 단지 여자일 뿐이었고, 좋은 결혼을 위한 충분한 의무 교육과 사교 관계를 갖기만 하면 되었다. 조지의 관심은 오로지 댄에게 있었다. 그는 아들이 최고의 프로골퍼가 되기를 바랐다. 조지는 아들이 다섯 살이 되던 해에 훈련을 시작했다. 그는 댄이 아장아장 걸을 때부터 아들의 인생을 위한 특별 계획을 세워놓았다. 그는 댄을 가차 없이 밀어붙였다. 댄은 사랑을 받기 위해서는 아버지의 요구에 복종해야만 하는 엄청난 압박을 느꼈다. 조지는 댄이 대학에서 성공하지 못하고 골프 챔피언이 되지 못하면 불한당보다도 못한 실패자에 불과하다고 확신했다. 댄은 부지런히 골프 연습을 했고, 경기에서 높은 기량을 선보였다. 그는 학업 성적도 좋았다. 고등학교 3학년 때, 그는 유명 대학의 체육 특기자 장학금을 받았다. 조지는 황홀감에 젖었다. 조지는 자신이 아들의 성공에 가장 큰 역할을 했다고 믿었다. 어쨌거나 그는 주요한 동기부여자이자 트레이너였다. 그가 없었다면 가족 중에 성공하는 사람은 아무도 없었을 것이다. 아니, 제대로 살아남지도 못했을 것이다.

　댄은 대학에 진학했고, 한동안 그는 아버지와 평화로운 관계를 만들었다고 느꼈다. 댄은 대부분의 인생을 아버지의 요구에 부응하며 살아왔다. 조지의 바람을 충족시켰을 때, 댄은 아버지가 기뻐하며 자신을 받아들이는 것을 느꼈다. 그러나 그가 자신만의 계획을 시도하려고 하면, 아버지는 그를 힘껏 무너뜨렸다. 조지는 아들에게 냉정해졌고, 심지어 적대적이 되었다. 전형적인 자기도취자인 조지는 자신을 아들이나 다른 가족들로부터 분리시키지 못했다. 그에게 그들은 모두 그에게서 확장된 사람들이었다. 그는 그들에게 가장 좋은 것이 무엇인지 아는 현명한 사람이었고, 「그의」 거창한 의식을 고양시켜줄 수 있는 역할을 가족에게 부여했다. 조지는 각각의 가족 구성원-아내와 자식들-이 개인적 정체성과 뚜렷한 요구, 재능을 갖고 있다는 생각을 단 한 번도 해본 적이 없었다.

대학에서 1년을 보내고 여름 동안, 댄은 자신이 체육 특기자 장학생의 신분을 더 이상 유지할 수 없다는 결론을 내렸다. 그는 골프 경기를 즐겼고, 훌륭한 기술을 갖고 경기할 수 있다는 것을 감사히 여겼다. 그러나 그것은 자신이 추구하는 길이 아니라는 것을 깨달았다. 그것은 자신에 대한 아버지의 열정적 기대일 뿐이었다. 이제는 댄이 스스로 인생을 주도하고 그에 따른 결과를 책임질 때가 되었다. 그는 조지에게 자신의 결정에 대해 말했다. 조지는 불같이 화를 내면서 댄에게 장학생 신분을 유지해야 한다고 주장했다. 아버지와 아들 사이에는 한 치의 양보도 없었다. 조지는 댄에게 재정적 지원을 끊겠다고 명백히 밝혔다. 그는 댄이 자신을 항상 실망시켰다며 소리를 지르고 분노를 터뜨렸다. (그의 눈에) 댄은 기회를 포기함으로써 자신의 인생을 창밖으로 내던지고 있었다. 댄은 아버지의 반응이 지닌 사악한 본성을 알아차리고 슬픔에 빠졌다. 그는 짐을 싸서 잠시 친구의 집에서 살기로 했다.

재정적으로나 감정적으로 아버지와 단절된 댄은 두려운 마음으로 미래와 대면하게 되었다. 댄은 새로운 삶을 시작하기로 결심했다. 그는 대학 친구 한 명과 방을 같이 쓰기로 하고, 보안회사에서 야간 일자리를 구한 뒤 대학으로 돌아갔다. 이제 재정적 책임을 짊어져야 했기 때문에 그는 학자금 대출을 받았다. 댄은 학습장애 학생들의 선생님이 되기로 결심했다. 그는 전공을 바꾸고 새로운 목표를 쫓기 시작했다. 댄은 여유시간이 전혀 없는 빡빡한 스케줄을 가졌다. 때때로 포기하고 싶을 때도 있었다. 그러나 마침내 그는 졸업을 했다. 아버지의 계획대로 따랐다면 그보다 일 년 일찍 졸업을 했을 것이다. 댄은 학습장애 아동을 위한 훌륭한 학교에 자리를 잡았다. 그는 그곳에서 편안함을 느꼈다. 학생들을 가르쳤고, 그들을 위한 교육 및 심리 과정을 만들었다. 댄은 생전 처음으로 자신의 재능으로 세상에 기여하고 있다는 느낌을 받았다. 그는 아버지를 제외한 모든 가족들과 연락을 계속하고 있었다. 조지는 아들과 어떤 형태의 의사소통도 거부했다. 믿기 힘든 솜씨를 발휘해서, 그는 처음부터 자신에게 아들이 없었다고 믿게 되었다.

상실감에도 불구하고, 댄은 자신의 길을 발견한 결과 직업적으로나 개인적으로 성장하게 되었다. 몇 년 뒤, 그는 그 학교의 교장이 되었고, 혁신적 학습 프로그램들을 제작하는 일의 책임자가 되었다. 비록 자신의 인생이 달린 결정을 아버지가 거부할 때는 깊은 슬픔을 느꼈지만, 그는 평화로운 마음을 유지했다. 그는 자신이 성장하고 있는 것-잘 자라고 있는 것-을 느꼈다. 어쩌면 어느 날 문득, 아버지가 찾아와 화해를 청할지도 모른다. 그 사이 댄은 자신의 독립된 정체성을 찾았을 것이다. 더 이상 그는 아버지의 꿈에 빠져서 살지 않을 것이다. 그는 독립된 자신과 자신의 진정한 가치 속에서 숨을 쉬었다.

자신에게 진실한 것은 자기도취자 부모를 상대할 수 있는 열쇠가 된다. 그로 인해 부모를 잃을 수도 있지만, 우리의 인생을 자신의 것이라고 부를 수 있기 위해 그런 희생은 감수해야 한다.

단순하게 하기

진실함과 통찰력을 지닌 사람은 사물을 그 어떤 왜곡이나 망상 없이 있는 그대로 보면서, 자신의 인생을 단순하게 이끌어 나간다. 세상과 자신의 에고에 현혹되지 않을 때, 자신의 인생에 필요한 것과 필요하지 않은 것을 더 쉽게 분류할 수 있다. 그는 자신의 직업적, 지적, 경제적 성취에 대해 말할 때 자신을 과장할 필요가 없다. 그는 이런 재능을 감사히 여기지만, 그것이 자신의 모든 가치와 의미라고 생각하지 않는다.

타인과의 상호관계에서 단순함을 견지하는 사람은 솔직담백하다. 숨겨놓은 안건도, 심리적 술책도, 조종을 위한 과장된 몸짓도 없기 때문이다. 이런 성격의 사람은 타인에게서 자신이 원하는 것을 끄집어내기 위해 공감을 하거나 우정을 나누는 척 하지 않는다. 그는 강박적 구걸의 불행한 습관을 버린 지 오래다. 그는 유산이나 경제적 부, 정규 교육으로 결정되는 사회적 지위 구분에 관심이 없다. 그는 명성과 부, 권력에 감동받지 않는다.

타인의 세속적 성공과 재산의 영향을 받지 않고 살기란 힘든 일이다. 우리는 남몰래 그들을 부러워한다. 우리는 그들의 일상에서 순조로움과 질서를, 그들에게 부합하는 특권과 존중, 인정을 본다. 우리는 우리 인생을 그렇게 만들지 못한 것에 대해 후회가 줄달음질하는 것을 느낀다. 많은 사람들이 이런 맛 좋은 관심사를 추구해야 할 가치 있는 목표로 끌어안는다. 그러나 우리 중 일부는 지금 보고 있는 것이 무의미하게 반복되는 드라마의 정교한 무대라는 사실을 알고서 고개를 흔들어 자신을 깨울 것이다.

인간의 의식에는 외적, 내적 현실이 존재한다. 보통 사람들은 외적 현실에 초점을 맞춘다. 그들의 외모, 복장, 인상, 순 자산, 직업적 특권, 인기 등등. 이런 것들이 그들의 정체성을 정의한다. 투명함을 목표로 삼는 이들은 소수이다. 단도직입적으로 말하겠다. 그들은 당신이 보는 것 그 자체이다. 이런 사람들은 10미터 아래의 흰색 모래 바닥까지 보이는, 하늘색 바다의 가장 청정한 물과 같다. 그들은 자신에게 도취되어 또는 타인의 의견에 집착하여 만든 이미지로 살지 말라고 우리들은 가르친다. 그들은 자신이 사랑받는지, 받아들여지는지, 또는 미움을 받는지를 측정하기 위해 바람에 손가락을 대지 않는다. 지인과 친구들이 그에 대해 왜곡되고 복잡한 거짓말을 할 때에도, 그들은 두려움 없이 굳건하게 서 있다. 단순함을 갖고 사는 사람은 균형을 잃을 수가 없다. 그는 외부 세상, 에고의 화려함에 마음을 빼앗기고 애착을 갖지 않도록 우리를 격려한다.

단순함을 실천하는 사람은 자신의 재능을 충분히 발휘하고, 기꺼이 세상에 돌려준다. 그는 자신의 친절에 대한 대가를 구하지 않는다. 타인의 고통을 완화시키는 그의 성향은 완전히 열린 가슴에서 발산되는 고유의, 자발적인 것이다. 현명한 사람은 자신의 성공을 즐기지만 그것을 중요한 것으로 여기지 않는다. 그는 에고와 특권의식의 과도한 짐을 벗어던지고 온전하게 인생을 살아간다. 단순함은 자유를 가져온다. 선한 바람에 흔들리는 나무가 활짝 핀 연한 꽃잎들을 우아하게 끌리는 웨딩드레스처럼 바다에 흩뿌리듯이. 나무는 꽃이 다시 만개할 거라는 약속과 함께 순수한 위엄을 갖고서 여전히 그곳에 서 있다.

10장

자기도취를 넘어서

> 방황하는 마음을 달래고 본래의 하나에 집중할 수 있는가……?
> 오로지 빛을 볼 때까지 내면의 눈을 닦을 수 있는가……?
> 자신의 마음에서 한 걸음 뒤로 물러나 모든 것들을 이해할 수 있는가……?
> — 노자, 도덕경 [1]

이 책을 시작할 때, 나는 임상적 관점에서 중증 자기도취자의 심리 및 정신 역학적 근원에 주안점을 두었었다. 그러나 책이 진행될수록, 나는 생각과 방향이 바뀌는 것을 느낄 수 있었다. 처음에 나는 조심스럽게 간질이는 귀엣말처럼 조용히 웅얼거리는 소리를 들었다. 앞으로 나아갈수록, 나는 더욱 분명하고 확실해지는 생각과 말에 끌리는 자신을 느꼈다. 나는 오로지 듣기에만 전념했고, 다른 선택, 즉 심리적 나선이나 요구사항, 자기도취자가 단단히 짜낸 그물의 경기를 벗어나 개인적 자유에 이를 수 있는 다른 길이 있다는 것을 알게 되었다. 이 장에서는 자기도취자의 방해에도 불구하고 유일무이한 개인으로 성장하고 번창하는 길, 자기도취자에게 대항하는 시각을 제공하고자 한다. 이런 대안들을 자세히 살펴보자. 그것들이 당신의 귀에서 웅얼거리게 하자. 가장 개인적인 느낌으로 당신에게 울려 퍼지게 하자.

자기도취자의 난해한 행동을 거스르는 것은 종종 강한 흐름을 거슬러 헤엄치는 물고기 같은 느낌을 갖게 한다. 관점을 바꾸고, 자기도취를 넘어서는 시선의 렌즈를 통해 현실을 보는 방법을 배우지 않으면, 매번 팔을 저을 때마다 젖 먹던 힘까지 끌어내야 한다. 훌륭한 마라톤 선수의 모습을 떠올려보자. 군살 없이 호리호리한, 태양 아래 빛나는 피부를 지닌 그는 자신의 임무를 수행해야 하는, 딱 그만큼의 무게만 지닌다. 그의 걸음걸이는 언덕의 오르막과 내리막을 흔들림 없이 안정되게 이동한다. 주자의 시선은 매순간, 매거리마다 직면하는 도전에 흔들리지 않고 한곳에 집중한다. 그의 몸과 의식, 그리고 그가 움직이는 길은 하나이다. 그는 관중이나 다른 경쟁자들 때문에 집중을 잃지 않는다. 그는 자신의 속도나 발걸음을 지체하지 않는다. 20마일을 달린 뒤에도, 이 훌륭한 장거리 주자는 지구의 표면을 따라 부드럽게, 미끄러지듯 움직인다. 훈련이 만들어낸 작은 걸작, 그 모든 발걸음과 의지, 심장 박동은 그의 단호한 결심의 증거이다. 그가 지나갈 때 우리는 그에게 경탄하고 감동하며, 그의 품위와 용기가 지닌 아름다움에 조용히 눈물을 흘리기도 한다.

오늘날 많은 개인들이 에고의 만족을 넘어서는 곳을 향해, 저마다 다른 모습의 마라톤을 하고 있다. 이제 그들은 단지 그들 자신만을 위해 살려고 하지 않는다. 내면을 바라보면서, 그들은 달도 없는 밤길의 나그네처럼 조용히 길을 걷는다. 어둠을 지나 먼 곳에서 작은 빛이 반짝이는 것이 보인다. 앞으로 나아갈수록 그 빛은 더욱 확실해지고, 더욱 빛이 난다. 다른 이들은 자신의 이미지와 물질적 갈망에 대한 집착을 떨어내기 위해 이 여행에 동행하기 시작했다. 베풀고자 하는 열린 마음을 지닌 그들은 이제 다른 이들의 고통을 예리하게 파악한다. 그들은 과거 가족 사이의 상처를 회복하고, 단단히 엉켜있었던 심리적 매듭을 풀어내어 내면의 평화와 고요함을 키우기를 소망한다.

반복의 수레바퀴 풀기

수많은 인간들이, 빛나게 장식된 되풀이되는 페리스 대회전식 관람차를 타고서, 자기 꼬리를 쫓는 개처럼 끝없는 원을 그리는 여행을 하고 있다. 탈출하지 못하는 우리는 무의식적으로 해결될 수 없고 자주 눈치 채지 못하는 단단히 자리 잡은 습관, 충동, 욕망, 감정적 반응, 사고의 패턴, 심리극을 반복한다. 이렇게 길들여진 행동은 수그러들 줄 모르는 맹렬한 기세로 우리를 붙잡는다. 불교에서는 이런 인간의 상태를 「삼사라」(산스크리트어로 「끊임없는 방황」을 의미한다)라고 한다.[2] 꿈의 상태에서 우리는 아무 지도도, 나침반도, 목적지도 없이 인생을 방황하고 있는 것이다. 우리는 비생산적이고 반복되는 행동들의 황무지를 비틀거리며 걷는다. 우리는 안락과 쾌락, 소유를 갈망하며 인생을 지나간다. 예측 가능한 욕망-바라고 원하는 것-의 사이클은 끝없는 고통을 만들어낸다. 어떤 이들은 감각적-미각, 후각, 촉각, 청각, 시각- 쾌락을 찾는다. 우리는 우리의 생존이 즉각적인 만족에 달려있다고 확신한다. 일단 만족하게 되면, 우리는 더 많은 물질적, 감각적 쾌락을 갈구하게 된다. 이는 우리의 몸과 마음을 즐겨서는 안 된다는 것을 말하고자 하는 것이 아니다.

이런 감각의 과잉을 자신의 목표로 추구하는 어리석음을 말하는 것이다. 만성적 갈망은 우리의 생각과 감정을 완전히 뒤덮는다. 포만감이 목적이 되는 것이다.

대부분의 사람들은 자신이 쉴 새 없이 갈망의 열매를 찾아 헤매고 있다는 사실을 모르고 있다. 우리는 스스로에게 말한다. "차를 사면 새로운 정체성을 갖게 되겠지. 사람들은 나를 예전과 다르게 평가할 거야-실패자가 아닌 성공한 사람으로 말이지." 한편에서는 이런 생각도 떠오른다. "제대로 된 남자(또는 여자)를 만나면, 이 단조롭고 우울한 일상에서 탈출할 수 있을 거야. 좌절감과 상실감을 느끼면서 매일 밤을 외롭게 보내지 않게 되겠지." 여기 또 다른 목소리가 끼어든다, "그때 주름제거 수술을 했으면 10년은 더 젊어 보이고 남자들이 나를 갈망했을 텐데. 그럼 내 모든 인생이 최고의 것으로 바뀌었을 텐데."

부처는 수천 년 전에 고통의 근원은 애착이라고 말씀하셨다. 몸, 마음, 소유, 다른 인간들에 대한 애착, 감각에 대한 애착, 우리의 생각에 대한 애착-모든 것에 대한 애착. 북서태평양의 섬에 사는 동안 겪었던 일들이 떠오른다. 계속되는 비와 보슬비, 어둠이 주민들을 우울하고 불평하게 만들었지만, 마침내 초목이 만들어낸 무성한 초록빛은 사람들의 눈과 상상력을 깜짝 놀라게 했다. 섬은 나무들로 우거졌고, 자주 정전이 되었다. 나는 개를 데리고 정기적으로 퓨젯 사운드(워싱턴 주 북서부 태평양의 긴 만-옮긴이)의 해안으로 이르는 좁은 길을 산책했다. 그 길을 따라서, 나는 다양한 건축 양식의 집들을 지나쳤다. 집 대부분은 비바람에 조금 변해있었고, 소박한 편이었다. 몇 분을 걷다보면 집들의 끝에 서 있는, 장엄하고 오래된 삼나무들로 유명해진 텅 빈 해안가를 바라보는 즐거움을 누릴 수 있었다. 나무는 하늘에 닿을 것 같은, 주름 많고 굵은 가지들로 자신이 살아있다는 사실을 강렬하게 보여주었다. 분명 그것은 독수리의 둥지가 될 수 있을 만큼 강하고 고귀했다. 나는 이 텅 빈 대지가 인접한 집 주인의 소유이기를 바랐었다. 나는 이 지역이 영원히 비어 있으리라 믿었다. 그러나 내 생각은 틀렸다. 일 년도 지나지 않아 개발 계획이 이곳을 흔들어댔다. 픽업트럭과 SUV가 등장했다. 멋진 헤어스타일의 중년여성이 정기적으로 이곳을 찾아오기 시작했다. 경계 말뚝이 박히고, 흙이 옮겨졌다. 어느 늦은 오후, 그곳 근처에 간 나는 삼나무의 강하고 독특한 향기가 짙게 퍼진 것을 맡을 수 있었다. 그리고 나는 나무가 있던 곳에 남겨진 커다란 지름의 신선한 그루터기를 보았다. 얼마나 소름이 끼쳤는지 모른다. 나는 거의 비명을 질러대다시피 했다. 도대체 왜, 왜, 왜, 이 사람들은 수십 년 동안 위엄 있고 아름답게 서 있었던 이 나무를 베어냈는가. 그것은 그 지역의 맨 끝자락에 서 있었다. 그 후 몇 달이 지난 뒤에도 그곳을 지날 때면 마치 영혼이 남아있는 듯, 나무의 정수인 향기를 맡을 수 있었다. 나는 이곳을 올 때마다 깊은 슬픔과 분노를 느꼈다.

몇 달이 지난 늦여름, 태양빛이 쨍쨍 내리쬐었다. 커다란 맞춤 주택이 세워졌다. 소유주는 정교한 장식을 하는데 비용을 아끼지 않았다. 지붕마저 구리로 덮여있었다. 프로젝트가 진행되는 동안, 나는 퓨젯 사운드의 환경과 자연스럽게 조화를 이루는, 기둥과 대들보로 된 구조의 집이 세워질 거라 생각했었다. 그러나 집은 과시를 목적으로 한 듯, 이웃을 압도하면서 수천 평방 피트의 면적으로 세워졌다. 수입 원석과 목재, 동으로 아로새겨진 정교한 소용돌이와 아라베스크 문양은 무게와 엄격함, 완고함에 눌려 힘겨워하는 무거운 구슬장식 드레스를 입은 여성을 연상시켰다. 이 건축물은 자신을 위해 부르는 찬가 그 자체였다. 집이 완성되고 사람들이 들어온 이후에도, 나는 그 길을 따라 산책을 계속했다. 악마의 한 방에 스러진 아름다운 수코끼리처럼, 넘어져도 위풍당당한 나무를 여전히 느낄 수 있었다. 나는 이 여자가 탐욕과 이기심으로 벌인 행동에 분노와 공포를 느꼈다.

어느 밤, 침대에 누워있던 나는 바람의 소리와 함께 나무의 그림자가 거칠게 춤추는 것을 보았다. 그 순간 나는, 내가 남몰래 혐오했던 그 여자가 그 집을 진짜 소유하지도, 그 집이 서 있는 땅을 소유하지도 못했다는 것을 깨달았다. 그녀는 집안의 가구도 그녀 개인의 재산도, 심지어 그녀 자신도 갖지 못했다.

우리는 그 어떤 것도, 심지어 우리의 삶도 소유하지 못한다. 우리가 더욱 의식적이 될수록, 내면의 평화는 집착하지 않을 때 시작된다는 것을 이해하게 된다. 집착의 매듭을 하나하나 풀어버릴 때, 우리는 우리가 진정 존재하는 방식으로-흠집 하나 없는 다이아몬드처럼 투명하게, 커다란 구멍의 호수처럼 무한하게- 우리 자신을 자유롭게 한다.

직관 : 지혜의 원천

직관은 뇌파 또는 번갯불의 날카로운 섬광보다 더 빨리 도착하는 진실의 순간이다. 그것은 공부나 생각을 넘어서는 즉각적인 깨달음이다. 앎에는 다양한 방법-오감, 지성, 본능, 예감-이 있다. 직관은 서구 사회에서 비이성적 지식으로 여겨져 왔다. 직관을 사용하는 것은 일종의 속임

수, 실내 게임, 불안정한 의식의 산물로 생각된다. 직관의 문제 해결능력과 창조적 노력의 결합을 간과하는 사람들은 직관을 경시한다. 대부분의 전문 심리치료사들은 환자들을 진단하고 치료하기 위해 직관적 기량을 사용했다는 사실을 인정했다가 비난을 사기도 했다.

자신의 직관적 능력을 타인을 조종하고 위협하는데 이용하는 사람들이 있다. 아는 것을 이렇게 파괴적으로 사용하는 것은 에고와 직접적인 관련을 갖는다. 이런 직관은 성격적 오만함과 주변 사람들을 심리적으로 지배하고자 하는 욕구에 근거한 것이다. 그들은 직관적 능력을 부정적으로 이용하여 그들의 희생자를 세뇌시킨다. 개인적 매력과 가짜 공감의 겉치레 아래 본성을 숨겨놓은 이들은 공격적인 포식동물을 닮았다. 망상에 빠진 추종자들은 자기도취자에게 과도한 권력과 과찬, 화폐적 보상을 끝없이 제공한다.

지나치게 지적인 사람은 의식에서 벌어지는 복잡한 생각들의 빗줄기를 멈추지 못한다. 그는 두껍게 층을 이룬 의식의 복잡한 미로 속에 살고 있다. 그의 머리는 복잡한 연결고리, 철학, 박식한 의견, 무수한 사실들로 가득 차 있다. 그는 감정과 직관보다는 사고와 분석의 달인이다. 나는 정규교육을 전혀 받지 않은 사람이 보여주는 깊은 통찰에 큰 충격을 받은 적이 있었다. 그들이 말하는 정확한 진실은 그 어떤 지성인들의 글이나 말보다 훨씬 심오했다.

진정한 직관을 확장하고 심화하기 위해서는, 이성적 사고를 중단하고 감각을 침묵시켜야 한다. 그것은 믿음과 규율, 인내를 요구한다. 깊은 명상을 규칙적으로 행할 때 가장 높은 수준의 직관에 다다를 수 있다. 열성적으로, 지속적으로 명상을 수행할 때, 몸과 의식에 고요가 찾아온다. 그것은 생각을 늦추고 감정을 진정시킨다. 우리는 평화의 문으로 들어간다. 그 순간, 직관의 양성이 완료된다. 높은 수준에 이르기 위해서는 직관을 개인 생활의 우선사항으로 두어야 한다.

직관에는 의식이 평화로울 때 깨어나는 특별한 「시야」가 포함한다. 바다의 심연에 오랫동안 누워있던 보물처럼, 직관은 우리 의식의 수면에 포말을 일으킨다. 「바그다드 기타」(사랑하는 사람의 노래, 또는 신의 노래)[3]에서, 위대한 인도인 구루 파라마한사 요가난다는 이 능력을 한마디의 시로 표현했다. '직관의 호수에서, 생각의 파도로부터 자유로운 요가 수행자는, 영혼의 달이 차분히 비추는 것을 볼 수 있네.'[4]

명상 : 고요한 바다 속으로 깊이 들어가기

명상은 내게 항상 신비로운 것이었다. 그것은 많은 면에서 말할 수 없이 좋은 것들을 갖고 있다. 어떻게 생각을, 감각을, 환상을, 백일몽을, 욕망을 멈출 수 있는가? 사람들은 너무나 불가능해 보이는 이런 행동을 성인과 요가수행자들만이 할 수 있는 것으로 남겨두었다. 종종 명상을 행하면서 아무 것도 일어나지 않는다고 느낄 때, 우리는 스스로에게 묻는다. "속으로는 다른 걸 하고 싶어 하면서 왜 여기 꼼짝도 못하고 앉아서 시간낭비를 하고 있는 걸까. 나는 이미 생각, 감정과 함께 저 멀리 달아나고 있는데. 그걸 멈출 수가 없는데." 우리의 의식은 백만 번 흩어지고, 우리는 백만 번 자신을 우리가 배운 호흡이나 주문으로 돌아오게 만든다. 우리는 이 과정에서 노력하고 지속한다. 우리는 포기하지 않는다. 나쁜 명상 같은 것은 없다. 수십 년 동안 헌신적으로 명상한 사람들은 일주일에 한 번 한 시간 앉아 있는 것보다 잠시라도 매일 명상을 하는 것이 더 좋다고 말한다.

명상은 고도의 개인적 경험이다. 이것에 대한 책과 스승이 너무 많아서 혼란스럽고 낙담할 수도 있다. 명상은 생각의 부재가 아니다. 그것은 과정이다. 각각의 명상은 유일무이하다. 앉기 위한 노력을 기울이는 것 자체가 승리이다. 매우 지혜로운 여승은 내게 무엇보다 "즐겁게 하라"고 말해주었다. 사람들은 그것이 자신에게 어떤 의미를 갖는지 이해한다. 이런 개념을 실험하라. 그리고 당신이 환영받으며 입장할 수 있는 환경을 만들기 위해 당신이 할 수 있는 일을 찾아라.

집에서 명상에 전념할 수 있는 장소를 찾아라. (몇몇 명상가들은 집밖에서 명상하는 것을 선호하기도 한다. 부처는 나무 아래 또는 강가에서 자주 명상을 하셨다.) 특별한 장소를 지정함으로써, 당신은 그곳에서의 수행에 자신을 길들일 것이다. 그곳이 조용한지, 전화나 라디오, TV, 사람, 또는 동물 때문에 정신이 산만해지지는 않을지 확인하라. 어떤 명상가들은 자신만의 성지를 만들어놓고, 그곳에 특별한 그림, 조각상, 꽃, 돌을 놓기도 한다. 초에서 나는 은은한 향기는 당신이 주의를 집중해야 한다는 사실을 단순하지만 강력하게 상기시킨다. 초의 향기를 인식함으로써 명상의 과정은 강화된다. 부처, 예수, 위대한 요가수행자들, 라마들과 같이 범세계적인 스승들은, 그들 역시 한때 몸을 지닌 인간으로 깨달음에 도달했다는 사실을 우리에게 상기시켜준다. 마음속으로, 또는 제단이나 벽에 있는 그림이나 성상을 통해 그들을 바라보면서, 우리는 혼자가 아니라는 자신감을 갖게 된다. 그들은 인내와 믿음, 규율, 연민의 최상의 예이다. 그들은 우리에게 포기하지 말 것을, 마음의 문을 열고 긍정적인 마음으로 계속할 것을 끊임없이 상기시켜준다.

아침에 집을 나서기 전 자리에 앉아 명상을 하는 노력을 기울이라. 이 임무가 다소 위압적으로 보일 수 있다는 것을 알지만, 그래도 시도해 보라. 분명 그만한 가치가 있다. 명상의 길이는 중요하지 않다. 얼마만큼의 시간을 들이느냐 보다 명상에 드는 것 자체가 더 중요하다. 아침과 오후 내내 (명상시간을) 기다리면서 보내다 보면 하루의 끝자락, 또는 밤이 되었을 때 피곤에 지치고, 아무 것도 하기 싫고, 죄책감을 느끼고, 또는 명상 자체를 완전히 잊고 있었던 자신을 발견하게 될 것이다.

앉는 방법은 다양하다. 어떤 명상가들은 수행을 위해 제작된 동그란 쿠션을 사용하기도 한다. 그것은 꼬리뼈를 편안하게 하고 허리를 바르게 유지하는데 매우 효과적이다. 이것은 척추의 에너지 중심이 원활하게 흐를 수 있게 한다. 시험 삼아 그 쿠션 위에 앉아서 수행해 보라. 편한 자세로 다리를 서로 겹치게 하라(무릎을 구부려서 다리 아랫부분을 겹치게 하는 것이다). 몸이 특히 유연하다면, 반 연꽃자세나 연꽃자세를 취하. 가능하다면, 명상은 맨발로 해야 한다. 발이 덮여 있으면 우주의 에너지가 발바닥을 통해 몸 전체로 자연스럽게 순환하지 못할 수 있다. 나는 무릎에 손을 놓고 손바닥을 위나 아래로 향하게 했을 때 몸의 중심을 한결같게 유지할 수 있다는 것을 알게 되었다. 당신도 몸통과 허벅지 윗부분 사이에 손을 올려놓고 손바닥을 위로 향하게 할 수 있다. 다리 밑에 놓을 비교적 평평한 쿠션이 필요할 수도 있다. 당신의 몸에 필요한 것을 준비하라. 당신에게 효과적인 것을 찾을 때까지 다양한 지지수단과 손의 자세를 시험해 보라. 일부 명상가들은 의자에 앉아서 수행을 하기도 한다. 이 방식으로 명상을 하려면, 반드시 등을 바르게 유지할 수 있도록 만들어진 의자를 선택해야 한다. 바닥이나 땅을 안정되게 바라볼 수 있도록 발밑에 작은 이불이나 수건을 놓을 수도 있다. 이 자세로 안정감과 확고함을 기를 수 있다.

눈을 감은 상태에서 영혼의 눈, 또는 세 번째 눈이라 불리는 미간 사이의 한 지점을 응시하라. 지혜와 신성한 직관의 자리인 영적인 눈을 통해 명상을 하는 사람은 우주의 흐름을 경험하게 된다. 영혼의 눈에 시선의 초점을 두면서 명상을 하는 사람은 시선을 낭비하거나 분산되게 하는 대신 한 곳에 집중시킬 수 있다. 이런 눈의 자세는 주의를 산만하게 하고 잠으로 빠져들게 만드는 하강 자세를 피하게 한다.

연습을 통해, 시선을 미간 사이 한 지점에 두는 것으로 원기를 회복시킬 수 있다. 감은 눈은 의식과 몸의 평온을 증진시킨다. 당신은 잠이 모자라 고개를 떨어뜨리고 졸고 있거나, 명상에서 빠져나오고 있는 자신을 발견할지도 모른다. 다른 길을 돌고 있는 자신을 알아차리는 순간, 미간의 중심으로 자신을 돌려놓아야 한다. 혀를 앞니 뒷부분의 입천장 위에 살짝 올려놓으라.

서양에서는 호흡을 문자 그대로 이해한다. 호흡을 할 때, 우리는 살아 있다. 호흡을 하지 않을 때, 우리의 생명은 위협을 받고 있거나 이미 죽은 것이다. 우리는 병이나 만성질병, 사고로 호흡이 힘들어질 수 있다는 것을 안다. 이 정도가 우리가 호흡에 대해 대체로 알고 있는 내용이다. 수천 년 동안 수행을 해온 동양에서는 호흡을 신체적, 정신적, 심리적으로 건강해지고 보다 높은 수준의 영적 자각을 이루기 위한 수단으로 연구하고 사용해 왔다.

프라나–산스크리트어로 「생명력」[5]–는 모든 창조물에 생기를 불어넣는다. 그것은 은하계, 먼 우주 공간, 빛, 색깔, 소리, 모든 존재에 활기를 흘러넘치게 한다. 그것은 우주에서 소용돌이치고, 우리 몸의 소립자에서 진동한다. 프라나는 우리에게 생명을 주고, 우리를 지탱시켜주며, 우리가 소멸되는 순간 우주의 장대한 호흡 속으로 빨려 들어간다. 프라나가 우리 안에서 순조롭게 움직일 때, 우리는 평화롭다. 프라나가 막혔을 때, 우리는 병에 걸린다. 즉, 신체적 질병이나 불안, 우울, 혼란을 경험하게 된다. 코로 호흡하면 몸속의 프라나를 보존할 수 있다. 입으로 호흡하면 프라나는 몸 밖으로 흩어지고, 면역력과 신체적, 정신적 에너지, 그리고 집중력이 떨어진다. 영적으로, 프라나는 몸과 영혼을 결합시키는 황금 노끈이다.

또 다른 산스크리트어인 프라나는 「생명력의 확장」[6]을 뜻한다. 여기에는 몸과 마음에 특히 이익이 되는 수많은 다양한 종류의 호흡이 포함되어 있다. 프라나야마와 명상을 행할 때에는 입이 아닌 코를 통해 호흡하는 것이 중요하다. 코는 극소의 먼지 입자와 작은 벌레, 감염 및 질병을 유발할 수 있는 병원균을 걸러낸다. 입으로 호흡을 하면 이런 보호를 할 수 없다. 요가수행자들은 코로 호흡을 하면 장기와 신경계를 건강하게 유지할 수 있는 힘인 프라나를 더 많이 가질 수 있다고 믿는다.

명상을 하기 전 정화의 호흡을 하면 몸과 정신을 활성화시키는 동시에 진정시킬 수 있다. 이 과정이 편안해지면, 다양한 호흡방법을 시도하고 당신에게 알맞은 것을 찾아낼 수 있다. 결국에는 숨을 내쉬는 시간이 길어질 것이다. 숨을 들이마시는 것은 생명에 필수이지만, 내쉬는 것은 프라나를 강화시키는 열쇠이다. 숨을 내쉴 때, 오래된 공기가 폐에서 방출되고, 몸은 곧 있을 호흡을 통해 치유에너지를 받아들일 준비를 한다. 이 과정에서는 반드시 편안한 상태를 유지해야 한다. 절대 무리하거나 부담을 느껴서는 안 된다. 이 순서를 마친 뒤에는 자연스러운 리듬으로 호흡해도 좋다.

프라나는 몸의 모든 장기와 신경을 완화시킨다. 그것은 특히 위험을 알리는(투쟁-도주 증상) 중추신경계의 일부분인 교감신경을 치유한다. 규칙적인 수행을 통해 프라나는 교감신경계의 균형을 회복시키고 평화와 행복을 느끼게 한다.

명상을 시작하자. 리드미컬하고 한결같은 호흡을 하기까지는 시간이 걸린다. 콧구멍을 통해 숨이 안으로 들어갔다 나오는 것에 주목하라. 세 번째 눈에 시선을 집중시키라. 실제로 각각의 호흡은 다양한 모습을 띤다. 호흡은 중단될 수도, 거칠 수도, 억지로 하는 것일 수도, 급할 수도, 얕을 수도, 깊을 수도, 고르지 않을 수도, 또 좋을 수도 있다. 명상을 하는 동안 차가운 공기가 콧구멍의 끝부분을 통해 들어오는 것을 인식하라. 호흡을 내쉴 때에는 따뜻한 공기가 콧구멍에서 나가는 것에 주목하라. 당신의 호흡이 바다의 밀물과 썰물처럼 움직이는 것을 바라보라. 각각의 호흡은 다시는 반복되지 않을 유일무이한 사건이다.

가능한 판단하지 말고 마음을 열라. 이것은 말은 쉽지만 하기는 힘든 것이다. 생각과 감정, 내적으로나 외적으로 느껴지는 몸의 감각이 당신을 산만하게 만들 것이다. 꿈, 환상, 악몽, 강박관념, 어릴 적 상처, 기억들이 당신의 관심을 요구할 것이다. 그것들을 인식하고 아무 판단을 내리지 않은 채 호흡을 관찰하는 일로 돌아오라. 시계를 봐서는 안 된다.

많은 숙련된 명상가들은 "깊이 들어가라"는 조언을 한다. 이는 조용한 의식의 광활한 세계 속으로 자신을 풀어놓으라는 의미이다. 열린 상태를 유지하라. 낯선 땅에서 즐거운 순수를 누려라. 명상 의식이 끝나면, 이 경험을 통합시키고 고요를 음미하기 위해 좀 더 오래 앉아 있으라. 그것이 당신 속으로 스며들게 하라. 처음에 고요를 느끼지 못한다면, 당신이 뭔가 커다란 것을 성취해놓았다는 것만 알라. 당신을 향한 다정한 마음으로 끈질기게 계속하라.

주문을 읊조리는 것(챈트)은 우리를 묶어놓은 생각들로부터 우리를 자유롭게 한다. 읊조릴 때, 목소리를 높일 때, 우리는 더욱 달콤한 바람의 방향으로 옮겨가게 된다. 읊조리는 것은 머리와 목, 심장, 그리고 횡격막을 진동키며, 새로운 가능성을 만들어낸다. 읊조리면서, 우리는 우리 안의 영혼에게 이 수행에 동참할 것을 요청한다. 우리는 그것을 보고 알기 위해서 영혼을 초대한다. 「우주의 진동」, 즉 우주의 소리를 뜻하는 산스크리트어 Aum(「옴」으로 발음된다)을 읊조리다 보면, 우리는 폭포수처럼 쏟아지는 강박적 생각과 정도를 벗어난 환상, 지장을 주는 느낌, 몸의 불편함으로부터 천천히 풀려나게 된다. 베디의 "옴Aum은 티베트의 신성한 말 흄Hum, 이슬람교도의 아민Amin, 이집트, 그리스, 로마, 유대교, 기독교의 아멘Amen이 되었다."[7] 옴Aum은 모든 모퉁이와 창조의 틈에서 울려 퍼지는 지속적인 힘, 끝이 없는 시작이다.

당신은 영적 시각에 의존하면서 라틴어, 그리스어, 또는 산스크리트어 주문을 읊조리는 것이 더욱 깊은 몰두를 가능하게 해준다는 것을 알게 될 것이다. 어떤 명상가들은 「키리에 엘리이손」Kyrie Eleison(신은 자비롭다)를 읊조리면서 위안을 느낀다. 이 고대 그리스어로 된 애원은 로마 가톨릭 미사의 일부분으로 수세기 동안 말해졌고 노래로 불려졌다. 의식을 고요하게 하고 심장을 깨우는 원대한 산스크리트 챈트도 있다.

어떤 이들은 자신만의 챈트를 읊조림으로써 강박적 생각과 부정적인 감정으로부터 벗어나 환희를 느낀다.

다른 사람들이 얼마나 오래 또는 얼마나 깊이 명상을 하는지 신경 쓰지 말라. 중요한 것은 당신 자신만의 과정이다. 다른 사람이 「지복」을 누리고 본인의 의지에 따라 자동으로 확장된 의식 상태로 들어갈 수 있다고 해서 절대 자신이 열등하거나 부족하다고 느끼지 말라. 중요한 것은, 단 일 분이든 30초든 당신이 수행을 위한 노력을 기울이고 있다는 사실이다.

점차 명상은 습관, 당신의 일상에 없어서는 안 될 부분이 된다. 어떤 이들은 비단 호수를 조용히 물장구치며 건너는 아기 오리들, 자연스럽게 수영을 배우는 사람들처럼 명상을 좋아하게 되기도 한다. 그들은 아무 두려움 없이 깊은 물속으로 순조롭게 들어간다. 이런 사람들은 예외에 해당한다. 처음에 대부분의 사람들은 어마어마한 바위를 가파른 언덕 위로 들어 올리고 있는 것 같은 느낌을 받는다. 매일 우리는 바위로 돌아와 손을 그 위에 올려놓고 조금도 옮기지 못했다고 느낀다. 때때로 아무 발전도 하지 못한 것처럼 보인다. 그러나 바위는 아주 미미하게 움직이고 있다. 우리가 "실패했다"고 외치는 것은 에고가 말하고 있는 것이다. 앞으려고 노력하는 것이 곧 성취한 것이다. 하루를 놓쳤다고 해서 자기 비난에 빠지지 말라. 명상이 끝날 무렵에는 항상 잠시 시간을 두고 –신체적으로, 정신적으로, 심리적으로, 영적으로– 어려움에 처한 것들을 위한 명상을 하라. 이로 인해 그것들과 당신의 치유가 활성화된다. 묘하게도 명상을 한 번 건너뛰었다고 뭔가 중요한 것을 놓쳤다고 느끼는 자신을 발견하게 될 것이다. 때가 되면, 명상을 위해 당신이 만든 공간을 고대하게 될 것이다. 그 공간은 당신의 영적 여행에 닻을 올리는 힘이 되어 줄 것이다.

다른 사람들과 명상을 하는 것은 수행을 지속할 수 있도록 더 많은 용기를 북돋아준다. 모임 속에 존재하는 기운은 집중을 유지하는데 도움이 된다. 오래 명상을 한 사람들과 함께 하게 되면, 우리는 집중을 방해하는 파도를 물리치고 하류를 향해 계속 헤엄치는 자신을 느끼게 된다. 우리는 수많은 노력, 무한으로 향하는 유일한 조율인 노동의 시너지 속으로 정신없이 빠져들고 있다.

"커다란 죽음"과 마주하기

우리의 자기도취적 사회는 죽음을 연상시키는 것들에 대해 이를 악물고 부정하도록 조장한다. 죽음. 서구 문화의 마지막 금기인 이것은 티베트, 인도, 인도네시아, 태국, 기타 모든 동양의 영적 수행이 가장 중요하게 집중하는 것이다. 이들 사회의 사람들은 평생 동안 죽음을 그들 의식의 선두에 놓는다. 이는 병적 환상이 아닌, 지금 이 순간을 자유롭게 살기 위한 노력에서 비롯된 행동이다. 부처는 가장 심오한 인생의 교훈을 배우기 위해 죽음을 이용하라고 말씀하셨다, "코끼리의 발자국이 정글 바닥 위에서 가장 큰 발자국인 것처럼, 죽음은 가장 위대한 스승이다…… 야마 라자-죽음의 신-은 나의 스승이다. 죽음은 나로 하여금 불멸, 생과 사의 고리로부터 자유로워지는 것을 추구하게 만들었다."[8] 이 말에서 부처는 환생으로부터의 자유를 말하고 있다. 즉, 태어나고 죽고, 또 다시 태어나는 순환, 완전히 정화될 때까지 영혼이 계속해서 몸을 갖는 것에 대해서 말한다. 환생을 믿지 않는다고 해도, 죽음을 규칙적으로 바라보는 것은 매우 귀중한 수행이다. 그것은 죽음에 대한 공포라는 조건반사적 심상으로부터 우리를 해방시켜준다. 죽음에 대한 응시를 반복하다보면 그것은 침대 밑의 무서운 귀신이 아닌 잘 아는 사람처럼 더욱 친숙해질 것이다.

죽음은 이 땅에서 우리의 나날과 시간이 반드시 가장 충만하게 사용되어져야 한다는 것을 상기시켜주는 것이다. 이것은 인생을 급하게 살라는, 모든 것을 손에 쥐어가며 살라는 말이 아니다. 죽음은 모든 삶의 과정에서 우리자신을 -신체적으로, 정신적으로, 그리고 영적으로- 제자리에 놓을 수 있도록 동기부여를 하는 엄청난 것이다.

직장에서 심술을 부리다 못해 말도 안 되는 행동으로 자신을 통제하지 못하게 되는 상황, 또는 우리를 감정적으로 완벽하게 에워싸는 덫에 걸린 상황처럼, 우리를 압도하는 광분한 속세의 드라마에 걸려들 때, 내가 말하는 죽음 침대 시험을 규칙적으로 수행하면 효과를 얻을 수 있다. 그것은 당신이 지금 죽음과 직면해 있다고 상상하면서 이제까지의 인생을 돌아보고, 존재의 모든 렌즈를 동원해 바로 이 순간 무엇을 갖고 있고 무엇을 중요하게 여기는지 스스로에게 솔직하게 물어보는 것이다. 그때 우리는 소유물, 현금, 주식, 신탁재산, 금, 뮤추얼 펀드 등의 형태로 우리가 축적한 돈의 합계를 계산하게 될까? 성형수술이나 다른 미용 시술로 10년 심지어 20년이나 더 젊어 보이기 위해 과도한 돈과 시간을 들인 것을 생각할까? 특별 컨트리클럽 멤버십의 사교적, 사업적 가치를 따지게 될까? 지금까지 모은 훌륭한 회화 작품이나 아름다운 보석, 유명디자이너의 옷과 구두를 떠올리며 흐뭇해할까? 아들이 하버드에 들어가지 못해서 인생이 실패했다고 한탄하게 될까? 세계 여행을 한 횟수를 세게 될까? 권력다툼에서 동료나 적에게 이긴 것에 환호성을 지르게 될까? 한때 믿었던 반(反)사회적 인격장애자에게 엄청난 돈을 빼앗긴 걸 생각하며 속 쓰려할까? 지금까지 겪었던 배신을 떠올리며 가슴 아파할까?

끝까지 살아남는 것이야말로 본질적인 것이다. 우리는 우리의 통찰력과 실수들로 더욱 성장하고 있는가? 심지어 부모가 우리에게 가한 잔인한 행동과 박탈로부터 자신을 발전시키고 있는가? 우리는 완벽하지 못했던 자신을 용서하고 있는가? 성질이 못 되고 전혀 나아질 기미가 없는 사람에 대해 더 친절해지고 더 연민을 느끼는가? 자연의 선물, 그 한없이 아름답고 정교한 모습과 너그러움에 더욱 가까워지고 있는가? 새벽녘 우리의 창가에 와서 노래 부르고 저녁이 되면 빛과 함께 사라지는 새의 지저귐을 매일같이 듣는가? 자정부터 새벽까지 계속되는 개구리의 장난기 가득한 울음소리에 미소 짓는가? 봄의 풍성한 녹색 잎사귀들을 보며 감탄하는가? 우리의 옷을 멋들어지게 흩날리고, 우리의 얼굴 위를 지나가는 바람을 기리는가? 야생이든, 집에서 기르든, 순진한 동물들의 깜빡이지 않는 눈과 순진한 찬양에 꼼짝 못하고 사로잡히는가? 모든 것을, 심지어 몸과 마음까지 잃은 사람을 위로하는가? 우리 가까이 있는 소중한 사람을 포옹하고 입을 맞추며 "사랑해"라고 말하는가?

영적인 길에 서 있는 사람들을 위한 질문이 있다. 신, 우주의 의식, 더 높은 힘에 다가가기 위해 매일 한결같게 수행하는가? 말로써, 함께 있음으로써, 귀 기울이고 행동함으로써 타인의 고통을 완화시키는 노력을 꾸준히 행하고 있는가? 명상과 기도, 다양한 형태의 전념은 우리로 하여금 살아있는 동안 죽음을 준비하게 해준다. 소용돌이치는 생각과 감정, 느낌이 가라앉고 우리가 침착하고 굳건해지는 것을 배울 때, 우리는 진정한 자신, 사람들이 우주의 의식이라 일컫는 것과 만나게 된다. 이런 평정 상태에 도달할 때 에고의 확인은 중단되고, 평화로운 믿음은 (영혼이) 몸 속에서 살다가 죽음의 순간 몸 밖으로 나가는 전환을 준비한다.

죽음을 직시함으로써 우리는 자신에게 중요한 것들의 순서를 다시 세우게 된다. 생명을 위협하는 질병이나 사고와 맞닥뜨린 수많은 사람들은 죽음을 예리하게 인식한 결과, 우리는 인생을 탈바꿈시킨다. 죽음과 함께 평화로워진 우리는 이제 현재를 충만하게 살 수 있게 된다.

카르마 : 좋은 것, 나쁜 것, 그리고 무관심한 것

우리는 끊임없이 우리 자신을 재창조하는 과정에 있다. 각각의 행동은 생각과 느낌, 그리고 충동으로부터 시작된다. 의도가 형성되고 행동이 따른다. 이제 우리는 모든 것을 훔쳐 달아날 사람을 알아볼 수 있다. 그들은 그들 인생에 존재하는 모든 사람들을 속이고, 위협하고, 이용하고, 버린다. 그들은 말할 수 없이 잔인한 짓을 저지른다. 협박과 배신의 고질적 패턴은 그들 인생의 한 방식, 그들이 숨 쉬는 산소처럼 그들에게 자연스러운 것이 된다. 그들은 (인간의 행동에 대한) 심판의 기미로부터 교묘하게 물러서 있는 것으로 나타난다. 사실 우리는 이 인생에서 그 어떤 것도 훔쳐 달아나지 못한다. 우리는 크던 작던, 모든 행동에 대한 책임을 지고 있다. 그것은 바로 카르마(Karma, 업보)이다. 내적으로든 외적으로든, 모든 행동에는 긍정적이거나 부정적인 결과가 있다. 라마 수리야 다스(Lama Surya Das)는 설명한다. "카르마의 법칙은, 모든 것이 함축

된 의미를 갖고 있다고 매우 꼼꼼하게 설명한다. 즉, 우리의 모든 생각과 말, 행동은 결과를 낳는다. 우리는 책임을 갖고 있다. 운명의 지렛대가 여전히 우리의 손안에 있기 때문이다."[9]

우리는 매 순간 새로운 카르마를 만들어내고 있다. 우리의 모든 행동은 의미와 목적을 지닌다. 그 어떤 것도 무작위이거나 우연인 것은 없다. 생각하거나, 움직이거나, 감각하거나, 느끼는 모든 순간마다, 우리는 다른 현실을 만들어낼 수 있는 기회를 갖고 있다. 우리는 자유 의지를 갖고 태어났고, 인생의 모든 상황에 어떤 반응을 할 것인지 스스로 선택할 수 있다. 내가 아는 기공 체조 스승은 그 어떤 상황, 심지어 가장 위험한 상황-아무 도움도 받을 수 없는 상태에서 위협적인 적에게 꼼짝 없이 잡혀 있는 경우-에서도 위험으로부터 자신을 구하기 위해 사용할 수 있는 호신법을 가르쳐주었다. 거기에는 생각과 움직임, 힘의 비축, 리듬의 미묘함이 있다. "「당신」에게는 언제나 할 수 있는 것이 존재합니다." 라고 그녀는 강조했다.

우리의 의식상태, 인식과 기분, 감정의 질은 현재와 미래에 일어날 일에 직접적으로 영향을 미친다. 갈수록 자신에게 몰두하고, 무자비하고, 탐욕스러워진 친척이나 친구를 본 적이 있는가? 전형적인 자기도취자는 양심의 가책이나 연민 없이 자주 그렇게 행동한다. 그의 변덕스러운 마음과 행동은 그의 내면의 지옥에 나쁜 영향을 미치고, 그 결과 주변에 있는 사람들 역시 고통을 겪게 된다. 이런 사람은 -원인과 결과가 작동하는- 부정적인 카르마를 양산하고 있는 것이다. 그는 자신이 뿌린 혼란스러운 상황들을 거두게 될 것이다.

자각하지 못했기 때문에, 또는 무책임하거나, 태만하거나, 악의적으로 어떤 행동을 결심했기 때문에, 우리는 카르마를 만들게 된다. 부처의 말씀은 수 세기가 지난 오늘날에도 매우 선명하게 다가온다. "왕이나 집주인이 죽을 때 그의 재산, 가족, 친구, 하인, 그 무엇도 그를 따라 죽을 수 없다. 그러나 우리가 어디로 가든, 어느 곳에 머물든, 우리 행동의 결과는 우리를 따른다."[10] 카르마의 고대 개념을 정식으로 받아들이지 않는다고 해도, 우리가 우리의 모든 행동과 그에 따르는 결과에 책임을 져야한다는 사실은 믿어야 마땅하다. 순간순간 인생을 살아가면서, 우리는 긍정적이거나 부정적인 행동의 결과들을 쌓아가고 있다.

에고 내려놓기

영혼의 길을 여행하는 길에 우리의 에고를 한 조각 한 조각 없애다 보면 결국에는 부스러기마저 남지 않게 된다. 이 말을 처음 들었을 때, 나는 도무지 이해할 수가 없고, 심지어 무섭기까지 했다. 이 말은 존재하기를 멈추라는 뜻인가? 에고를 내려놓으면 나 자신과 내 모든 정체성까지 잃게 될 텐데? 어느 면에서 그것은…… 환영할만한 일이다. 그것은 이렇게 무거운 짐을 지지 않아도 되는, 수많은 자아의 가면을 벗어던질 수 있는 일종의 구원이기 때문이다. 힌두교 경전은 이렇게 말한다, "'나'가 죽을 때, 내가 누구인지 알게 될 것이다."[11]

에고는 생명을 앗아가는 비단뱀처럼 우리 주변을 에워싸고 조이는 능력을 무자비하게 발휘한다. 에고를 내려놓는 것은 규율과 통찰, 명상이 포함된 일련의 과정을 통해 평생에 걸쳐 성취하는 것이다. 아주 짧은 순간일지라도 마음이 고요할 때, 우리는 진정한 자아와 은근한 대면을 하게 된다. 이런 순간들이 빛나는 진주들의 끝없는 가닥처럼 한데 모일 때, 우리는 자신에 대한 진실을 발견하게 된다. 마치 라디오 볼륨을 줄이기라도 한 것처럼, 에고의 목소리는 잠잠해진다. 규율과 의지의 도구들을 사용하면 우리는 덜 의존적이 되고, 덜 부끄러워하고, 덜 화를 내고, 덜 탐욕스러워지고, 더 여유로워지고, 덜 겁을 먹게 된다. 마음은 태어날 때부터 갈망해왔던 고요와 평온의 상태에서 자신을 연마한다. 모든 강박적 생각의 뒤에 있던 지성이 자신을 드러낸다. 이렇게 고조된 여유로운 상태에서는 그 어떤 강요도 존재하지 않는다. 다만 정신과 영혼의 넓은 공간에 대한 의식만이 있을 뿐이다.

에고가 물러날 때, 페르소나(외적 인격)는 거짓된 자아의 이미지와 가식의 감옥으로부터 풀려난다. 이때 그는 모든 살아있는 존재들과 창조물 자체의 강력한 조합을 경험한다. 그는 자신이 다른 사람보다 더 중요하지도 덜 중요하지도 않다는 것을 깨닫는다. 그는 활기찬 의식의 끊어지지 않는 고리의 일부분이다.

경계는 환상이다

자연은 우리에게 우리가 전체의 모든 부분이라고 가르친다. 최근 서구 사회는 삭막할 정도로 「개인주의화」되었다. 오늘날 사람들은 다른 사람들로부터 떨어져 있다. 노인들은 다른 사람들과 마주치기만 해도 그들을 죽이게 될 천연두에 걸린 것 마냥 고립되어 있다. 기형아, 태어날 때부터 장애를 가진 사람들, 과도 비만인 사람들, 흉한 외모를 가진 사람들은 단지 참아내야 할 대상이 되었다. 많은 사람들이, 결함이 있거나 불완전하게 보이는 사람들을 어떻게든 자기 주변에 두고 싶어 하지 않는다는 사실을 인정하려 들지 않는다. 「불완전한 사람들」은 난처함의 근원이며, 은근한 멸시와 차별의 희생자들이다. 우리와 매우 다르다고 여겨 받아들이지 못하고 심지어 혐오하는 사람들에게 불편함이나 적대감을 느끼는 것은, 우리 자신에 대해 느끼는 부정적 감정의 투사인 경우가 많다. 무의식적 자기혐오가, 우리가 관여하고 있는 모든 정신적 신체적 행동 속에서 모습을 드러내는 것이다. 자기증오는 그 사람을 파괴하고 아주 가까이 있는 환경을 오염시키는 유독성 폐기물이다. 자기 증오가 넘쳐날 때, 우리 주변의 사람들에게도 그것이 흘러가는 것을 막을 수 없다.

인생의 얕은 물에서만 사는 사람들은 항상 자신이 경험하는 일들이 즐겁고, 순조롭고, 쉬운 흐름을 탄다고 주장한다. 그들은 「가볍게 살기」를 바란다. 그들은 자기를 닮은 사람들, 매력적이고, 똑똑하고, 잘 표현하고, 성공한 사람들의 무리 속에서 인생을 누린다. 이렇게 단단히 묶인 사회적 테두리의 소용돌이 속에는 별개의 세상, 외적인 것들만 고수하는 가짜 현실을 만들고 싶어 하는 환상이 존재한다. 이런 편협한 전망은 안전하게, 때로는 아찔할 정도로 배타적으로 느껴질 수 있다. 결국 그것은 우리의 개인적 성장을 위축시키고, 질식하게 만든다. 이런 부자연스러운 환경은 산소나 영양분이 없는, 소멸될 운명의 고여 있는 호수를 닮았다.

자연을 가까이 관찰하는 순간, 우리는 그것의 정교한 아름다움과 유대를 알아차린다. 모든 자연은 상호의존적이다. 2.5그램에서 4그램밖에 되지 않는, 눈부시게 빛나는 불굴의 벌새는 중력의 법칙에 저항한다. 그것은 빨강, 분홍, 파랑, 오렌지, 노랑, 연보라의 생기 넘치는 빛깔의 특별한 식물들이 자신을 유혹하는 계절에 정원에 모습을 드러낸다. 식물들의 이름은 친숙하고, 향수를 불러일으키며, 음악적이다. 디기탈리스, 접시꽃, 단지산호, 인동, 하비스쿠스, 부겐빌레아속, 매발톱꽃, 달리아, 참제비고깔, 미나리아재비, 참나리, 인디언 페인트브러시.

이 노래하는 새는 수풀, 꽃, 나무가 언제 피어나기 시작했는지 알고 있다. 흠잡을 데 없이 완벽한 자세로 1초에 50번씩 날개를 펄럭거리는 이것은 가느다란 부리를 여린 꽃잎에 올려놓고서 미니어처 헬리콥터마냥 허공을 맴돈다. 그것은 아주 작은 꽃 하나도 놓치지 않고 부리를 꽂으면서 이 꽃에서 저 꽃으로 체계적으로 움직인다. 열렬히 꽃을 탐하는 동안, 벌새는 이곳의 꽃들을 멀리까지 확산시킬 수 있도록 몸에 꽃가루를 모아놓는다. 동식물 연구가들은 벌새가 번창시킬 수 있는 특별한 꽃들이 있다고 말한다. 극소의, 아주 가벼운 벌새 한 마리가 일생 동안 꽃들을 풍성하게 만드는 일을 책임지고 있는 것이다.

벌새는 불가능한 장애물을 극복하는 자연의 상징이다. 이 작고 기적적인 것이 미국 북동부에서 중앙아메리카까지 약 3000킬로미터를 이동한다. 그것은 휴식을 위해 잠시 멈추지도 않고 1000킬로미터를 날아 멕시코 만을 건넌다. 벌새는 무지갯빛 아름다움으로, 원대함으로, 확고함으로, 기쁘게 인생을 사는 모습으로 우리를 감동시킨다.

모든 자연이 그런 것처럼, 사람들 사이에도 경계는 존재하지 않는다. 살갗에서 살갗으로, 숨결에서 숨결로, 미소에서 미소로, 눈물에서 눈물로, 시선에서 시선으로, 우리는 하나이다. 우리는 아주 매끄러운 아름다움과 만나고 있는 하늘이자 바다이다. 태양이 수평선 위에서 녹아 흐를 때, 오렌지색, 진홍색, 연보라색, 보라색, 남색, 암청색의 신비로운 빛깔들이 파도 위를 오르내린다. 하늘과 바다는 서로의 팔에 안겨 휴식을 취한다.

  자기도취를 벗어나 어떤 길을 택했든 간에, 그것은 「당신이 겪어야 할」 과정이다. 그 어떤 신조나 규칙, 금지, 협박, 또는 권위도 진정한 자신에게 도달하기 위해 어느 방향으로, 얼마나 멀리, 또는 얼마나 깊은 곳까지 여행해야 하는지를 말해줄 수 없다. 이것은 시작도 끝도 없는 여행이다. 길은 매끄러울 수도, 울퉁불퉁할 수도, 사막일 수도, 늪지대일 수도 있다. 바람은 모래를 날려 앞을 볼 수 없게 만들고, 깊이 쌓인 눈은 뼈를 부러뜨리는 얼음을 숨기고서 당신이 크게 넘어지기를 기다리고 있다. 한동안 당신은 망상 없이, 있는 그대로 그것들을 바라본다. 지금 당신이 걷고 있는 그 길을 수 세기 전에 이미 지나온 사람들이 있다. 예수와 부처 같은 위대한 스승이자 예언가, 성인들은 그들의 말과 삶의 행적을 통해 우리 안에서 공명한다.

  이 여행을 하기로 결심했다면, 당신의 직감을 따르라. 아무리 힘들고, 낙담하게 되고, 짜증이 나더라도 인내하며 계속하라. 중간기착지에서 당신은 역시 오랫동안 그 길을 걷고 있었던 사람들을 만나게 될 것이다. 그들은 친절과 격려로 당신의 갈증을 씻어줄 것이고, 당신이 다음 발걸음을 내딛을 수 있도록 하는 통찰력을 제공할 것이다.

  당신 앞에 서 있는 빛줄기를 따르라. 동양의 수많은 영적 규율은 말한다. 두 눈을 감고 미간(세 번째 눈)을 응시하라. 재잘거림과 정신적 단련, 감정적 소란, 강박적 생각, 당신이 내려놓지 못하는 후회와 상처들 밑에 있는 진짜 현실에 항복하라. 열린 가슴과 더 높은 의식을 성취하겠다는 결단의 의지로 그것들을 녹여버려라. 여기, 직관의 분명한 빛은 당신의 하늘에서 가장 빛나는 별이다. 지구의 바람이 조용해지고, 감각이 고요해지고, 과거가 깨끗이 씻어지고, 에고가 사라지고, 예상치 못했던 평화가 동트기 시작한다. 이제 당신은 집에 도착했다.

아이의 눈으로 당신의 영혼이 춤추는 것을 느끼라,
회전하고, 반짝이고, 초월하는, 새로운 세상을 창조하라

● ● ● 역자후기

내 안에 공존하는 자기도취자와
추종자를 넘어 진정한 인간이 되는 길

'내 인생에도 자기도취자가 존재할까.' 이 질문으로 이 책의 번역을 시작했다. 번역을 하면서, 역자는 함께 있을 때는 단점이 눈에 보이지 않을 정도로 좋아하다가 헤어지고 나서 보이는 사람들의 단점을 자기도취자의 성격에 끼워 맞추고 있었다. 내게 조금이라도 잘못한 사람들 역시 자기도취자가 되어 있었다. 그건 아니다 싶었다. 책의 내용을 자기본위로 해석하여 다른 사람을 그릇된 방향으로 정의내리는 것이 마음에 걸렸다. 나 역시 다른 누군가에게 그렇게 여겨질 수도 있으니 말이다. 그렇게 나는 어떤 이에게는 추종자, 또 어떤 이에게는 자기도취자였을 것이다.

이 책이 정신장애 진단 및 통계 매뉴얼(DSM-IV-TR)의 도움을 빌어 자기도취자의 성격적 특성과 행동을 정리해놓은 것에 따르면, 첫째, 그들은 거창하지만 한 자존감을 갖고 있다. 둘째, 무한정한 성공과 힘, 재기, 아름다움, 이상적 사랑의 환상에 사로잡혀 있다. 셋째, 자신은 특별하고, 다른 특별한 또는 높은 지위의 사람들만이 그 사실을 이해하고 자신과 어울릴 수 있다고 믿는다. 넷째, 지나친 존경을 요구한다. 다섯째,

권리를 의식한다(사람들이 자신을 특별히 호의적으로 대하기를 바란다). 여섯째, 대인관계에 있어 착취적이다. 일곱째, 공감을 하지 못한다. 여덟째, 다른 사람을 질투하거나 다른 사람이 자신을 질투한다고 믿는다. 아홉째, 거만하고 오만한 행동이나 자세를 보인다.

여기서 자신에게 해당하는 것이 있나 보자. 역자는 '약간은 나도 그런 것 같은데'라고 느껴지는 항목들이 몇 개 있다. 그렇다고 역자가 자기도취자일까? 어쩌면 그럴 수도 있을 것이다. 그러나 위 항목에서 단호하게 '난 절대 그렇지 않아'라고 자신 있게 말할 수 있는 사람이 한 사람이라도 있을지 모르겠다. 역자의 생각이 맞다면 사람들은 어느 정도 자기도취적인 면을 갖고 있다는 것일 테다. 하지만 이 책에서 말하는 자기도취자는 사회에서 자신을 돋보이고 싶은 마음에 외적인 이미지에 과도하게 집착하고 타인의 인생에 악영향을 미치는 중증 자기도취자이다. 그것은 왜곡된 자기사랑이다. 따라서 독자들은 몇몇 사례들을 갖고서 주변 사람들을 못된 자기도취자로 지레 판단하지 않았으면 한다. 또한 자신의 몇몇 행동이나 성향으로 자신이 잘못된 성격의 소유자는 아닐지 고민하지 않기를 바란다.

이 책은 자기도취자가 자신의 욕망을 충족시키기 위해 타인 앞에서 어떻게 연기를 펼치는지, 그 가면의 뒤에는 무엇이 존재하는지, 그런 자기도취자의 마법에 걸린 사람들이 어떻게 해서 자신의 개성과 인생을 희생까지 해가며 자기도취자 옆에 있기를 바라게 되는지, 그러나 어느 순간 자신의 잘못을 깨닫고 그의 비밀스러운 적이 되는지를 보여준다. 저자는 중증자기도취자가 타인에게 상처를 주고 그들의 인생까지 파괴하는 사례들을 보여주면서, 독자들이 그것을 주의하고, 한편으로 성장의 기회로 삼기를 바라고 있다.

　많은 내용들이 흥미롭지만, 역자는 그중에서 자기도취자가 공감을 하지 못한다는 사실에 가장 주목했다. 그가 조금이라도 타인의 마음을 헤아릴 수 있는 마음의 역량을 지녔다면, 타인을 착취하면서까지 자신의 이익을 취하려 하지 않았을 것이다. 그러나 겉으로 아무리 화려할지 몰라도 그들의 이면에는 말할 수 없는 공허함이 존재하고, 이는 그들에게 씻을 수 없는 상처이다. 그것은 인간 내면의 가치를 알지 못하는 그들의 치명적 결함에서 비롯된 것이다. 저자는 자기도취자의 착취적이고 탐욕적인 성격과 행동이 주변 사람에게 상처를 입히고 피해를 줄 수 있지만, 이를 잘 극복하면 한 사람의 인격적, 영적 발전을 위한 쓴 약이 될 수 있다고 말한다. (그렇다면 역으로 우리는 자기도취자를 이용하는 것 아닐까? 자기도취자가 아닌 우리는 그들의 감춰진 상처를 연민으로 보살피고, 우리가 인간적 성숙을 할 수 있게 되는 계기로서 그들에게 고마워해야 마땅할 것이다.)

　저자는 마지막으로 자기도취자에 대처하는 방법으로 요가와 명상 등을 통한 영적 체험과 각성을 소개한다. 사실은 좀 더 구체적이고 실질적인 대처방안을 기대했는데, 저자는 그보다 더 본질적인 제안을 하고 있다. 책을 번역하는 내내 역자는 저자에게서 이 세상이 자기도취자를 추종하는 것에 대해 상당히 우려하고 심지어는 비통해하는 듯한 느낌을 받았다. 저자는 세상이 물질과 결과를 중시하게 되면서 인간 각자의 내면에 대한 성찰과 투명한 직관이 몰락했다고 생각하는데, 그런 생각의 소유자라면 이는 충분히 도달할 수 있는 결론이다. 인간 본성으로 돌아가는 것. 그것이 자기도취자에 대한 이야기를 통해 저자가 독자들에게 궁극적으로 말하고 싶어 하는 진짜 주제였다. 다시 말해 저자가 이 책의 주제로 삼은 자기도취자는 인간을 잃어가고 있는 우리의 모습을 상기시키기 위한 일종의 도구였던 셈이다. 자아도취자가 득세하는 세상에서 벗어나 진정한 인간이 되자는 이상주의자 저자의 꿈은 쉽게 이뤄지지 않겠지만, 이 책을 읽는 독자들에게는 그 뜻이 전해지기를 바란다.

Notes

CHAPTER ONE : At Center Stage

1. George Eliot, Adam Bede, in The Macmillan Dictionary of Quotations(New York:Macmillan, 1989)
2. www.aphids.com/cgi-bin/quotes
3. Ariana Huffington, Pablo Picasso:Creator and Destroyer(New York : Avon, 1996)
4. Francoise Gilot and Carlton Lake, Life with Picasso(New York : Anchor, 1989)
5. Ibid.
6. Ibid.
7. Ibid.
8. Ibid.
9. Ibid.
10. Ibid.
11. Marina Picasso, in collaboration with Louis Valentin, Picassom My Grandfather(New York;Riverhead, 2001)
12. The Picasso virus refers to the self-destructive effect that Picasso had on all of those close to him-family, wives, friends, and so on. See ibid.
13. Huffington.
14. Diagnostic and Statistical Manual of Mental Disorders, 4th ed., (DSM_IV_TR) (Washington, D.C,;American Psychiatric Association, 2000)
15. Ibid.
16. Ibid.
17. Ibid.
18. Susan Birdle :The Seeds of the Self : An Interview with Otto Kernberg(www.wie.org/j17/kern)
19. Rollo May, The Cry for Myth(New York:W.W.Norton, 1991)

20. Ibid.

21. Barry Paris, Audrey Hepburn(New York;G.P.Putnam's Sons, 1996).

CHAPTER TWO : The Image Maker

1. Donaid Spoto, Blue Angel : The Life of Marleme Dietricb(New York;Doubleday, 1992)

CHAPTER THREE : The Exploiter

1. Wiliam Shakespeare, King Henry the Sixtb, Part 3. http://www.giga-use.com
2. Christopher Lasch, The Culture of Narcissism:American Life in an Age of Diminishing Expectations(New York:Warner, 1979)
3. Edward Jay Epstein, Dossier. The Secret History of Armand Hammer(New York : Carroll and Graf, 1999)
4. Carl Blumay, with Henry Edwards, The Dark Side of Power : The Real Armand Hammer(New York:Simon & Schuster, 1992)
5. Ibid.
6. Ibid.
7. Epstein.
8. Ibid.
9. Ibid.
10. Blumay.
11. Ibid.
12. Epstein.
13. Ibid.

CHAPTER FOUR : Golden Child

1. Meryle Secrest, Frank Lloyd Wright:A Biography(Chicago: University of Chicago Press, 1992)
2. Brendan Gill, Many Masks:A Life of Frank Lloyd Wright(New York:Da Capo, 1998)
3. Ibid.
4. Ibid.
5. Ibid. Taken originally from Frank Lloyd Wright : An Autobiography, 2^{nd}ed.(Duell, Sloan and Pearce, 1943)
6. Secrest.

7. Ibid.
8. Ibid.
9. Ibid.
10. Gill.
11. Ibid.
12. Secrest.
13. Ibid.
14. Gill.
15. D. W. Winnicott, The Maturational Processes and the Facilitating Environment:Studies in the Theory of Emotional Development(New York:International Univer-16. Ibid.

CHAPTER FIVE : The Well of Emptiness
1. Otto Kernberg, Borderline Conditions and Pathlogical Narcissism(New York : jason Aronson, 1985)

CHAPTER SIX : Hardened Heart
1. William Shakespeare, Othello, IV, i, 190. In John Bartlett, Familiar Quotations : A Collection of Passages, Phrases and Proverbs Traced to Their Sources in Ancient and Mordern Literature, 15th ed. (Boston : Little, Brown, 1986)
2. Erik H. Erikson, Identity and the Life Cycle(New Tork : W.W.Norton, 1980)
3. Ibid.
4. Barbara Braden, The Passion of Ayn Rand (New York : Anchor, 1986)
5. Ibid.
6. Chris Matthew Sciabarra, Syn rand : The Russian Radical(University Park : Pennsylvania State University Press, 1995)
7. Barbara Branden
8. Nathaniel Branden, My years with Ayn Rand(San Francisco : Jossey-Bass, 1999)
9. Ibid.
10. Barbara Branden.
11. Ibid.
12. Nathaniel Branden.

CHAPTER SEVEN : The Charmed Circle
1. Gill.
2. Ibid.
3. Secrest.
4. Gill.

CHAPTER EIGHT : The Intimate Enemy
1. Proverbs 27 : 5-6. In John Bartlett, Familiar Quotations : A Collection of Passages, Phrases and Proverbs Traced to Their Sources in Ancient and Modern Literature, 15thed.(Boston:Little, Brown, 1980)

CHAPTER NINE : The Rules of Engagement
1. Lama Surya Das, Awakening the Buddha Within: Eight Steps to Enlightenment(New York : Broadway, 1998)

CHAPTER TEN : Beyond Narcissism
1. Lao Tzu, Tao Te Ching(New York : Harper & Row, 1998)
2. Lama Surya Das.
3. Liza Lowitz and Reema Datta, Sacred Sanskrit Words for Yoga, Chant, and Meditation(Berkeley, Calif. : Stone Bridge, 2005)
4. Paramahansa Yogananda, The Bhagavad Gita:Royal Science of God-Realization Fellowship, 2001)
5. David Frawley, Yoga and Ayurveda:Self-Healing and Self-Realization(Twin Lakes, Wisc. : Lotus, 1999)
6. Ibid.
7. Yogananda.
8. Lama Surya Das
9. Ibid.
10. Ibid.
11. Yogananda.

References

Books

American Psychiatric Association. Diagnostic and Satistical Manual of Mental Dis-orders, 4[th]ed.(DSM-IV-TR). Washington, D.c.:American Psychiatric Asso-ciation. 2000.

Blumay, Carl, with Henry Edwards. The Dark Side of Power:The Real Armand Hammer. New York:Simon & Schuster, 1992.

Branden, Barbara. The Passion of Ayn Rand. New York:Anchor, 1986.

Branden, Barbara. My Years with Ayn Rand. San Francisco:Jossey-Bass, 1999.

Epstein, Edward Jay. Dossier:The Sesret History of Armand Hammer. New York:Car-roll and Graf, 1999.

Erikson, Erik H. Identity and the Life Cycle. New York:W.W.Norton, 1980.

Frawley, David. Yoga and Ayureda: Self-Healing and self-Realization. Twin Lakes, Wisc.:Lotus, 1999.

Gill, Brendan. Many Masks: A Life with Picasso. New York:Anchor, 1989.

Huffington, Ariana. Pablo Picasso: Creator and Pathological Narcissism. New York:Anchor, 1996.

Kernberg, Otto. Borderline Conditions and Pathological Narcissism. New York:Jason Aronson, 1985.

-. Severe Personality Disorders:Psychotherapeutic Strategies. New Haven and London: Yale University Press, 1986.

Lao Tzu. Tao Te Ching. Translated by Stephen Mitchell. New York:Harper & Row, 1988

Lasch, Christopher. The Culture of Narcissism:American Life in an Age of Diminishing Expectations. New York:Warner, 1979.

Lowitz, Leza, and Reema Datta. Sacred Sanskrit Words for Yoga, Chant, and Medita-tion. Berkeley, Calif.: Stone Bridge, 2005.

May, Rollo. the Cry for Myth. New York:W.W.Norton, 1991.

Paris, Barry. Audrey Hepburn. New york:G.p.putnam's Sons, 1996

Picasso, Marina, in collaboration with Louis Valentin. Picasso, My Grandfather. New york:Riverhead, 2001.

Sciabarra, Chris Matthew. Ayn Rand:The Russian Radical. University Park:Penn-sylvania State University Press, 1995.

Secrest, Meryle, Frank Lloyd Wright : A Biography. Chicago:University of Chicago Press, 1992.

Spoto, Donald. Blue Angel:The Life of Marlene Dietrich. New York: Doubleday, 1992.

Surya Das, Lama. Awakening the Buddha Within:Eight Steps to Environment:Studies in the Theory of Emotional Development. New York:Broadway, 1998.

Winnicott, D.W. The Maturatonal Processes and Facilitating Environment:Studies in the Theory of Emotional Development. New York : International Universities Press, 1985.

Yogananda, Paramahansa. The Bhagavad Gita: Royal Science of God-Realization, vols. 1 and 2. Los Angeles:International Publications Council of Self-Realization Fel-lowship, 2001.

OnLine Sources

Bridle, Susan. "The Seeds of the Self : An Interview with Otto Kernberg." www.wie.org/j17/kern.asp

www.birds-n-graden.com/hummingbirds

www.portalproductions.com/h/behavior

www.themystica.org/mythical-folk/-articles/v/vasudeva

왜 그 사람은 자기밖에 모를까
(*Freeing Yourself from the Narcissist in Your Life*)

1판 1쇄 인쇄 2011년 3월 3일
1판 1쇄 발행 2011년 3월 11일

지은이 린다 마르티네즈 루이
옮긴이 송정은
펴낸이 황현덕
펴낸곳 수린재
표지 및 내지디자인 김현아
표지 일러스트 정지상

등록 제105-90-78139
주소 서울시 마포구 서교동 352-5
전화 02-323-2191
팩스 02-323-2276
이메일 sulinjae@paran.com

ⓒ 2011 수린재
ISBN 978-89-94185-01-9 (03180)

※ 책값은 뒤표지에 있습니다.
※ 잘못 제본된 책은 바꾸어드립니다.